スイートピーをつくりこなす

連続採花による安定生産技術の実際

井上知昭 著

農文協

■■ スイートピーの自生地と
■■ 自生種

→イタリア・シシリー島パレルモ郊外の群落（5月中旬）。標高200〜600mの草原や牧草地に多く自生している。

↑粘土質土壌で比較的水分の多い場所では葉が大きく、茎は太く、草丈も1m前後と高い（詳しくは本書第2章29ページ）。

→一般的な花形、2〜3花咲き。現在の園芸種に比べて花弁が扁平。

←群落中に発見した紅白の花弁。1700年代に記載のある'Painted Lady'に似ている花色。

スイートピーの仲間 Lathyrus 属植物

Lathyrus 属植物は世界で約150種ある。未利用の園芸資源もあり，育種素材としても今後注目される

（ ）内の丸数字は，本書第9章での記載番号と対応

1 つる性または高性植物：花壇，垣根および切り花に

↑上の3点はL. latifolius（ヒロハノレンリソウ，④），左から'レッドパール'（自生種に近い花色），'ホワイトパール'，'ピンクパール'，右はL. rotundifolius（⑦），いずれも宿根草

←左上下の2点は1年草。
上：L. cassius（②），下：L. chloranthus（③）

2 矮性植物：花壇および鉢ものに

←1年草のL. chrysanthus（⑪）

↑矮性宿根草のL. neurolobus（㉕）

つるなしの宿根草。
左上：L. linifolius（㉒），右上：L. niger（㉓）右下：L. vernus（ツルナシレンリソウ，㉔）

3 芳香のある種

↑つる性1年草の L. belinensis（㉗）

↑つる性宿根草。左は，L. pubescens（㉙），上は L. nervosus（㉚）

4 穀物・飼料作・緑肥としても利用されている種

←つる性1年草。左上：L. clymenum（㉜），左下：L. sativus（ガラスマメ，㉞），右上：L. hirsutus（㉝），右下：L. tingitanus（ジットクマメまたはハットクマメ，㉟）

↓宿根草の L. sylvestris（㊲）

5 閉鎖花をつくる1年草：環境教材に面白い

←地上に閉鎖花をつくる L. gloeospermus（㊳）

→地上に開放花，地中に閉鎖花をつくる L. amphicarpos（㊴）

6 特徴的な草姿，形態の植物

イネ科植物のように直立する1年草の L. nissolia（㊹）

托葉や葉柄が葉のように大きい．左：L. aphaca（タクヨウレンリソウ，㊶）と右：L. ochrus（ヒゲレンリソウ，㊸）

↑イモをつくる L. tuberosus（キュウコンエンドウ，㊽）

→花柄が一方向に着生，伸びる L. sulphureus（㊾）

7 日本での自生種

↑ L. japonicus（ハマエンドウ，㊶）

↑ L. davidii（イタチササゲ，㊿）

→ L. palustris var. pilosus（エゾノレンリソウ，ヒメレンリソウ，㊷）

はじめに

　スイートピーが日本にわたったのは文久年間（1862年）と古く，大正時代から営利栽培は行なわれた。清楚で可憐なスイートピーは，早春の季節感を醸しだす花として人気があったが，花もちが悪いことから，1970年代まで，産地は大消費地に輸送可能な神奈川県の湘南地方，兵庫県の淡路島，岡山県船穂町周辺などに限られていた。また栽培技術や品質保持に関わる課題も多くあった。

　そうした事情を一転させたのが1980年代に登場した品質保持剤STSで，これにより，切り花の寿命が顕著に伸びた。スイートピーの需要も伸び，輸送地帯での生産も本格化するとともに，九州から北海道まで各地に産地が形成され，多種多彩な品種が登場して生産量も著しく増加した。

　しかしスイートピーには開花期の異なる冬，春，夏咲き系の品種があり，当時は冬咲き系品種が用いられていたが，異なった系統の種子が混在したため開花が遅延し，その対策が求められた。その後，各系統についての開花生態の解明が進んだことで，種子春化（冷蔵）や電照による開花促進技術が確立され，商品性が向上した。さらに近年では同じレンリソウ（*Lathyrus*）属の宿根スイートピー（宿根草のヒロハノレンリソウ）の生産やその他の仲間の花の切り花生産が始まるなど，出荷期の幅も広がり，新たな商品を提供する時代に至っている。

　こうしたなか，スイートピーの営利生産の手引きとなる技術書が求められるようになっている。これまでスイートピーについて単独で書かれたものとしては，著者が1981年に著した『湘南のスイートピー』（湘南温室組合発行）がほとんど唯一であった。そこで，その後今日に至るまでに明らかにされた技術内容をふまえて，新しいスイートピーの技術書を書くように，元静岡大学教授の大川清博士から再三勧められていたものの，筆無精であることも災いして，まとめる機会を失っていた。このたび農文協編集部の熱意と忍耐強いご支援により，ようやく発刊に至ったしだいである。

本書は，平塚農業改良普及員時代に生産者とともにつくり上げた前記『湘南のスイートピー』を土台に，最近のスイートピーに関する生理生態の解明や技術開発，生産者の栽培法，これに伴う新たな知見を記述した。しかし，スイートピーの研究は，キク，カーネーション，バラの三大切り花に比べると，研究者や情報量も多くないのが事実である。そこで，各研究機関で実施された研究のうち，必ずしも確立した技術でなくても積極的に記述した。研究成果とともに研究経過を読者に紹介することは，新たな技術解明の手がかりになり，今後の技術発展を願ってのことである点をご承知いただきたい。また，$Lathyrus$属植物のうちスイートピーとヒロハノレンリソウ以外の種類は，ほとんど日本には紹介されていない。これらの植物のなかには枝切りの切り花栽培が試行されることもあり，園芸的な利用や遺伝資源の観点から，筆者が大学農場などで実際に栽培した植物を中心にできるだけ多くの種類を記載したもので，これらの情報が栽培や育種に役立てばさいわいである。

　執筆にあたっては，元東京農業大学研究生の佐藤裕司君，照井進介君の協力をはじめ多くの方々にお世話をいただき，心よりお礼申し上げる。

　　2006年10月　　　　　　　　　　　　　　　　　　　　　　　　井上知昭

目 次

はじめに …………………………………………………………………………… 1

第1章　スイートピーとは——生態的特性と栽培の課題

1　マメ科のつる性植物 ………………………………………………………… 15
　自生地はイタリア・シシリー島 ……………………………………………… 15
　つるを伸長させながら連続開花 ……………………………………………… 15
2　低温伸長性の植物——開花適温は夜温5℃ ………………………………… 16
3　栄養生長と生殖生長が同時進行——草勢の維持がカギ …………………… 17
4　生長・開花の3系統——開花促進条件が異なる …………………………… 18
5　求められている品質と課題 ………………………………………………… 20
　スイートピー生産の現状 ……………………………………………………… 20
　　栽培の歴史 20 ／ 品質保持剤の登場 21 ／ 入荷量と単価——高単価もないが暴落もしない 21
　近年の消費者嗜好 ……………………………………………………………… 22
　　「もらってうれしい花」の一つ 22 ／ 色の嗜好は濃色から淡色へ，単色から複色へ 23 ／ 今は大輪多花咲きが人気 24
　これからの課題を整理すると ………………………………………………… 25
　　新鮮・安全を前面に 25 ／ 日もち性，輸送性など品質対策を 26 ／ 連続採花による安定生産 26 ／ 管理労力の低減は必要 27 ／ 次世代品種の開発も 28

第2章　生育の特徴と発育相

1　スイートピーの生育環境 …………………………………………………… 29
　自生地の自然条件 ……………………………………………………………… 29
　自生地でのライフサイクル …………………………………………………… 30

自生地と欧米の品種改良地，日本の生産地 ……………………………30
  2 スイートピーの品種分類 ……………………………………………32
     自生種からの品種分化 …………………………………………………32
       自生種 33 ／ 夏咲き系 33 ／ 冬咲き系 35 ／ 春咲き系 36
     花の形質――花型（フード弁，丸弁，波状弁），着花数 ……………37
     開花の早晩性と作型 ……………………………………………………38
  3 1年間の生育――発育相の理解 ………………………………………38
     スイートピーの発育相 …………………………………………………39
     各発育相での栽培ポイント ……………………………………………40
       栄養生長期 40 ／ 花芽分化・発蕾期 40 ／ 栄養・生殖生長調節期
       41 ／ 草勢維持・悪化防止期 42

第3章　生育・開花調節の基本技術

  1 開花生理と開花調節技術 ……………………………………………43
     種子春化と開花 …………………………………………………………43
       春化の感応部位，温度，処理時期 43 ／ 脱春化はないが… 45
     日長と開花 ………………………………………………………………46
       生育初期から感応，処理効果も高い 46 ／ 夏咲き系では，照度20lx以
       上で16時間電照 47
     開花の早晩性と春化，日長の関係 ……………………………………48
       無春化（無冷蔵）種子，秋播きの形態的特徴 48 ／ 開花に対する春化
       と日長の相互作用 50
     作型別開花調節のポイント ……………………………………………51
       関東以西での11～4月出荷の作型（長期連続採花） 51 ／ 寒冷地で
       の9～11月出荷，4～6月出荷の作型（年2作栽培） 52
  2 開花と落蕾を左右する要因 …………………………………………53
     花芽の発達過程，花序の有限性と無限性 ……………………………53
       花芽分化から開花までの発育過程 53 ／ 花序の発達の有限性と無限性
       55

アボーション・落蕾・栄養芽の発生 ……………………………………56
　　　落蕾のおこる環境条件 ……………………………………………………57
　　　　養水分が断たれると機械的に落ちる 57 ／ 光強度低下による弱光スト
　　　　レスが原因 58 ／ 人工光による補光の効果は 59 ／ 低塩類濃度で落
　　　　蕾する 59 ／ かん水量が多いほど落蕾多発 60 ／ 「日中の遮光管
　　　　理＋高夜温」も誘引に 60
　　　不良環境による帯化 ………………………………………………………61
3　収量を左右する要因 ……………………………………………………………61
　　　光環境 …………………………………………………………………………61
　　　　連続した低照度でもよい 61 ／ 平坦地なら南北棟に 62
　　　昼温と夜温 ……………………………………………………………………62
　　　　生育初期は夜温15℃ 62 ／ 発蕾～開花期は夜温5℃で，日中温度も
　　　　下げる 63 ／ 高温で光合成速度は落ちる 65
　　　生育調整の技術と収量 ……………………………………………………65
　　　　摘蕾，摘葉，つる下げ 65 ／ 炭酸ガス施用 66
　　　土壌養分と耕土 ………………………………………………………………67
　　　　養分欠乏より過剰害に注意 67 ／ 耕土，畝の高さ 67
　　　初期生育と収量――苗半作が大事 ………………………………………68
　　　かん水と栽植密度 ……………………………………………………………68
　　　　かん水の影響が大きい切り花長 68 ／ 上物生産に必要な適度の疎植
　　　　69 ／ 1株の植え付け本数を多くして株間をあける 70
　　　充実した種子を播く ………………………………………………………71
4　草勢の把握とコントロール ……………………………………………………71
　　　摘蕾判断は小葉の大きさで …………………………………………………71
　　　着花位置の葉面積と切り花長 ………………………………………………72
　　　「天花間隔」と草勢・切り花品質・収量 …………………………………73
　　　　単純ではない天花間隔 73 ／ 夜温や品種間による差 74
　　　物質転流のシンクとソース …………………………………………………75
　　　　光合成産物の転流 75 ／ 開花期の茎頂部は強いシンクに 76 ／ 果実
　　　　（莢）発育期のソース 77

  葉の形と葉面積 ……………………………………………………… *78*
 5 つる下げ管理と生育 ……………………………………………… *79*
  二つの方法 …………………………………………………………… *79*
   ネット利用のつる下げ方式 *79* ／ 縦糸利用の巻き下げ方式 *79*
  下位葉が日陰にならないように ……………………………………… *80*

第4章　主な作型と栽培管理の実際

Ⅰ．暖地（関東以西）の作型（8～9月播種，11～4月出荷） ……… *81*
 1 種子処理と播種 …………………………………………………… *81*
  播種時期と開花 ……………………………………………………… *81*
  栽培床の準備 ………………………………………………………… *82*
   耕土は深さ30cm *82* ／ 弱酸性に調整，平畝で *83*
  催芽，播種の実際 …………………………………………………… *84*
   種子の必要量 *84* ／ 種子の吸水 *84* ／ 催芽 *85* ／ 種子の冷蔵（春化処理）*86* ／ 冷蔵後の取り扱い *87* ／ 播種と栽植密度 *87* ／ 第3節から出葉 *88*
  秋播き夏咲き系品種の電照 ………………………………………… *89*
 2 栄養生長期の管理 ………………………………………………… *90*
  十分な換気で高温回避 ……………………………………………… *90*
  かん水と追肥 ………………………………………………………… *91*
  摘　心 ………………………………………………………………… *93*
  誘　引 ………………………………………………………………… *93*
   ネット誘引（つる下げ方式）*93* ／ 縦糸誘引（巻き下げ方式）*94*
  ハウスの被覆，マルチ ……………………………………………… *94*
 3 発蕾・開花初期の管理 …………………………………………… *95*
  かん水はひかえめに ………………………………………………… *95*
  摘蕾と開花調節 ……………………………………………………… *95*
  巻きひげ，側芽の除去 ……………………………………………… *97*

4 採花期の管理 ……………………………………………97
つるの伸長を揃える ……………………………………97
つる下げ（横倒し）98 ／ 巻き下げ 98
摘葉で草勢コントロール …………………………………99
望ましい草勢の目安 ……………………………………100
温度とかん水の管理 ……………………………………102
夜温5℃，日中は20℃以下 102 ／ かん水はやはりひかえめにする 103
凍害対策 …………………………………………………103
−4℃遭遇で凍害 103 ／ 凍害後はただちに遮光，葉水をかける 103

5 春先（採花終期）の管理 ………………………………104
徐々にかん水量をふやす ………………………………104
遮光，換気管理が大事 …………………………………104

6 自家採種の方法と実際 …………………………………105
栽培株からの採種 ………………………………………105
年内に採種する株を選ぶ 105 ／ 採種株は追肥で草勢維持 105 ／ 受粉は3月中旬までに行なう 106 ／ 着莢後の摘心は避ける 106 ／ からからと音がするようになったら採種 107 ／ 重い種子を残す 107
温度管理が決め手 ………………………………………108
挿し芽繁殖もできる ……………………………………108

Ⅱ．寒冷地の作型（4〜6月，9〜11月出荷の2期作栽培）……109

1 10月播種，4〜6月出荷タイプ ………………………109
栽培床の準備 ……………………………………………109
催芽，播種 ………………………………………………109
定植から開花まで ………………………………………109
開花期 ……………………………………………………110
切り花本数 ………………………………………………110
採　種 ……………………………………………………110

2 7月播種，9〜11月出荷タイプ ………………………110
催芽，播種 ………………………………………………110

定　植 ……………………………………………………………… *111*
　　　開　花 ……………………………………………………………… *111*
Ⅲ．採花後の鮮度保持技術──品質保持と調整・出荷 ……………… *112*
　1　切り花の品質保持 …………………………………………………… *112*
　　　切り花品質とは ………………………………………………………… *112*
　　　切り花の品質保持のポイント ………………………………………… *112*
　2　栽培環境と切り花品質 ……………………………………………… *114*
　　　気温と日もち，花色 …………………………………………………… *114*
　　　　重要な採花15日前からの気温 *114* ／ 極端な低温，高温で褪色 *115*
　　　かん水量と切り花長 …………………………………………………… *116*
　3　切り花の老化とエチレン …………………………………………… *116*
　　　エチレンによる花の寿命 ……………………………………………… *116*
　　　花蕾の発達とエチレン生成 …………………………………………… *116*
　　　花弁糖度と品質保持 …………………………………………………… *117*
　　　糖度測定による品質の簡易判定 ……………………………………… *118*
　4　品質保持の実際 ……………………………………………………… *120*
　　　採花タイミングをまず選ぶ …………………………………………… *120*
　　　STS剤の処理法 ………………………………………………………… *120*
　　　染色剤の混用処理 ……………………………………………………… *122*
　　　花弁糖度が低い場合は糖処理を重ねる ……………………………… *122*
　　　採花，STS処理後は低温で管理 ……………………………………… *123*
　　　50本1束を扇形に結束 ………………………………………………… *124*

第5章　土壌管理と連作障害対策

　1　生育量と養分吸収 …………………………………………………… *125*
　　　カリがチッソより若干多いか同程度吸収される …………………… *125*
　　　株の大きさと養分吸収量 ……………………………………………… *127*
　2　土壌条件と施肥量 …………………………………………………… *127*

CEC30me 以上，若干酸性の土壌がいい ················· 127
　　　施肥量の考え方——植物体吸収量の1.3～1.5倍 ········· 128
　　　pHとECによる簡易土壌判定 ····················· 129
　3　養液土耕栽培 ································· 131
　　　養液イオン濃度による生育制御 ····················· 131
　　　養液土耕の給液マニュアル ······················· 132
　　　ロックウール栽培の可能性 ······················· 133
　　　チッソは硝酸態に，アンモニア態を2～4割共存させる ········· 133
　4　連作障害と土壌病害対策 ··························· 134
　　　連作と塩類集積 ····························· 134
　　　　スイートピーにも連作障害はある　134　／　1作でも大きい塩類集積
　　　　135　／　作付けの前に除塩対策　136
　　　土壌消毒の種類と実際 ························· 136
　　　　薬剤による消毒　136　／　蒸気による消毒　137　／　熱水による消毒
　　　　138　／　太陽熱による消毒　138
　5　要素欠乏と過剰症 ······························· 139
　　　発生要因 ································· 139
　　　各要素別の特徴と発現部位 ······················· 139
　　　　チッソ 139　／　リン酸 141　／　カリウム 141　／　カルシウム 142　／
　　　　マグネシウム 142　／　イオウ 143　／　ホウ素 143　／　マンガン 143
　　　　／　銅 144　／　亜鉛 144　／　モリブデン 144　／　鉄 145　／　塩素
　　　　145　／　ニッケル 145　／　ケイ素 145

第6章　病気害虫と防除のポイント

　1　病　気 ··································· 147
　　　種子に付着する病原菌類 ························· 147
　　　風媒，虫媒伝染などの病害 ······················· 147
　　　　うどんこ病（白渋病）147　／　灰色かび病 148　／　褐斑病 148　／　炭
　　　　疽病 149　／　ペスタロチア病 150

主として土壌伝染する病害 ……………………………………………… *150*
　　　萎凋病（立枯病）*150* ／ 黒根病 *150* ／ 腰折病 *152* ／ 立枯病 *152*
　　　／ 半身萎凋病 *152* ／ 菌核病 *153* ／ 帯化病 *153* ／ 条斑細菌病 *153*
　　ウイルス病 …………………………………………………………………… *154*
 2　害　虫 ……………………………………………………………………………*155*
　　エンドウヒゲナガアブラムシ *155* ／ カンザワハダニ *158* ／ ハスモ
　　ンヨトウ *159* ／ ヨトウガ（ヨトウムシ）*159* ／ ナモグリバエ（エ
　　カキムシ）*159* ／ オンシツコナジラミ *159* ／ ネコブセンチュウ
　　160 ／ ネギアザミウマ *160* ／ ミナミキイロアザミウマ *160* ／ タ
　　ネバエ *161* ／ ヒトリガ *161* ／ カブラヤガ *161* ／ エンドウゾウ
　　ムシ *161*

第7章　品種の特性と改良可能性

 1　品種の分類 ……………………………………………………………………*163*
　　草型で ……………………………………………………………………………*163*
　　開花期（高性種）で ……………………………………………………………*163*
　　　冬咲き系 *163* ／ 春咲き系 *164* ／ 夏咲き系 *164*
　　葉の形で …………………………………………………………………………*165*
　　　小葉1対タイプ *165* ／ 複葉（Acacia-leaved）タイプ *165*
 2　望ましい切り花形質とは …………………………………………………*165*
　　花の構造，花弁の形 ……………………………………………………………*166*
　　　花の構造 *166* ／ 旗弁の形 *167* ／ 翼弁の展開角度 *167* ／ 環境と
　　　花弁の形 *167*
　　花　色 ……………………………………………………………………………*168*
　　芳香性 ……………………………………………………………………………*169*
　　　品種分化と芳香性 *169* ／ 気温と芳香性 *171* ／ その他の *Lathyrus*
　　　植物の芳香性 *171*
 3　わが国における近年の品種改良 …………………………………………*172*
　　交雑育種の可能性 ………………………………………………………………*172*

単色花 172 ／ 複色花 172 ／ 吹きかけ 176 ／ 芳香性 176 ／ 複
　　　葉タイプ（巻きひげなし） 177
　品種分類に有効な遺伝子解析 …………………………………………………177
　種間交雑——花色，病気抵抗性に期待 ………………………………………178
　レンリソウ属の種間交雑 …………………………………………………………179
4　交配による品種育成法 …………………………………………………………179
　交配方法 ……………………………………………………………………………179
　　　淡色系が交配も固定もしやすい 179 ／ 交配の手順 180 ／ 受粉後
　　　40～50日で採種 181
　訪花昆虫による交雑 ………………………………………………………………181

第8章　ヒロハノレンリソウ（宿根スイートピー）の栽培

1　生育の特性と営利栽培 …………………………………………………………183
　自生地での開花習性 ………………………………………………………………183
　出荷のスタイル ……………………………………………………………………184
　　　花壇苗として 184 ／ 切り花・切り枝として 184
2　栽培の実際 ………………………………………………………………………185
　品種の選択 …………………………………………………………………………185
　播　種 ………………………………………………………………………………186
　挿し芽繁殖 …………………………………………………………………………186
　定植，電照，誘引処理 ……………………………………………………………187
　開花管理と収穫 ……………………………………………………………………188
　仕立て本数 …………………………………………………………………………189
　据え置き栽培 ………………………………………………………………………190
　　　暖地の電照，加温栽培 191 ／ 寒地（北海道）の電照，加温栽培
　　　191 ／ 暖地の自然日長，無加温栽培 191
　つるの誘引，つる下げ ……………………………………………………………192
　採種の実際 …………………………………………………………………………192

3 開花調節技術 ……………………………………………………………………192
　14時間以上の日長で開花促進 ……………………………………………192
　電照栽培の播種は5〜6月頃が適当 ……………………………………193
4 切り花の品質保持法 ……………………………………………………………194
　STS剤処理 ………………………………………………………………………194
　採花時期が遅いほど品質は低下 …………………………………………194
　大事な常時給水と糖補給 ……………………………………………………196
　結束，出荷 ………………………………………………………………………199

第9章　スイートピーの仲間レンリソウ属植物

1 つる性または高性植物：花壇，垣根および切り花 ……………201
　1年草 …………………………………………………………………………………201
　　①L. annuus 201 ／ ②L. cassius 204 ／ ③L. chloranthus 205
　宿根草 ………………………………………………………………………………205
　　④L. latifolius（ヒロハノレンリソウ）205 ／ ⑤L. paranensis 205 ／ ⑥L. pisiformis 206 ／ ⑦L. rotundifolius 206
2 矮性植物：花壇および鉢もの ……………………………………………206
　1年草 …………………………………………………………………………………206
　　⑧L. angulatus 206 ／ ⑨L. basalticus 207 ／ ⑩L. blepharicarpus 207 ／ ⑪L. chrysanthus 207 ／ ⑫L. gorgoni 207 ／ ⑬L. hierosolymitanus 208 ／ ⑭L. hirticarpus 208 ／ ⑮L. marmoratus 208 ／ ⑯L. pseudo-cicera 208 ／ ⑰L. setifolius 208 ／ ⑱L. sphaericus 209
　つるなしの宿根草 ……………………………………………………………209
　　⑲L. alpestris 209 ／ ⑳L. aureus 209 ／ ㉑L. laxiflorus 210 ／ ㉒L. linifolius＝L. montanus 210 ／ ㉓L. niger（セイヨウエビラフジ）211 ／ ㉔L. vernus（ツルナシレンリソウ）211
　矮性宿根草 ………………………………………………………………………212
　　㉕L. neurolobus 212

3　芳香のある種 …………………………………………………………………212

つる性1年草 ……………………………………………………………………212

㉖ *L. odoratus* 212 ／ ㉗ *L. belinensis* 212

つる性宿根草 ……………………………………………………………………213

㉘ *L. tuberosus*（キュウコンエンドウ） 213 ／ ㉙ *L. pubescens* 213 ／ ㉚ *L. nervosus* 213

4　穀物・飼料作・緑肥としても利用されている種 ………………214

つる性1年草 ……………………………………………………………………214

㉛ *L. cicera* 214 ／ ㉜ *L. clymenum* 214 ／ ㉝ *L. hirsutus* 215 ／ ㉞ *L. sativus*（ガラスマメ） 215 ／ ㉟ *L. tingitanus*（ジットクマメ，ハットクマメ） 216

宿根草 ……………………………………………………………………………217

㊱ *L. pratensis*（キバナレンリソウ） 217 ／ ㊲ *L. sylvestris* 217

5　閉鎖花をつくる1年草：環境教材 ………………………………………218

地上に閉鎖花 ……………………………………………………………………218

㊳ *L. gloeospermus* 218

地上に開放花と地中に閉鎖花 …………………………………………………219

㊴ *L. amphicarpos* 219 ／ ㊵ *L. ciliolatus* 219

6　特徴的な草姿，形態の植物 ………………………………………………220

托葉や葉柄が葉のように大きい ………………………………………………220

㊶ *L. aphaca*（タクヨウレンリソウ） 220 ／ ㊷ *L. nervosus* 221 ／ ㊸ *L. ochrus*（ヒゲレンリソウ） 221

イネ科植物のように直立する1年草 …………………………………………221

㊹ *L. nissolia* 221 ／ ㊺ *L. vinealis* 222 ／ ㊻ *L. inconspicuus*（スズメノレンリソウ） 222 ／ ㊼ *L. pallescens* 223

イモをつくる ……………………………………………………………………223

㊽ *L. tuberosus*（キュウコンエンドウ） 223

花柄が一方向に着生，伸びる …………………………………………………224

㊾ *L. sulphureus* 224

7　日本での自生種と帰化植物 ………………………………………………224

自生植物 ……224

(50)*L. davidii*（イタチササゲ）224 ／ (51)*L. japonicus* Willd. = *L. martimus*（ハマエンドウ）225 ／ (52)*L. palustris* var. *pilosus*（エゾノレンリソウ，ヒメレンリソウ）225 ／ (53)*L. quinquenervius*（レンリソウ）225

帰化植物 ……226

8 その他 ……226

(54)*L. cirrhosus* 226 ／ (55)*L. filiformis* 226 ／ (56)*L. grandiflorus* 227 ／ (57)*L. heterophyllus* 227 ／ (58)*L. roseus* 227 ／ (59)*L. splendens* 227 ／ (60)*L. transsilvanicus* = *L. luteus* 228 ／ (61)*L. undulatus* 228 ／ (62)*L. venetus* 228

9 レンリソウ属植物の生育開花特性 ……228

■スイートピーおよびその仲間に関する情報 ……231

参考文献 ……233

あとがき ……249

第1章 スイートピーとは
——生態的特性と栽培の課題

1 マメ科のつる性植物

自生地はイタリア・シシリー島

　スイートピーはマメ科レンリソウ（*Lathyrus*）属に属するつる性植物である。学名は*Lathyrus odoratus*，和名を麝香蓮理草（じゃこうれんりそう）といい，一般的には英名のスイートピー（Sweet Pea）で知られている。芳香のある可憐な花で，イタリアのシシリー島に自生する。自生地では雨期である冬に発芽し，分枝して叢生状態となり，つるは最長1m程度になる。花は低節位で着き，1花序2～3花咲きで，乾期に入る5月に開花最盛期を迎え，6月以降に結莢する。このように冬の低温期に発芽し，初夏の長日期になって開花することからもわかるように，スイートピーは種子春化（冷蔵）型の長日植物である。

　この自生種から選抜や交配が行なわれ，開花期の異なる冬咲き，春咲き，夏咲きの3系統が育成された。そしてそれぞれに，花型，花色，花径などの改良が加えられ，着花数は1花序4～7花と増加した。しかし，同時に観賞できるのは4花までで，5花目が開花する頃には最初の花は萎れ始める。

つるを伸長させながら連続開花

　いずれの系統の品種でも，種子の春化（冷蔵）処理あるいは栽培中の長日条件（電照）で開花が促進され，その方法は系統によって異なる（後述）。一般的に関東以西の営利栽培では，どの品種でも8月下旬～9月上旬に播種し，主茎を1本伸長させる。15～25節（11月頃）になると，主茎の節基部に花蕾が着生してくる。晴天と低夜温（5℃）が続くと生育が良好となり，連続して20

節以上で開花がみられる。つるは，3月下旬〜4月上旬までに4m以上伸長して，さらに連続的に開花するが，気温が上昇して切り花品質が低下するので収穫は終了する。

スイートピーは耐寒性，耐暑性とも乏しい地中海気候型植物で，クールでドライな環境を好み，栄養生長と生殖生長とが同時に進行するつる性植物である。

2　低温伸長性の植物——開花適温は夜温5℃

スイートピーは前述のように耐寒性，耐暑性とも乏しく，冷涼な気候を好む低温伸長性の植物である。

播種から開花始めまでの夜温（5〜15℃）と生育，開花との関係をみると，低温では節数の増加がゆるやかで開花は遅いが，ゆっくり生長するので節間が長く，葉が大きく，切り花長も長くなる。これに対して，高夜温では節数の増加が著しく開花も早いが，節間が短く，葉も小さく，切り花長は短くなる。

同様に開花始めからの夜温（5〜15℃）と切り花品質，収量との関係をみると，5℃では総切り花本数は少ないが，1花序4花咲き本数の割合が高く，花が大きく，切り花長の長い状態が長期間続く（図1-1）。これに対して，15℃では40〜50日以内に切り花長がほぼ10cm以下となり，観賞価値が消失する。10℃ではその中間的な傾向を示すが，切り花長は短く，花も小さくなる。

したがって，関東以西で秋播きした場合は，市場性のある花は11月から4月上旬までで，5月上旬には花の品質は著しく劣化する。高冷地では夏越しできることもあるが，営利的には無理であ

図1-1　夜温と草姿，開花状態（'茅ヶ崎11号'）
　　左：5℃，中：10℃，右15℃

る。一般に春に咲く1年草は高温が制限因子となって枯死に至ることが多く，スイートピーも高温で枯死する。もし，何らかの方法で夜温を5℃前後に維持できれば夏越しも可能で，連続的に採花できる。

　スイートピーは生育初期は中温で生育量（草丈，節数）を確保し，発蕾（開花）以降は低温（夜温5℃）でじっくり生長させることにより，長期間にわたり良好な切り花が収穫可能となる。

3　栄養生長と生殖生長が同時進行——草勢の維持がカギ

　スイートピーは初期生育を旺盛にして株の充実をはかり，栄養生長から生殖生長への転換，すなわち花芽分化，発蕾を促進させ，15～25節で最初の花蕾を着生させるのがよい。しかし，栄養生長と生殖生長とが同時に進行する植物なので，草勢の管理が重要になってくる。とくに，発蕾から開花始めは気温や日照などの急激な気象変動に対応できず，徒長や老化をさせて，採花しにくいことが多い。

　初期生育が良好だと葉数が多く，葉面積も大きく，採花開始時期も早い。これに対して，初期生育が不良だと発蕾が遅れるか，発蕾してもそのまま開花させると，急速に草勢が衰えて生長停止や不開花になる。その防止策として摘蕾を行なう。場合によっては4～5節分を摘蕾することもあるが，そうなると，開花は通常よりも1か月程度遅れる。また，草勢が強すぎると葉が丸みを帯びて大きく，徒長傾向を示し，落蕾して開花が遅れるか，開花しても着花数が少ない。

　この草勢の目安には葉の大きさ，茎頂部の肥大程度，茎頂部と4花目との間隔（通称：天花間隔）などを用いる。草勢の調節は気象条件のほか，施設や土壌などの立地条件によって対応は異なるが，一般的にはかん水，換気，施肥など総合的に対処することが望ましい。

　スイートピーは「体をつくりながら花をつくる」——栄養生長と生殖生長との調和をはかり，着花後は連続的に採花できるように草勢の維持につとめ，最低でも1本のつるから20～25本の切り花を収穫することが大事である。

4 生長・開花の3系統——開花促進条件が異なる

　スイートピーを開花期で分類すると，「冬咲き」「春咲き」「夏咲き」の3系統がある。これらの系統の品種をつくりこなすには，それぞれの開花特性を把握しておくことが重要である。

　無冷蔵の種子を8月下旬～9月上旬に施設内に播種して，冬期の夜温を5℃前後で管理すると，冬咲き系は11月，春咲き系は2～3月頃，夏咲き系は4月以降に開花する（図1-2）。戸外で同じマメ科のキヌサヤエンドウを播種する頃（11月以降）に播種すると，冬咲き系は4月から，夏咲き系は5月から，春咲き系はその中間で開花する。このように，初秋に播種すると3系統間の開花の早晩性は顕著に現われるが，晩秋に戸外で播種した場合はその差は小さい。これは，スイートピーの開花が播種後の低温と日長に影響しており，その依存程度が系統によって異なるためである。

　すなわち，冬咲き系は春化のみで開花促進されるのに対して，夏咲き系は種子春化と長日が必要である。一方，春咲き系は両系統の中間を示しながら，相対的に春化の影響が大きい。

　冬咲き系は種子春化（0～2℃）で14日間，春咲き系は同処理30日後に播種してから自然日長下で栽培し，夏咲き系は種子春化約30日後に播種して，さらに長日条件（16時間日長）において栽培するのが基本である。

　ただし，秋播きの場合，播種が遅いほど開花が遅れることや，同一系統でも品種によって低温要求量が異なることがあるので，地域に合致した品種の選択と種子春化の処理日数を決定する必要がある。

　現在，これらの開花特性をいかして，暖地では冬期出荷，寒冷地では春出荷と秋出荷の2期作が行なわれている（図1-3）。

■8～9月播種，11～4月出荷の冬期作（暖地）

　主に関東以西で，8月下旬～9月上旬に播種し，11～4月に出荷する冬期出荷の作型である。出荷を終了した4月以降に，栽培株をそのまま残して自家採種をしたり，後作に別の花きや野菜を栽培したりする例もある。

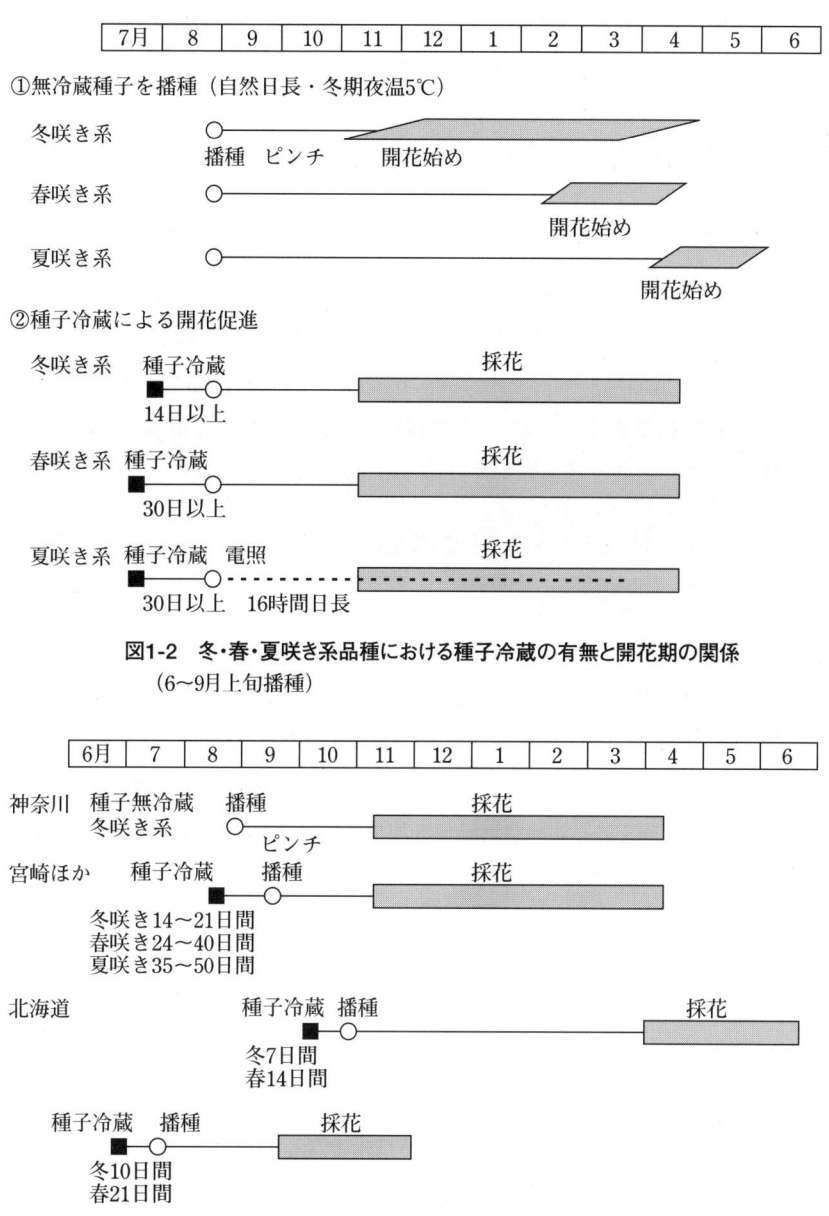

図1-2　冬・春・夏咲き系品種における種子冷蔵の有無と開花期の関係
　　　（6～9月上旬播種）

図1-3　暖地および寒冷地におけるスイートピーの主な作型

冬咲き系を8月下旬に播種する神奈川では，催芽した無冷蔵種子を播種する。そのほかの9月播種の産地では，原則的として種子冷蔵（春化）したものを播種する。播種日が遅れるほど冷蔵日数を長くする。

■10月下旬播種，4〜6月出荷の春期作と，7月下旬播種，9〜11月出荷の秋期作

北海道などの寒冷地では，冬期に開花させると降雪などによる日照不足で落蕾がおこりやすく，また厳寒で暖房費もかかるので，春と秋の出荷を2回に分ける2期作となる。出荷期間が短いので2期作で収益性を高める。

10月播種は低温期を経過したうえに開花までの期間が長いので，品質良好な切り花が収穫できる。一方，7月播種は，播種後に高温に遭遇するので草勢が悪化しやすく，切り花品質を維持するのが難しい。

5　求められている品質と課題

スイートピー生産の現状

◇栽培の歴史

スイートピーは，1696（元禄9）年にイタリア・シシリー島からオランダ，イギリスに送られ，その後イギリス，アメリカを中心に品種改良がされた。日本への渡来は不明であるが，1862（文久2）年に写生図が描かれている。営利栽培は，明治末期になって神奈川県三浦半島で露地の切り花栽培がされている。同時期にガラス室でも栽培されていたが，観賞用で，営利的な切り花栽培は大正中期以降になる。

本格的な栽培は，神奈川県湘南地方で1929（昭和4）年に始まっている。さらに1935（昭和10）年には兵庫県淡路島で，1963（昭和38）年には岡山県船穂町周辺で生産が始まっている。このほかにも1960（昭和30）年代には各地で生産が開始されたが，労力がかかること，規模拡大がしにくいこと，切り花単価が安かったこと，切り花の品質保持技術もなく，花もちが悪く，輸送性に乏しかったことなどから，他作目への転換がはかられた。主に東京や大阪市場に近い前述の神奈川県湘南，兵庫県淡路，岡山県船穂が三大産地として発展し，

この三大産地で全国の90％以上を占めたが，当時の栽培農家数は全国で150戸，栽培面積が6ha，出荷量では2200万本程度にすぎなかった。

◇品質保持剤の登場

従来から早春の可憐な花として定評があったスイートピーだが，花もちの悪さは致命的であった。

それが1980（昭和60）年代に品質保持剤のチオ硫酸銀錯塩（STS）の実用化がはかられると，花もちが飛躍的に向上し，スイートピーのイメージを大きく変革した。観賞価値も高まり需要も伸びた。生産地も，和歌山，宮崎を始め，九州から北海道まで全国の50％以上の都道府県で栽培されるようになった。1994（平成6）年には栽培農家数は約800戸，栽培面積が約80ha，出荷量は約1億3596万本（推計値を含む）と著しく発展した。2006（平成18）年現在，この栽培戸数はやや減少したものの，栽培面積，出荷量はほぼ同程度と推測される。

◇入荷量と単価——高単価もないが暴落もしない

市場における月別の入荷量で多いのは，周年を通してキクである。これに対して，スイートピーやチューリップなどは12〜3月までの入荷量が多い季節型商品で，いわば早春をイメージする花である。

スイートピーの市場入荷量と切り花単価の関係（大田市場）をみると，入荷量は1990（平成2）年には約400万本であったのが，2001（平成13）年には約1600万本と著しく増加した。しかし，それ以降は停滞もしくは微増にとどまっている。

切り花単価のほうは，1990年には44円であったものが2001年には30円以下となり，入荷量に反比例して低下傾向にある。冬期出荷11〜4月（1作）の総入荷量と単価の関係をみても，入荷量と単価は反比例の関係にある（図1-4）。月別の入荷量と単価では，いずれの月も入荷量が増加すれば単価は低下するが，需要期の3月は堅調で入荷量が450万本程度であっても30円が維持されている。11月は少量でも高単価が期待できるが，4月になると期待できない（図1-5）。

ただ，スイートピーで面白いのは，確かに入荷量が増加すれば単価が下がる

ものの，暴落しないことである。これはこの花に一定の需要があり，早春の花として定着している証拠ともいえる。また，ほかの主要な花き類のように輸入切り花がみられないことも，価格が安定している一因としてあげられる。

近年の消費者嗜好

◇「もらってうれしい花」の一つ

消費者ニーズ調査（内藤ら，2002）によると，買いたい花の要素として，やさしい，気どらない，淡い色，季節感のある花などが上位にあげられている。スイートピーは贈られる頻度の

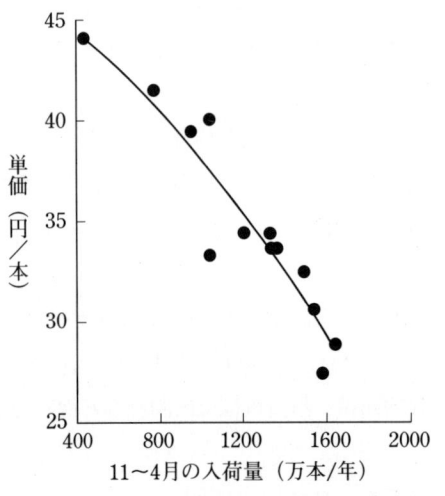

図1-4　年間入荷量と単価の関係
（大田市場）

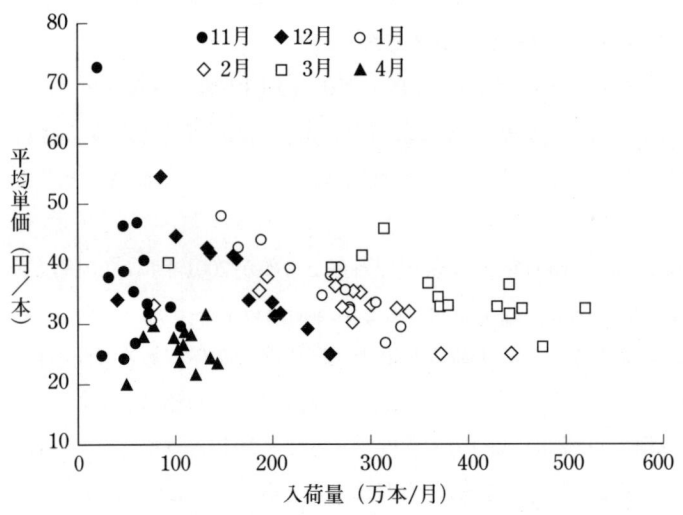

図1-5　月別の入荷量と単価（大田市場，1991～2004年度）

多少にかかわらず、プレゼントされてうれしい花の10位以内に入っている。とくにスイートピーをプレゼントされて、「とてもうれしい」あるいは「うれしい」と答えているのは、20～30代で約50％、50～60代で72％と、高齢層で高くなっている。一方、実際にスイートピーの切り花をみると「いつも」、あるいは「たびたび買いたい」と思うのは、20～30代で約43％、50～60代で約33％と、若年層で高い。季節感のある可憐で透き通るような花、スイートピーは消費者ニーズを満たしている花の一つだといえる。

こうした消費者のスイートピーに対する嗜好の変化を的確に捉えるのは難しい。そこで、消費動向＝生産動向として考え、その栽培面積の推移を以下にみてみよう（図1-6）。

◇色の嗜好は濃色から淡色へ、単色から複色へ

まず、花色の変化をみると、1950年代は赤色系の栽培面積が60％を占めていたが、その後は急速に減少し、1987（昭和62）年には5％以下まで低下し、現在も数％前後を推移している。これに対して、桃色系は50年代には20％程度であったが、その後ほぼ直線的に増加し、1987年には65％以上を占め、現在はやや減少したものの、五十数％となっている。白系は1950年代では10％と少なく、1970～1980年にかけて増加しピーク時には約28％となったが、その後減少傾向を示し、現在は10％程度である。

これらに対し、青色・紫色系は1980（昭和55）年頃には5％前後と少なか

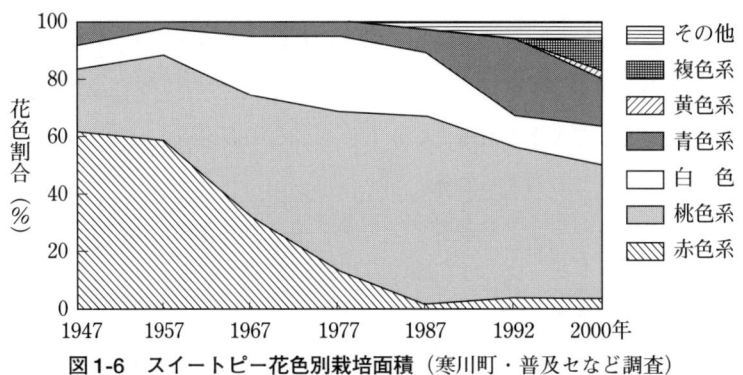

図1-6　スイートピー花色別栽培面積（寒川町・普及せなど調査）

ったが，1990年頃に25％以上と急増し，現在は20％程度である。また黄色系や複色系は1990年代以降で増加傾向にある。このように，花色は濃色から淡色化，単色から複色化の傾向にあり，多様な色彩が好まれるようになっている。

また，花色が存在しない黄色，青色（水色），緑黄色などは，古くから白色花に食用色素を吸水させて染色していた。さらに近年は，白色花のほかにピンクやクリーム色系などの花を用い，染色剤も2～3種類を混合して多彩な花色を醸しだしている。従来のスイートピーのイメージ，「可憐で透き通る花弁・透明感のある色合い」から逸脱した斬新な色合いにも人気が高まっている。

最近までの傾向として，「重厚長大」から「軽薄短小」の産業や商品，いい換えると，トンで売るよりキロで売るもの，キロで売るよりグラムで売れるもの，グラムで売るより重さのないものが売れるとされ，たとえば，情報通信や金融関係の産業がよいとされてきた。花も重量のある切り花よりは，軽い，小さい，かわいいものが好まれ，花色も濃色から淡色化の傾向にある（井上，1994 1996）。

◇今は大輪多花咲きが人気

スイートピーでは赤色系の需要が減少してきた背景には生活様式が変わり，室内は快適な居住空間になったことがある。冬でも暖かく，冬だからといって暖冬色の花を飾る必要は少なくなった。部屋に飾る花も，「暖冬感のある冷涼感のあるもの」，ちょっぴり春めいた色，淡いピンクやラベンダー系の花色が好まれる。

また，赤色は花弁が傷付くと黒変しやすい品種が多いことや，戸外では鮮やかだが，室内の蛍光灯下ではくすんで見栄えの悪いことなども，人気がなくなっている一因として考えられる。しかし，これらの問題点を解決できれば赤色の需要はまた増すとも考えられる。

さらに，カーネーションなどでスプレイタイプが増加し，花が小型化してきているが，スイートピーでは1花序の着花数が多く，花も大きい，つまり大輪多花咲きの傾向にある。

いずれにしても，嗜好性は時代とともに変化し，もらってうれしい花や購買

意欲は購買層によって異なる。購買層や嗜好性の把握，利用方法の提案など消費拡大戦略が望まれる。

これからの課題を整理すると

◇新鮮・安全を前面に

一般的に農産物に求められるものは，「新鮮で，安全で，高品質で，多収穫である」こと，さらに「低コスト生産」，さらに消費者からみれば「低価格商品」であれば一定の需要はある。しかし，花きでこれらの条件を満たしても，必ずしも需要があるとは限らない。花きは生活快適空間の創造と密接に関わっており，商品として「ファッション性」が求められるからである（図1-7）。スイートピーの課題もこれらのキーワードに凝縮している。

スイートピーは労働集約的な作物であるが，経営上のメリットとして「軽・薄・短・小」型商品で，比較的軽労働である。また，低温伸長性植物のため，暖房費やその他の諸経費も少ない。さらに特筆すべきことは，農薬の使用が1作当たり数回以内ですみ，人の健康によい作物である。それが証拠に，50年以上栽培を続けている80歳代のご夫妻もいる。採花時に使用する品質保持剤の取り扱いさえ注意すれば，新鮮で安全なスイートピーを消費者に提供できよ

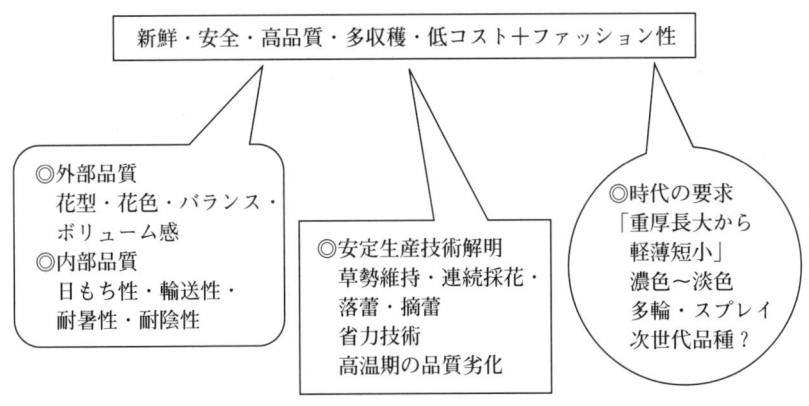

図1-7　スイートピーの生産性，商品性に求められるもの

う。農薬の使用頻度が高いのは，もはやスイートピーづくりとはいえない。

◇日もち性，輸送性など品質対策を

切り花で高品質というとき，花型，花色，着花数，花茎の太さ，ボリューム感などの外部品質（形質）と，日もち性，輸送性，耐暑性，耐陰性などの内部品質の二つが問われる。このうち，従来は外部品質が市場性を高める重要なポイントであったが，さらなる消費拡大には，内部品質をどう維持するかが課題になる。

外部品質については，従来は曇天日にフード花になりやすい品種がみられたが，現在はオープン花やウェーブ花（波状弁）がほとんどで，観賞価値が高く，花色，着花数，花茎の太さ，ボリューム感なども在来品種の選抜や育種によって改善されている。しかし，曇天日が続くと落蕾の発生や着花数の減少，また1花茎に数個着生する小花の2花目と3花目との間があいて全体のバランスがくずれるなど，品質の低下が著しい。

一方，内部品質では日もち性，輸送性，耐暑性，耐陰性など相互に関連することであるが，栽培中や採花後の切り花品質をどう維持して，観賞価値を高めるかが課題である。低温期は花弁の糖含量が高く，比較的に品質保持期間も長いが，気温の上昇とともに切り花長が短くなり，花弁の糖含量は低くなって，品質保持期間が短くなる。気温が高くなる時期（冬期出荷の作型では3月以降）には入念な栽培管理，切り花の品質保持を高める工夫が必要である。とくに，空輸のみならずトラック便を利用せざる得ない地域のなかには，採花から市場に届くまでに3日を要するところもある。輸送中の品温の維持，花弁のシミ対策など，きめこまかな対策が必要である。

◇連続採花による安定生産

スイートピーは高単価が期待できる切り花ではない。高品質あるいは一定品質の切り花をいかに多く生産し，収入を確保するかである。そのためには，栄養生長と生殖生長とのバランス，すなわち草勢維持につとめ，1本のつる（株）から連続的に採花することがポイントである。現在も，徒長ぎみの場合はかん水をひかえ，気温の管理などを行なって落蕾を防ぎ，反対に草勢が悪化してい

る場合は摘蕾し，草勢が回復するのを待ってから採花するなどの方法が行なわれているが，さらに安定生産技術の開発が必要である。

　とくに，12～1月にかけては日長時間が短く，日照不足になりやすい時期で，曇天日が続いた場合の落蕾対策が課題である。光合成を促進するための補光や糖の補給，マルチによる反射光の有効利用，かん水量や施肥量の調節，低温管理などが試みられているが，経済的に確立された方法はまだみつかっていない。

　また，高温期の品質劣化も課題になっている。近年，秋の高温により葉が正常に展開せずに萎縮する奇形が発生し，生育不良のために摘蕾せざるを得なくなって採花が遅れることがある。秋は気温の変動が著しく，とくにつるが伸長しているほど高温の障害を受けやすい。

　さらに，気温が上昇する3月以降は，高温ほど発蕾から開花までの日数は短くなるが，切り花長は短く花も傷みやすく，花もち（品質保持日数）が悪い。そのため換気や遮光によって気温を下げることが行なわれているが，日射量が1日のうちで変動するこの時期，張りっぱなしで遮光すると強遮光となり逆効果となる。採花後の品質保持と併せて今後はこの高温対策の開発が必要となる。

　スイートピーの切り花単価は，最近では30円前後と高値が期待できない。それだけに，収穫量をいかに確保するかが重要である。栽植密度が低ければ切り花品質はよくなるが，収量は減少する。一方，栽植密度を高めれば総切り花本数は増加するが，1花序4花咲きの上物本数が減少する。地域，施設に合致した適正な栽植密度で，いかに4花咲きの切り花本数を増やすかがカギである。

　◇管理労力の低減は必要

　スイートピーは花き生産のなかでもっとも労働集約型の品目である。10a当たり1作の投下労働時間は1970年代では8676時間（井上，1981）ときわめて多く，現在では3720～4423時間（半田，2003；南那珂普及センター，2004）に半減しているものの，バラやカーネーションの約2倍と多い。1人当たりの適正な栽培管理面積は約300m^{2}である。その大半が，つる下げや巻きひげ切りなどの管理労力である。

　つるの誘引方法は縦糸に結ぶ方法から，太い針金あるいはネットに洗濯バサ

ミで誘引する方法など，省力化がはかられている。しかし，咲いた花が南面方向に向きやすいため，東西方向の2条植えでは北面がネットにもぐりやすい短所もある。誘引方法をはじめとして，さらに効率的な管理技術の開発が必要である。

◇次世代品種の開発も

　生産量が市場で飽和状態に近い様相を呈していることから，品種の多様化が望まれる。輸送地域では，5花以上の多花咲きは輸送中に花が傷みやすく，また大輪ほど発蕾から開花までの日数がかかり，なかには花もちの悪いものもあるので，むしろ花が小さくても何か特徴的な形質を有した品種の開発が必要であろう。スイートピーは比較的優良形質が出やすいので，さらに新しい時代に適応した耐病性，耐暑性，落蕾対策や日もち性，および輸送性に着目した品種の育成が課題である。

　オランダでは花にもライフサイクルがあるとする考え方がある（大川,1995）。すなわち花はその需要が伸びる時期を経て，成熟，そして飽和状態に達し，やがて需要が減少，消失していくというプロセスである。このプロセスでいうと，スイートピーは品質保持剤STSの出現によって需要が飛躍的に増加したが，現在は生産量が鈍化し，栽培戸数が減少傾向にある。また市場単価も低下傾向を示すなど，切り花としては成熟から飽和期に達していると推察される。

　今後さらに発展するためには，STSのような新たな需要が期待できる技術開発が必要であろう。たとえば，バラ，カーネーション，キクの切り花では，飽和期に入ったスタンダードタイプに替わって，スプレイタイプが台頭してきている。スイートピーでも新たな需要発掘につながる品質の優れた花や意表をつく花型，花色など，新たな視点に立脚した品種育成や観賞方法の提言が必要となろう。

　このようなことから，スイートピーを生産するにあたっては，単に栽培に邁進するのみではなく，生活空間・消費を意識した花づくり，まさしく「地下足袋を履いたファッションデザイナー的感覚」が求められている。

第2章 生育の特徴と発育相

1 スイートピーの生育環境

自生地の自然条件

　スイートピーはイタリア・シシリー島に自生しているほか，島に隣接する本土南部にもあるとされる。*Lathyrus*属植物は世界で約150種あるが，そのうちイタリア全土にはスイートピーを含めて40種が，シシリー島には20種が自生している。

　スイートピーの自生地を調査すると，Palermo市周辺の平坦地にはみられず，標高200～600mの地帯に多く分布し，Poma湖の周囲には群生地もみられた。どの生育地も道路端，草原や牧草地の周囲に高木などの遮光物がなく，自然光を十分に受け，通風のよい場所であった。とくに粘土質土壌で比較的水分の多い場所では葉が大きく，茎は太く，草丈も1m前後と高かったが，乾燥地では葉が小さく，節間が短く，草丈も50cm以下であった。また，自然光が十分な場所でもエリカ類や針葉樹などが生育している地帯（酸性土）では，自生がみられなかった。

　自生地では5月10日頃に開花最盛期に達し，1花序の着花数は2～3花が多く，花径は2.0～2.5cm，花茎の長さは20cm以下と小型であった。花の形は，旗弁の上部が広く基部が狭く，上部の中央部がやや凹むノッチタイプが多かった。花色は旗弁が赤紫色で，翼弁がやや青みを帯びているものが多い。また，旗弁と翼弁とも濃淡の変異がみられ，とくにCáccamoとRoccapalumbaの中間地域で旗弁が赤色を帯び，翼弁が白色の複色花（1700年代に発見されたPainted Ladyに似た花色）もみられた（井上ら，2000）。

自生地でのライフサイクル

自生地での生活環（ライフサイクル）は，次の通りである。

5月に開花最盛期を迎えた花は，自家受粉して結莢する。乾期に入る6月以降に種子が成熟し，莢がねじれて種子がはじけ，地面に飛散する。種子は水分損失を防ぐために硬い種皮をもち，休眠状態で夏の高温乾燥期を過ごす。その後，気温が低下する冬期に降水量が増すにつれ，吸水して発芽する。この冬期の低温が吸水後の種子に春化として作用し，花芽分化を促進する。なお，春化は低温の後作用としておこる現象なので，実際に花芽分化するのはある程度つるが伸長してからである。

発芽からの生長過程をみると，スイートピーはエンドウなどと同様に子葉が地中に残る地下子葉型植物で，地上に出る最初の2節は葉が展開しない低出葉となり，3節目以降に葉が展開する普通葉が着生する。短日条件下ではこの低出葉およびその近くの節から腋芽（側枝）が発生するが，分枝をくり返して，地面を這うような叢生状態となる。3月以降に気温が上昇して日長が長くなるにつれ，側枝がしだいに地ぎわから立ち上がり，伸長を開始する。この頃になると花芽分化も始まり，やがて発蕾・開花し，5月上～中旬には開花最盛期に至る。

自生地と欧米の品種改良地，日本の生産地

現在の主な品種改良および採種地は，夏咲き系主体のイギリスと春咲きと冬咲き系主体のアメリカ・カルフォルニア州Lompocであり，生産地で最大なのは日本である。

興味深いことに，自生地（北緯37°～38°）および採種地のLompoc（同約34°40′）と日本の生産地（同31°～36°）とは緯度が比較的に近い。しかし，気候は日本が大陸東岸型気候であるのに対して，自生地とLompocでは地中海型気候に属する（図2-1）。

自生地付近のPalermo（標高31m）とCaltanissetta（570m）では年平均気温

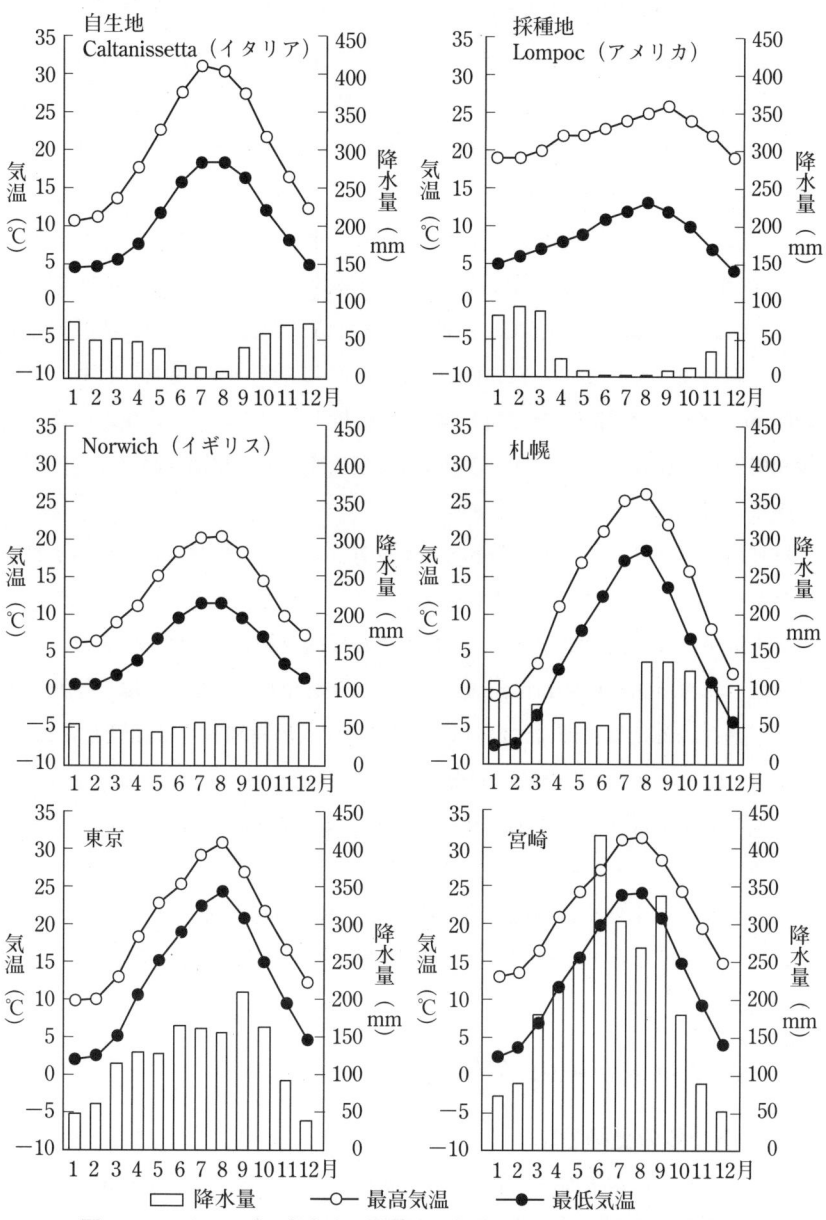

図 2-1　スイートピー自生地，採種地，育種地，生産地の気温と降水量

凡例: □ 降水量　—○— 最高気温　—●— 最低気温

自生地 Caltanissetta（イタリア）
採種地 Lompoc（アメリカ）
Norwich（イギリス）
札幌
東京
宮崎

は15.5～18.5℃，冬期の月平均最低気温は5～10℃と温暖で，夏期（7～8月）の最高気温は30～31℃と高いが，最低気温は18～21℃と低い。降水量は年間500～600mmと少なく，もっとも多い冬期（11～1月）でも月60～80mmで，さらに夏期（6～8月）は20mm以下ときわめて少ない。冬は温暖で，夏はクールでドライな環境となる。

これに対して日本は大陸東岸型気候に属し，東京と宮崎では年間平均気温が16～17.6℃で，冬期（12～2月）の月平均最低気温は2～5℃，夏期（7～8月）の最高気温は29～31.5℃，最低気温は22.5～24.2℃と高く，年較差も大きい。降水量は年間1500～2500mmで，とくに夏期（6～9月）は月150～420mmと多い。冬期（11～2月）は100mm以下と少ないが，自生地のように極端に少なくなることはない。冬期は低温乾燥ぎみで，夏期は高温多湿の環境である。

採種地のカリフォルニア州Lompocは冬期温暖で，比較的に日照時間が長いことから冬咲きや春咲き系品種が育成される。しかも夏期が冷涼で，自生地より降水量が少なく乾燥するため，大規模場な採種地として発展してきた。

一方，イギリス（Cambridge北緯52°，Norwich同52°38′）は大陸西岸型気候に属し，冬期は日照および日長時間が短いため営利栽培は困難とされる。夏期は冷涼で降水量も少なく，日照および日長時間が長いことから，長日性の強い夏咲き系品種が多数作出，栽培されている。6～7月には，スイートピー切り花のコンテストが各地で開催されている。

このように自生地や採種地の生育環境と日本の栽培環境とは大きく異なる。わが国ではこうしたスイートピーの生理生態をよく理解して，栽培に取り組む必要がある。

2　スイートピーの品種分類

自生種からの品種分化

スイートピーは栽培面から草型により高性，中間，矮性に，開花期により冬咲き，春咲き，夏咲きに分類される。高性の品種について8～9月に播種する

第2章　生育の特徴と発育相　**33**

と冬咲きは11～12月，春咲きは2～3月，夏咲きは4～5月に開花する（Beal，1912；岡田，1956；井上，1978）。これらの系統の品種分化については表2-1のように，自生種から夏咲き，冬咲き，春咲きの順で作出されたので，その育成経過の順に述べる。

　＊なお本章では，品種分化の歴史的な経緯を理解するために，品種名を英名で記す。

◇自生種

　他説もあるが，園芸的な観点から注目したのは1695年にイタリア・シシリー島，Panormi（Palermo recens）近くに在住した修道僧Franciscus Cupaniが最初とされる。Cupaniはこの種子をイギリス・エンフィールドのUvedale博士とオランダ・アムステルダムのCasper Commelinに送った。Commelinは，1699年にこの種子を播種したところ，草丈約180～210cmの1年草で，茎は扁平で長楕円の広葉が着生し，先端に巻きひげを生じ，長い花茎に蝶形の大輪をつけ，旗弁は紫色，翼弁は空色で芳香があると報告している。

　その後，1718年に白花の変種が，1731年には'Painted Lady'（旗弁が薄赤色で翼弁が白色）が，1758年には'Matucana'（えび茶色とスミレ色の複色花，旗弁上部がノッチ）の記載がある。1793年には最初のカタログが刊行され，黒（暗えび茶色），紫，赤，白色と'Painted Lady'が掲載された。これらのCupaniがスイートピーを発見以後の約100年間に記載された品種は，花色の変異で，自生種からの自然発生的な変種と考えられる。

◇夏咲き系

　本格的な品種改良は1870年代にHenry Eckford，Thomas Laxtonらが開始した。Eckfordは白，赤，黒色（暗えび茶色），'Painted Lady'ならびに'Butterfly'を収集し，交配をくり返して，花径，花型，1花序の着花数，花色を改良した。1889年には'Captain of the Blues'，1890年には'Lottie Eckford'，1896年に'Lovely'と，1花序の着花数が4花となる最初の品種'Prima Donna'が，1897年には'Triumph'が作出された。これらの品種は，のちに波状弁や冬咲き品種の作出に利用された。1896年のカタログには各品種の旗弁が直径38mmの円内に描かれ，いくらかフードやノッチになるが，当時とし

表2-1 スイートピーの品種分化の経過　　　　　　　　　(井上ら，2000)

紹介年	夏咲き系品種	冬咲き系品種	春咲き系品種
1695	＊シシリー島で発見（旗弁が紫色）		
1699	＊イギリス・オランダに種子を送付		
1731	＊'Painted Lady'（薄赤と白色の複色花）1花序2花咲き		
1793	＊カタログに'Painted Lady'，黒・紫・赤・白色		
1860	＊'Blue Edge'ピコティタイプの出現		
1889	＊'Captain of the Blues'	＊早咲き'Blanche Ferry'。'Painted Lady'の選抜種（アメリカ）	
1890	＊'Lottie Eckford'		
1896	＊'Prima Donna' 1花序4花咲き		
1897	＊'Triumph'		
1899		＊'Zvolanek Christmas'を発売　夏咲き'Lottie Eckford'の選抜種×冬咲き性'Blanche Ferry'	
1900	＊スイートピー200年祭。高性種254品種出品	＊1900年頃アルジェリアで選抜種'Blanche Ferry'　＊1903年頃イギリスで'Captain of the Blues'選抜種	
1901	＊'Countess Spencer'（波状弁）が育成される。'Lovely'×'Triumph'×'Prima Donna'		
1910	以上，イギリスを中心に育成される	＊波状弁'Early Spencer'を育成　冬咲き性品種×夏咲き性'Spencer'　＊'American Beauty'	
1920年代 1940年代	＊現在まで多数の夏咲き性品種が作出される（Unwin社ほか　イギリスが多い）	＊'Mrs.Douglaus MacArther'	＊花径が大きいCuthbertsonを育成。晩生'Spencer'品種の選抜種×冬咲き性'Tommy'ほか（アメリカ）
1950年代		＊多花性　Early Multifloraタイプ	
1952			＊多花性のCuthbertson Floribundaタイプ'Evelyn'ほか
1960年代		＊多花性　Early Multiflora Giganteaタイプ．'Diana'ほか　'茅ヶ崎11号'	＊Royal Seriesを育成。Cuthbertsonの改良。'Rose Pink'ほか
1970年代		＊Mammoth Seriesを育成'Crimson'ほか	
1990年代	＊複色花（スイートメモリーシリーズ）'Lavendar'ほか（ニュージーランド）	＊日本での育成種'ルナ''シンフォニー・ホワイト'ほか	

ては大輪であったことからGrandifloraタイプと称せられ，1花序の小花数も3〜4花着生に増加した。

　1901年には新しい花型，波状弁の'Countess Spencer'（帯褐赤黄色）がSilas Coleによって作出された。この品種は大輪で旗弁と翼弁が波状となり，強健な花茎に4花着生した。前述したEckfordは'Lovely'と'Triumph'とを交配し，これに'Prima Donna'を交配した花を1904年に発売した。また，1905年にはWilliam Unwinが'Prima Donna'の選抜系として'Countess Spencer'より花が小さく，波状弁の少ない'Gladys Unwin'を育成した。その後，Unwins社では現在まで多数の夏咲き品種を発表している。現在でも品種改良は，イギリスを中心に多数の育種家により行なわれており，Spencerタイプとして夏咲き系の主要品種となっている。

　1990年代になって，ニュージーランドのKeith Hammettが旗弁と翼弁の花色が異なる複色花を作出し，日本ではスイートメモリーシリーズで販売された。

◇冬咲き系

　冬咲き系統の品種はアメリカ，アルジェリア，イギリスの3か所でほぼ同時期に育成されたが，その後の品種改良はアメリカが主体となった。ニューヨークで栽培していた'Painted Lady'の中から早咲き個体を発見し，1889年に'Blanche Ferry'と名付けてD. M. Ferry & Co. が発売した。さらに，この品種を交配親として，あるいは変異個体から冬咲き品種が作出された。

　1899年にA. C. Zvolanekが12月中に開花する冬咲きの'Zvolanek Christmas'を発売した。これは1892年に'Lottie Eckford'を栽培中約2週間早咲きの個体を発見し，次年度に'Blanche Ferry'と交配し，冬咲き性個体を得て，数年間で花径，花色，花茎の太さを改良したものである。

　アルジェリアでは1900年頃にEdwyn Arkwrightが3月末に開花する'Blanche Ferry'から順次早咲き個体を選抜し，1907年頃にはクリスマスに開花する品種を育成した。なお，彼はEckfordの品種は9月下旬播種で5月まで開花しなかったと述べている。

　一方，イギリスではC. Engelmannが1903年頃に晩生種'Captain of the

Blues' から早咲き個体を選抜して，11月下旬開花の品種を育成した。彼は'Captain of the Blues' はガラス室内で8月に播種すると4月まで開花しなかったが，選抜種は播種後6〜8週で開花し，冬期間咲き続けたとしている（スイートピー年報1907）。これらの品種は開花は早いが，花型などに改良の余地があった。

　1910年になると，アメリカでZvolanekが冬咲き品種と晩生 'Spencer' 種を交配して，'Early Spencer' を作出して発売した。この品種群は冬咲きで波状弁であったことから市場性があり，温室切り花栽培の主流となった。このタイプには，1920年代に作出されたとみられる 'American Beauty' や1940年代に作出された 'Mrs. Douglaus MacArther' などがあり，現在でも日本で栽培されている。しかし，1花序の着花数は4花と少ない。さらに，1950年以降にZvolanekによって1花序着花数の多いEarly Multifloraタイプが育成された。

　1960年になるとDenholm社で花茎が長く，1花序着花数が6〜8花のEarly Multiflora Gigantea タイプを作出した。

　1970代後半にはDenholm社のDavid G. LemonがEarly Multiflora Giganteaタイプを改良し，花が大きく，花茎の長いMammoth Seriesを育成し，1982年には花色別に発売された。

　日本では，1980年代以降に輸入種子のなかに冬咲き系と春咲き系種子が混在したことから，本格的に選抜や品種改良がされるようになった。

◇春咲き系

　最初は春咲き系と呼ばれたが，現在は育成者のFerry-Mose社のFrank G. CuthbertsonにちなんでCuthbertsonタイプと呼ばれている。1930年代後半に晩生の 'Spencer' のなかから花茎が長く，生育の旺盛な個体を発見し，アメリカの冬咲き品種と交配，選抜をくり返し，開花期が中間で，花が大きい品種を1940年に育成し，40年代後半には各色を作出した。これらの品種は1花序着花数が4花であった。

　その後，1952年には多花性の 'Cuthbertson Floribunda' が育成された。1960年になって 'Cuthbertson' を改良し，花が大きく，花茎が長い 'Royal

Series'を作出した。

花の形質——花型（フード弁，丸弁，波状弁），着花数

スイートピーは，自生種から育成した当初は花弁が扁平であったが，しだいに丸みを帯びてきた。なかには，弁先が前方に垂れるフード花もみられた。その後改良が進み，完全に弁先が展開するオープン花，さらに旗弁が波状になる波状弁（ウェーブ）が出現した（図2-2）。

これらの育成途中では，漏斗状のキンギョソウの小花型（Snapdragon form）や旗弁の頂部や側部が凹むノッチ（Notch）タイプなども作出された（Beal，1912）（図2-3）。1花序の着花数は自生種では2～3花咲きであったが，1896年には4花咲き（'Prima Donna'）が育成され，さらに数花以上着花する冬咲き，春咲きの品種が育成されている。なお，夏咲き系品種を日本で栽培すると，ほとんどが4花以下と少ない。小花の花径（旗弁幅）も自生種では2.0～2.5cmと小さかったが，Grandifloraタイプ（1890

図2-2　スイートピーの花形（Unwin, 1952）
左：フード，中：オープン，右：ウェーブ

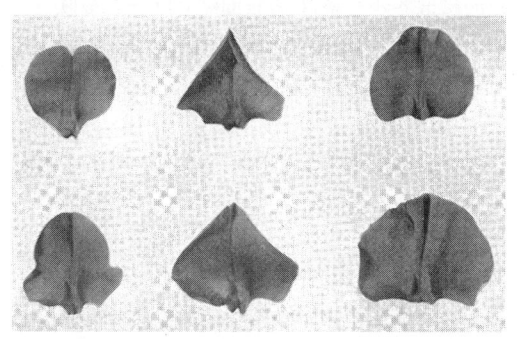

図2-3　スイートピーの花形（Unwin, 1952）
上段左：上部がノッチ，中：フード，右：オープン
下段左：サンドノッチ，中：フードまたはシェル，右：ウェーブ 'Countess Spencer'

年代）の出現により3.8cmまで大きくなり，現在では6cm以上の大輪も出現している。小輪少花咲きから大輪多花咲きに改良されているのである。

ところで，芳香性は自生種および初期の夏咲き系品種が強い芳香を有する傾向を示し，現在でも芳香の強い品種群が 'Old Spice' や 'Old Fashion' として市販されている。自生種から改良が進むにつれて，芳香は全体的に弱まってきたが，嗜好性の高い芳香成分が増加し，特定成分の野性的な香りから多成分が含まれたソフトな香りに改良され，芳香の質は向上している。

開花の早晩性と作型

前述のように，8～9月に播種すると冬咲きは11～12月，春咲きは2～3月，夏咲きは4～5月に開花する。しかし，露地あるいは冬期（戸外や施設）に播種した場合の開花期の差は，1週間から1か月以内である。これらの開花期から推察できるように，開花は吸水種子および発芽後の苗の低温遭遇（春化）と生育中の長日によって促進される。冬咲き系は春化が，夏咲き系は春化と長日が，春咲き系は両系統の中間の反応を示すが，春化は長日を代替することができ，実用的には春化のみで開花が促進される（井上，2002）。

この春化に必要な低温遭遇量は，品種特性と播種期によって若干異なる。一般的には冬咲き系は15日間，春咲き，夏咲き系では30日間が目安となる。ただし，夏咲き系では発芽後に電照（16時間）して長日長環境をつくり，花蕾の発達を促進させ，腋芽（側枝）発生を抑制する。

3　1年間の生育──発育相の理解

スイートピーは園芸的な分類では秋播きの1年草に属する。「1／自生地の自然条件」の項（31ページ）でも述べたように，その生活環は，休眠状態の種子が発芽し，生長を開始して，花芽分化，発蕾・開花に至る。開花した花は，自家受粉して種子を生じ，やがて植物体は枯死する。一般的に植物が生育開花するには，いくつかの発育相を通過して開花結実に至ると考えられている（樋口，1993）。

あえて，発育相的な観点からスイートピーの生活環をみると，以下のようになる。

スイートピーの発育相

まずスイートピーでは，明確な「休眠」は明らかでないが，高温乾燥期に休眠状態となる。好適な環境条件下では比較的短期間に発芽する。ただし，種皮が硬いので吸水して膨らむのに時間を要する。種皮を軟化させ，吸水しやすくするために濃硫酸に浸ける方法がある。スイートピーでは数分間，類縁種の*L. annuus*では60分間浸けて，ようやく種皮が軟らかくなり，吸水しやすくなる。高温乾燥期を乗り越えるために，いかに種皮が発達しているかがわかる。

発芽した植物は，好適な環境（日長，温度）を与えればすぐ花芽分化するわけではない。花成誘導に必要な条件を与えても植物体が幼くて花をつくることのできない時期がある。これを「幼弱相」という。幼弱相は，3系統とも種子または苗の低温遭遇時間が長いほど，夏咲き系品種では長日条件でさらに短縮される。

幼弱相を通過するには，無摘心で育てた場合に主茎上で最短10節以上必要とみられ，夏咲き系に比べて冬咲き系で短縮される傾向にある。夏咲き系を種子無春化の状態で播種すると，幼弱相の通過は「短日＋高夜温」で遅れ，発蕾は高節位になり，「長日＋低夜温」では短縮され，低節位で発蕾する。種子春化して長日条件で播種すると，夜温の影響は小さくなり，通過時間は高温ほど早く，節数（葉数）が増加する。

幼弱相が完結して，好適環境におかれると花成誘導が可能となる。この状態を「花熟相」という。この幼弱相と花熟相は外観的にはわからない生理的な変化として捉えるものである。

花熟相を通過したあとに，「花芽分化・発達相」を経て「開花・結実相」に至る。園芸的に花芽分化と花蕾の発達・開花は，量的あるいは質的に異なる条件でおこることが多い。花芽分化・発達は，冬咲き系と春咲き系では春化によって促進され，そのまま開花に至る。一方，夏咲き系は日長にも影響される。

種子や苗の段階で低温に遭遇すると花芽分化が促進されるが，花蕾の発達には長日条件が必要で，短日下では葉腋に発生した小花蕾が発育不全（abortion）となり，黄化して枯死する。なお，これは日照不足で蕾が落ちる，いわゆる落蕾（bud drop）とは異なる。

さて，以上のような生育上の特性を踏まえスイートピーを栽培していくには，それぞれの発育相で以下のような点がポイントとなる。

各発育相での栽培ポイント

◇栄養生長期：初期生育はかん水をたっぷり，のびのび育てる

自生地では，雨期である冬期の夜温が10℃以下になると発芽する。園芸種も基本的に高温に弱く，発芽適温は20℃以下である。関東以西では8月下旬～9月上旬に播種するが，自生地ではあり得ない高温であり，この回避策が必要であろう。とくに，種子春化した場合は，冷蔵庫から出して高温の施設内にただちに播種せず，順化させてから植え付ける（冷蔵中に根のみでなく芽も伸びるので，播種というより順化，緑化させた小苗を植え付ける方法をとる）。施設内に播種した直後は屋根面に遮光するなど，冷涼に保つ工夫をしたい。ただし，長期間の強遮光は徒長させやすい。そこで生育初期のかん水は少量で回数を多くする。原則として根の伸長している範囲に水分があればよいので，根が伸長するに従って1回のかん水量をふやし，回数は少なくする。根群の範囲が広まるに従い，土壌表層から深層に水分がゆきわたるようにしたい。10月中には草丈が80cm位に伸長する（10～15節）が，この時期までは，どちらかというとのびのび育てるようにする（図2-4）。

◇花芽分化・発蕾期：つるの伸長をセーブ，開花期に向けての移行期

早い場合は10月下旬から発蕾してくる。気温がしだいに低下してきて生育も順調になるが，管理は意外と難しい。栄養生長が旺盛な場合はかん水をひかえ，つるの伸長をセーブして徒長に注意し，花芽分化，発蕾を促進させる。主茎を摘心して側枝が15節以上に生長し，一定の葉面積が確保され，栄養生長が継続的に期待できる草姿であれば，花蕾の発達も順調になる。しかし，平年

第2章 生育の特徴と発育相 **41**

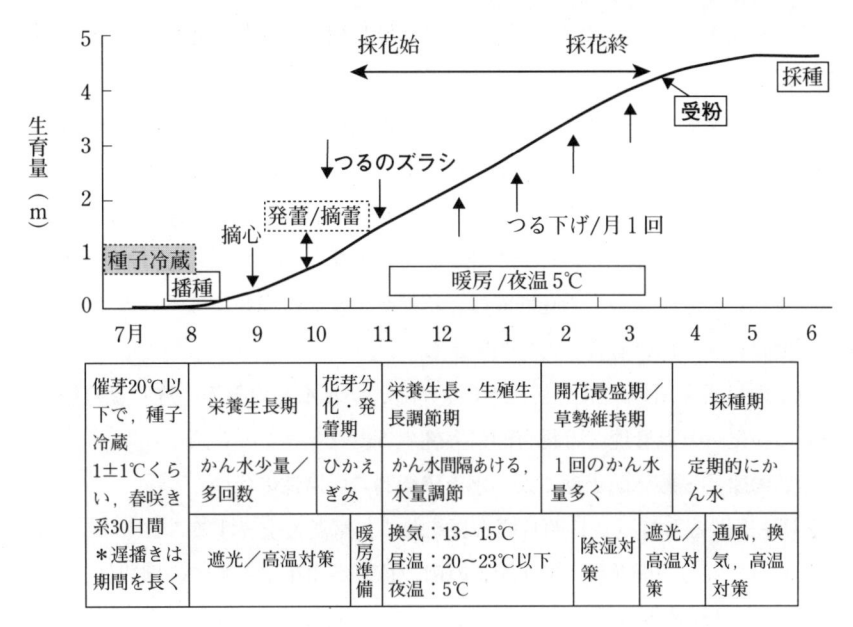

図2-4 スイートピー栽培のあらまし（基準：8月下旬～9月上旬播種）

に比べて昼夜温が異常に高い場合は花蕾の発育不全や葉の奇形が生ずる。高温に遭遇したり，あるいはつるの伸長が芳しくない場合は，着蕾すると花蕾の発達が優先され，さらに栄養生長が鈍化し，やがて生長停止となるので，摘蕾が必要となる。

◇栄養・生殖生長調節期：草勢をみながら，施肥などバランス維持

11月中～下旬になると気温が低下して，花蕾の発達も順調になる。栄養生長が十分なら，発蕾した花蕾をそのまま開花させるが，やや不十分な場合には，数節分の花蕾をそのまま開花させると，やがて草勢が悪化し，老化した草姿となる。この時期は，栄養生長と生殖生長とのバランスをとることが重要な時期になる。

草勢の目安には，茎頂部の肥大程度，葉面積，天花間隔などを用いる。茎頂部が細く，小さくなっていくようだと草勢はやがて悪化し，老化することになる。葉面積が小さいと切り花長も短く，葉面積が大きく，葉が丸くなるようで

は徒長を示す。理想的には，一定の大きさで長楕円形の葉が連続的に着生するのがよい。

　また，神奈川県の生産者である尾山幸光氏らがみいだした方法に，天花間隔（茎頂部と開花中の4花目の間隔）がある。この間隔が狭いと草勢は弱く，広いと草勢は強いというものである。筆者らが検討したところ，徒長ぎみであった草姿では茎よりも花茎の伸長が速く，その結果，茎頂部と4花目との間隔は詰まることが判明した。天花間隔は，草勢が強すぎる場合には不適当で，中～弱程度の目安に用いることが適当である。

　以上の目安を用いて草勢を判断しながら，かん水量の調節，施肥量の加減，施設の換気，気温管理など総合的に実施する。

◇草勢維持・悪化防止期：かん水を積極的に，冷涼に保つ

　2月を過ぎると日長，日照時間も長くなり，気温も上昇することから，採花本数も多くなる。開花節から1節上の節の花蕾が開花するまでの期間は，冬期では5～7日間要するが，この頃になると3～4日間と短縮する。

　株が大きく，採花本数が多く，養分吸収も多くなるが，気温が上昇して体内養分が消耗し，草勢が悪化しやすい。草勢を維持するには，冷涼に保つことが肝要で，遮光や換気をこまめに行なう。また蒸散量も多くなるので，かん水量を増やし，液肥は濃度を薄くして施用する。

第3章 生育・開花調節の基本技術

1 開花生理と開花調節技術

　スイートピーは冬・春・夏咲き系とも種子春化型の長日植物である。そこで，これら3系統の開花生理に及ぼす低温，日長およびその相互影響について述べる。

種子春化と開花
　種子や植物体が一定期間低温に遭遇し，その後に花芽分化がおこる現象を春化（vernalization）といい，冷蔵中に花芽分化がおこる場合は春化といわない。
　◇春化の感応部位，温度，処理時期
　春化の温度を感じる組織は，活発な活動を行なっている生長点で，一般的には種子が吸水して胚が動き出した状態で，低温に遭遇すると春化の効果が高い。スイートピーでは種子が吸水し，膨らみ，催芽（わずかに発根）した状態で冷蔵を開始する。また，催芽前の種子が膨らんだ状態でも，低温遭遇期間が長ければ春化の効果が安定する（土居・鴻野，1990）。
　春化の有効温度は0～10℃位で，種子は植物体よりも適温が低く，0℃付近で効果が高いとされる（Chujo, 1966；小西, 1988；石原, 1987）。スイートピーでは1.5℃と5℃で春化の効果に差がみられないものの，5℃では30日間に植物体は4葉期に達する（井上, 2001）。こうなっては，根や芽が伸び，軟弱，徒長して，冷蔵後の取り扱いが困難である。そこで，実用的には凍らない程度の低温（1±1℃）がよい。この場合，冷蔵中に霜取り装置が稼働して一時的に昇温し，根や芽が伸長することがあるので，注意を要する。
　低温の効果は処理期間が長くなるにつれて高まるが，一定の期間で飽和し，

それ以上長くしても効果は変わらない。スイートピーの系統によって飽和期間は若干異なるものの，おおむね30日間で飽和に達する。

また，春化は低温を連続して与えるのが効果的で，低温期間を中断すると，それまでの期間は一定程度蓄積されるが，中断日数に応じて効果は低下する（大久保，1995；Thomas・Vince-Prue，1997）。1日当たりの低温（5℃，15℃）遭遇時間と発蕾の関係をみると，15℃一定・24時間では高節位となり，5℃の遭遇時間が長いほど低下し，5℃一定・24時間がもっとも低節位となった（図3-1；井上，2001）。脱春化をおこさない温度の範囲なら変温も春化処理として有効であるが，連続低温に比べ効果は劣るので，低温処理中は停電などによる昇温を極力防ぐようにする。

苗齢と春化の効果との関係は大別して次の4型がある（図3-2；Purvis，1961；Bernierら，1981）。

A：種子の段階で春化の効果が高く，苗齢が進んでも相対的に一定の効果がある

B：種子の段階では春化の効果が低く，苗齢が進むにつれて高まる

C：種子春化の効果があり，その後感受性が低下し，さらに苗齢が進むと感受性が高まる

D：種子の段階では春化の効果はなく，その後一定の苗齢に達してから春化の効果が高まる

冬咲き系'茅ヶ崎11号'を未出葉（催芽状態）から2葉期ごとに低温（5℃）に遭遇させると，無低温（15℃）に比べ，どの時期でも低温の効果は認められた。とくに，未出葉から4葉期までが6葉期以降に比べて発蕾節位の低下が顕著で，

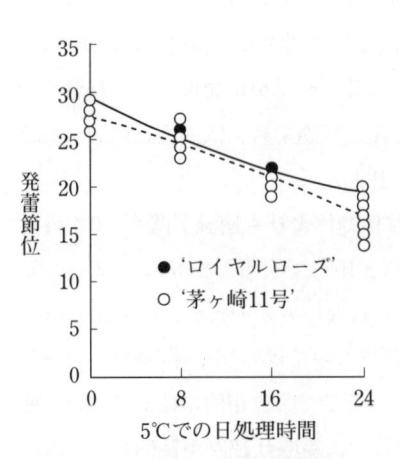

図3-1　1日当たりの春化時間が発蕾節位に及ぼす影響
30日間処理，春化5℃以外は15℃

発蕾・開花所要日数も短かった(図3-3；井上, 2001)。このことからわかるように，スイートピーの春化効果は発芽(催芽)直後から生育初期にかけてが大きいが，どの生育段階でも効果がみられるので，上記の分類ではA型に相当する。また，このことは冬期に戸外や施設内(夜温5℃)に播種すると，播種直後あるいは苗の段階に遭遇した低温が春化として作用し，花芽分化を促進することを意味する。

◇脱春化はないが…

春化は低温の後作用として花芽形成がおこることで，生育中に高温に遭遇すると花芽形成が阻止される。これを脱春化という。つまり，春化の効果は可逆的で，低温が不十分な場合は高温で脱春化する。ただし十分に春化された後は低温または中温で非可逆的になる(Purvis・Gregory, 1952)。'ロイヤルローズ'では播種後の2～4日間，'ミセス・ダグラスマッカーサー'では6～8日間の最高気温が，着蕾節位に影響する(土居・鴻野, 1990)。一方，種子春化後に高温に

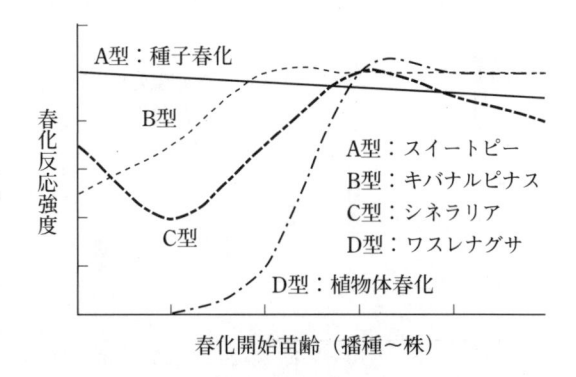

図3-2 春化開始苗齢と春化の反応強度
(Purvis, 1961；Bernierら, 1981 などから改図)

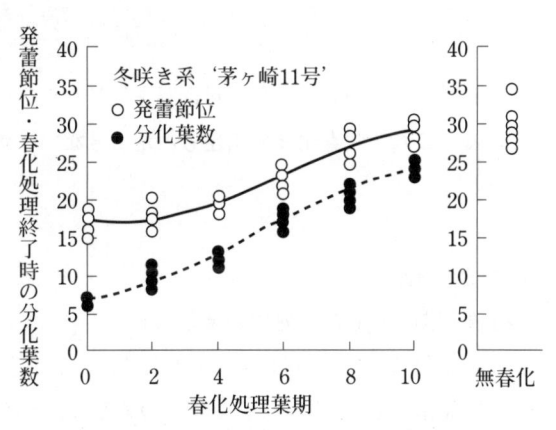

図3-3 生育段階別の春化処理(5℃)が発蕾に及ぼす影響

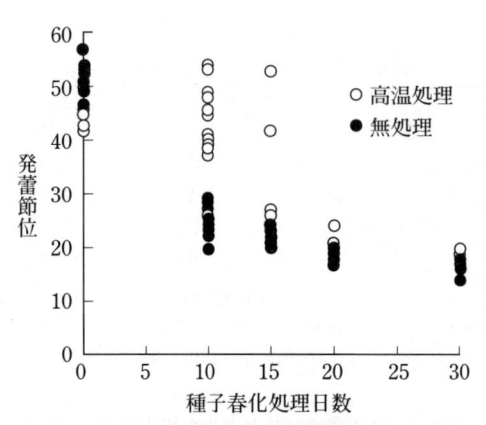

図3-4 種子春化(15℃)後の高温(35℃7日間)が発蕾節位に及ぼす影響
春咲き系'ロイヤルローズ'

遭遇させると(35℃一定・7日間),夏咲きと春咲き系では種子春化15日以下で,冬咲き系では20日以下で発蕾節位が上昇した。しかし春化処理日数を長くすると(30日間),高温の影響は現われなかった(図3-4;井上,2002)。このことは春化処理日数が長く,十分に春化させれば高温の影響は少ないことを示している。

ただし近年,秋の高温で茎葉が奇形を生じたり,花蕾の発育障害がおきたりしている。これと脱春化との関連も否定できない。さらに検討する必要があるだろう。

日長と開花

◇生育初期から感応,処理効果も高い

種子無春化の場合,3系統とも長日性を示し,日長8時間に比べて日長16時間以上で発蕾,開花が早い。日長反応の強度は,冬咲き系がわずかで,春咲き,夏咲きと晩生系ほど大きい。冬咲き,春咲き系では種子春化(低温)処理すると日長反応は消失するか弱まるが,夏咲き系は残る。すなわち,短日下でアボーション(発育不全),栄養芽(側枝),落蕾が発生する。したがって,夏咲き系では開花促進に電照が必要になる。

日長感受性は,個葉では完全に展開したときに最大となり,長期間維持されるが,苗齢が進むにつれて低下する。個体としてみると,上位葉が感受し,好適日長であれば開花が促進される。

長日植物では照度が低くても時期が少し遅れるだけでほとんどが開花し，限界照度は明確でない（Thomas・Vince-Prue, 1997；小西, 1988）。スイートピーでは茎頂の上部から照明すれば，ある程度下位の葉まで光は届くので問題は少ない。照度は20〜120lxの範囲では，夏咲き系品種の発蕾節位に差がみられなかったので，開花促進には20lx以上あればよいと思われる。

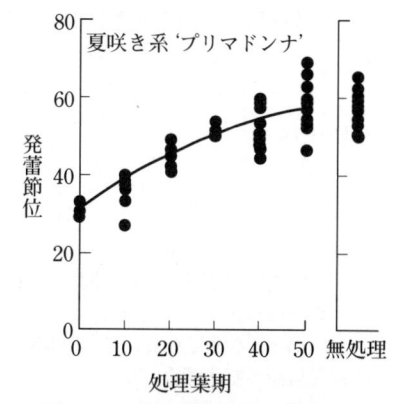

図3-5 生育段階別の長日処理が発蕾に及ぼす影響

生育時期と日長反応との関係については，生長開始後ただちに反応するのでなく，若干の時間を経過して，もしくはある程度生育してから反応を示すものが少なくない。また，日長の感受性は齢の進行とともに増加し，多くの場合，日長処理の最少回数は苗齢が進むに従い，減少するとされる（Shulgin, 1970；石原, 1987；Thomas・Vince-Prue, 1997）。

しかしスイートピーでは，3系統とも，発芽直後から長日処理を開始すると低節位で早く発蕾する。春咲き，夏咲き系品種を種子無春化で5葉展開期から長日処理すると，顕著に開花節位が低下する（図3-5；井上ら, 1986, 2001）。このように，日長感受性は発芽直後から10葉期までの比較的若齢から高まる。したがって，日長感受性の高い夏咲き系では生育初期から長日処理を行ない，開花促進をはかる必要がある。

◇夏咲き系では，照度20lx以上で16時間電照

花芽分化・発達は，連続した暗期の長さで決まる。長日植物の場合は電照により連続した暗期を短くするか，あるいは分断することで開花が促進される。照明方法には，日没後または日の出前から，あるいはその両方を電照して明期を延長する明期延長（日長延長）のほか，暗期の中央で電照を行ない，連続した暗期を中断する暗期中断，照明を連続して行なうのでなく，短時間に断続的

表 3-1　電照方法の相違が発蕾開花，切り花本数に及ぼす影響（夏咲き系　122 品種）

	発蕾節位	発蕾所要日数	開花節位	最終節数	総切り花本数	4 花切り花本数	3・4 花切り花本数
日長延長区	16.2	52.9	22.7	45.5	16.9	9.4	14.8
間欠照明区	17.0	56.2	22.8	44.6	16.3	10.1	14.7
t 検定	**	**	NS	NS	NS	NS	NS

　日長延長区：日の出 30 分前から連続 16 時間日長
　間欠照明区：22 時～2 時の間，各栽培床に毎時 10 分照明し，順次隣接床を照明。リレー点灯式
　**は 1％水準で有意差あり，NS は有意差なし，発蕾は各品種 7 個体，その他は各品種 3 個体測定

に行なう間欠照明（サイクリック照明）などがある。

　夏咲き系品種を日の出 30 分前からと日没後に電照して，連続明期が 16 時間の日長延長と，22 時～2 時の間に 1 サイクル 60 分として，栽培床 1 列に 10 分間照明し，順次，隣接栽培床列に点灯するリレー点灯式の間欠照明を比較したところ，日長延長法でわずかに発蕾節位が低かったものの開花節位には差がなく，第 1 花の切り花形質にも著しい差がみられなかった（表 3-1；井上，2001）。

　スイートピーの電照には日長延長と間欠照明法とも有効であるが，栽培規模が大きい場合は暗期中断・間欠照明の節電効果が期待できる。春化処理しても日長反応が残り，その開花促進に電照が必要な夏咲き系の場合，電照時間は生育初期から照度 20lx 以上で 16 時間日長，または暗期中断で行なうのがよい。

開花の早晩性と春化，日長の関係

◇無春化（無冷蔵）種子，秋播きの形態的特徴

　次に，スイートピーを自然日長下で秋播きした場合の 3 系統間の形態的特徴をみよう。

　播種後に，子葉と幼芽との間の短い茎（上胚軸）が伸長して幼芽が地表に現われる。幼芽が地表に出ると各節に葉を生ずるが，最初の 2 節は葉が展開しない低出葉が，3 節目から普通葉が着生する。側枝は，最初に地ぎわの低出葉節

第3章　生育・開花調節の基本技術　**49**

から発生し，苗齢が進むにつれて上部節にも発生するが，その発生程度は冬咲き，春咲き，夏咲き系統の品種で異なる。

　冬咲き系品種では，伸長中の主茎を倒さないように直立に誘引すると，最初の側枝は低出葉の1～2節から発生するが，側枝の伸長は抑制される。反対に主茎を倒すと，側枝の伸長は旺盛となり，放置すると主茎の伸長は抑制されて，やがて停止状態となる。これに対し，春咲き系は伸長中の主茎を直立に誘引しても側枝が2～3本発生し，夏咲き系では数本発生する（図3-6）。

図3-6　秋播き，自然日長下における3系統の分枝特性
左：冬咲き系'茅ヶ崎11号'，主茎が伸長し，側枝が抑制される
中：春咲き系'ロイヤルローズ'，側枝が2本位伸長する
右：夏咲き系'プリマドンナ'，この時期の側枝は少ないが，短日になると多数発生する

　冬咲き系では低温になるにつれて，苗齢の進行とともに節間が長く，葉は卵状楕円形を呈し，葉縁は平滑となる。比較的低節位から主茎に対する葉柄の着生角度は鋭角となる。これに対して，春咲き，夏咲き系では節間がつまり，葉はやや丸みを帯び，葉縁は波状形を呈するものが多い。主茎に対する葉柄の着生角度も鈍角となり，顕著な場合は直角となる。

　これらの形態的特徴は，春咲き系では種子春化，夏咲き系では種子春化と長日で消失し，冬咲き系と同様な形態となる。

◇開花に対する春化と日長の相互作用

開花に及ぼす種子の春化(低温)と栽培中の日長の影響をみると，3系統とも種子春化と長日によって開花が促進される(図3-7)。種子無春化ではいずれの系統も16時間以上の日長で開花が促進されるが，種子春化後は開花促進に必要な日長が異なる。すなわち，夏咲きでは16時間以上，春咲きでは12時間以上，冬咲きでは8時間以上と，晩生系ほど長日長で開花が促進される(いずれも1±1℃で30日以上の種子春化後)。また，夏咲きと春咲き系では種子春化処理日数が短く，短日長であるほど花芽分化・発蕾後にアボーション(abortion)，栄養芽，落蕾の発生が多く，発蕾よりも開花節位は高くなる(井上，2002)。

このように，3系統とも種子春化型の長日植物であるが，日長依存性は異なる(図3-8)。すなわち，夏咲き系は日長依存性が強く，種子春化後も長日が必

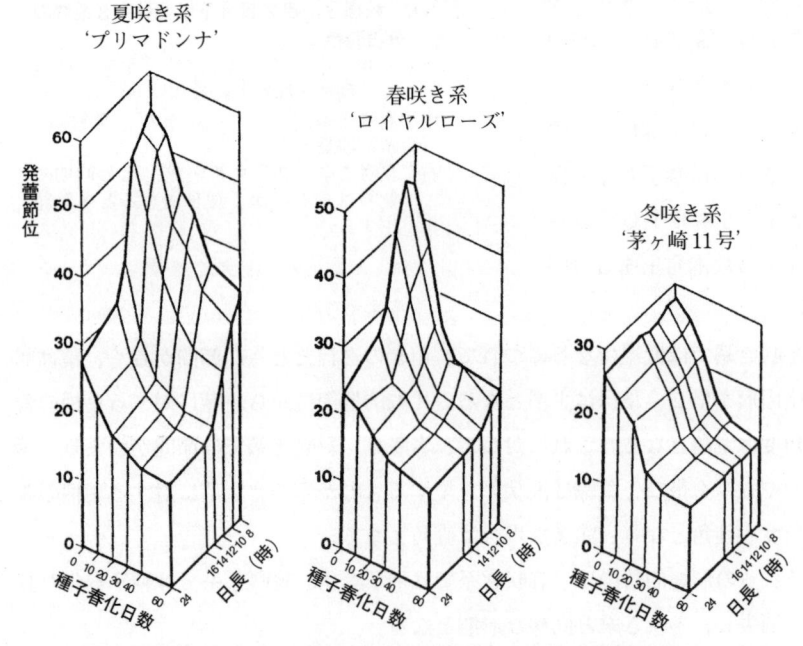

図3-7 種子春化ならびに栽培時の日長が発蕾節位に及ぼす影響(井上，2002)

要であるが，冬咲き系は日長依存性が弱いので，種子春化のみで開花が促進される。春咲き系は日長依存性はあるものの，低温は長日（12時間以上）の代替が可能で，種子春化のみで開花が促進される。

作型別開花調節のポイント

このように種子春化型の長日植物であるスイートピーは，その日長依存性が夏・春・冬咲きによって異なる。そこで実際の開花調節は，種子春化と日長とを組み合わせて行なう。

また，その切り花品質も，日照時間が長く，低夜温（5℃程度）で良好になり，出荷期もほぼこの低夜温が維持される期間に限定される。関東以西の暖地では，8月下旬～9月上旬に播種，11月～4月に採花する作型がとられる。一方，北海道では厳寒期と夏の高温期を回避した春出荷と秋出荷の2期作がとられる。

◇関東以西での11～4月出荷の作型（長期連続採花）

冬咲き系は日長依存性が弱く，種子春化（冷蔵）のみで開花が促進される。しかし実用上は四季咲き性に近く，無春化でも比較的低節位（20～30節）で発蕾，開花する性質がある。ただ，この開花は環境の影響を受けやすい。早播きすると，比較的日照条件の良好な時期に発蕾，開花がみられるが，遅播きす

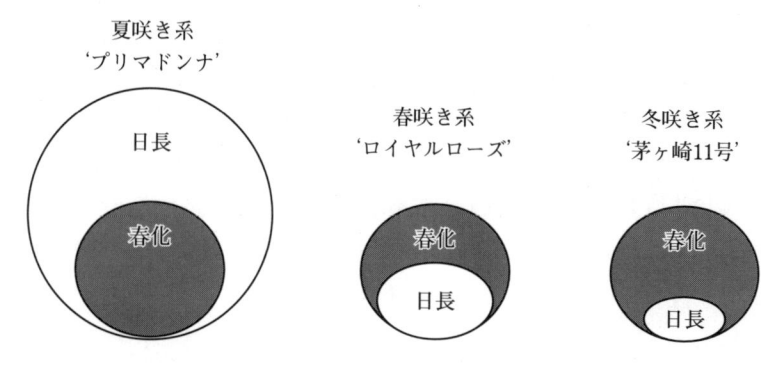

図3-8　3系統の開花と種子春化および日長依存性との関係（模式図）

ると，日照不足と低温の影響で徒長し，発蕾，開花が遅れる。そのため春化処理が必要になる。たとえば，8月20～25日頃の播種（神奈川）では催芽のみ（無春化）でよいが，9月10日頃に播種する場合（九州）は15日間，9月20日では20日間位の春化処理が目安となろう。9月播種で春化処理しないと，栄養生長が旺盛（つるぼけ）になりやすい。逆に8月播種で春化処理すると，早期に着蕾して草勢維持が難しい場合がある。

春咲き系では，9月播種で種子春化処理を30日間位行なう。播種日が遅れるほど春化処理日数が長いほうが早期に着蕾し，開花は安定する。

夏咲き系は種子春化30日間後に，長日（16時間日長）にする。電照は日長延長または暗期中断で行なう。電照開始時期は発芽後の早期がよい。前述のように花芽分化は短日でもおこるが，花蕾の発達には長日が必要で，花蕾の発達促進のみでは10月以降に電照すればよい。しかし，短日では側枝が発生しやすいので，9月から電照するほうが管理上は安全であろう。

いずれの系統の品種でも，栽培床に直播きし，発芽して普通葉が数節展開後に摘心し，側枝を1本，着花母枝として伸ばす。10月に発蕾した花蕾は摘蕾し，11月～4月上旬まで採花する。1作の切り花本数は1個体当たり（1株1茎仕立て）20～25本以上が目標となる。

◇寒冷地での9～11月出荷，4～6月出荷の作型（年2作栽培）

9～11月出荷：種子春化は冬咲き系で10日間，春咲き系では21日間程度と短くする。長期間春化処理すると，発蕾，開花は早まるが，株が充実しないため着花数が少ない。

播種は7月15日頃に3号鉢に行ない，約25日間育苗し，8月10日に定植する。このときにいかに株の消耗を抑えて夏越しさせるかがポイントとなる。発芽後は無摘心のまま主茎を伸ばす。収穫期間が短いので摘心すると，開花が遅れ，切り花本数が少なくなる。9月上旬に発蕾するが，初期の花蕾は摘蕾する。9月下旬～11月上旬に採花し，切り花本数は1個体当たり10～12本を目標とする。

4～6月出荷：種子春化は冬咲き系で7日間，春咲き系では14日間程度と短

くする。播種は10月下旬～11月上旬に3号鉢に行ない，普通葉4～5節で摘心し，側枝を1本伸ばす。11月下旬に定植し，ハウスを2重被覆して無加温で凍らない程度に管理する。この育苗期の低温も植物体春化として作用し，開花を促進させる。12月中旬から夜温5℃とする。4月上旬～6月上旬に採花し，切り花本数は1個体当たり20本が目標となる。

　秋，春出荷とも出荷期間は約2か月間であるが，春出荷は秋出荷に比べて育苗期間が長く株が充実していること，気温が上昇期なので発蕾から開花までの日数が短く，切り花本数が多いのが特徴である。

2　開花と落蕾を左右する要因

花芽の発達過程，花序の有限性と無限性

◇花芽分化から開花までの発育過程

　スイートピーの花芽の発育は，開花日より逆算して56日前頃から始まり，56～52日前に花穂分化，52～48日前には第1～5小花が分化し，36日前には各小花の雄ずいが分化，28日前には雌ずいが分化，24日前に花器の分化が完

表3-2　スイートピー花芽の発達段階　（並河・三浦，1974）

	開花前の日数									
	60	56	52	48	44	40	36	32	28	24
未分化	100	43	17							
花穂分化		57	73							
1～2花分化			10	17						
3～5花分化				47						
1～2花花弁分化				37	13	7				
3～5花花弁分化					74	43				
1～2花雄ずい分化					13	50	10			
3～5花雄ずい分化							43	6		
1～2花雌ずい分化							47	17	3	
3～5花雌ずい分化								40	37	
1～2花分化完了								37	17	
3～5花分化完了									53	100

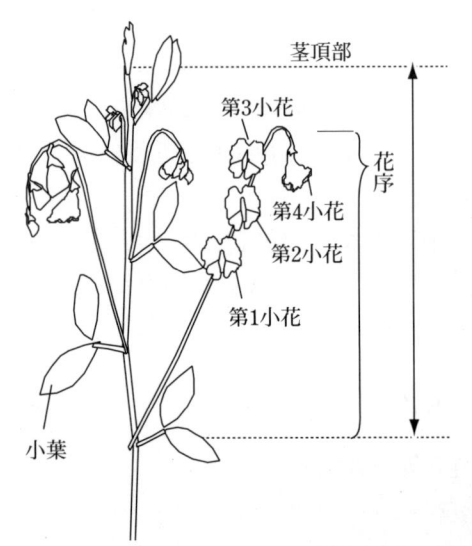

図3-9 花芽の分化から開花の模式図
（並河・三浦，1974；札埜ら，2001などから作図）

図中注記：
- 茎頂部
- 第3小花
- 第4小花
- 第2小花
- 第1小花
- 花序
- 小葉
- 播種から発蕾まで：15〜20節、早期の花蕾は摘蕾
- 開花位置から茎頂まで：11〜12節，茎長部では2〜3花が分化中である
- 小花数：開花50日前の栽培環境の影響を受ける
- 花芽分化〜開花まで：55日前後，発蕾〜開花まで：23〜25日

了する（表3-2；並河・三浦，1974）。この時期には花蕾が直径1mm，花茎長2mm程度の大きさになっている。発蕾後は花茎の伸長は著しく，伸長開始して24〜26日後には開花（第4〜5小花）に至る。また，1花序の小花数は開花50日前の栽培環境の影響を受け，変動する（札埜ら，2001）。開花花序から11〜12節上の花序は，第2〜3小花の分化期にあたるとされる（図3-9）。

　これらのことから，開花節の12〜13節上で，開花50〜55日前に花芽分化が始まり，24日前には発蕾し，発蕾から開花までは24〜26日程度要し，大雑把ないい方をすれば，花芽分化〜発蕾までと，発蕾〜開花までとはほぼ同じ日数を要する（図3-10）。これらの関係を把握しておくと，仮に花蕾や茎葉に障害がおこった場合に，どの発育時期の環境や栽培法の影響を受けたかが推測できる。なお，この所要日数は夜温5℃前後の環境で栽培したものと推測され，気温が高ければ花芽分化から開花までの所要日数は短縮し，夜温15℃，昼温18〜25℃で栽培すると，発蕾から開花までの日数は12〜14日と短い。

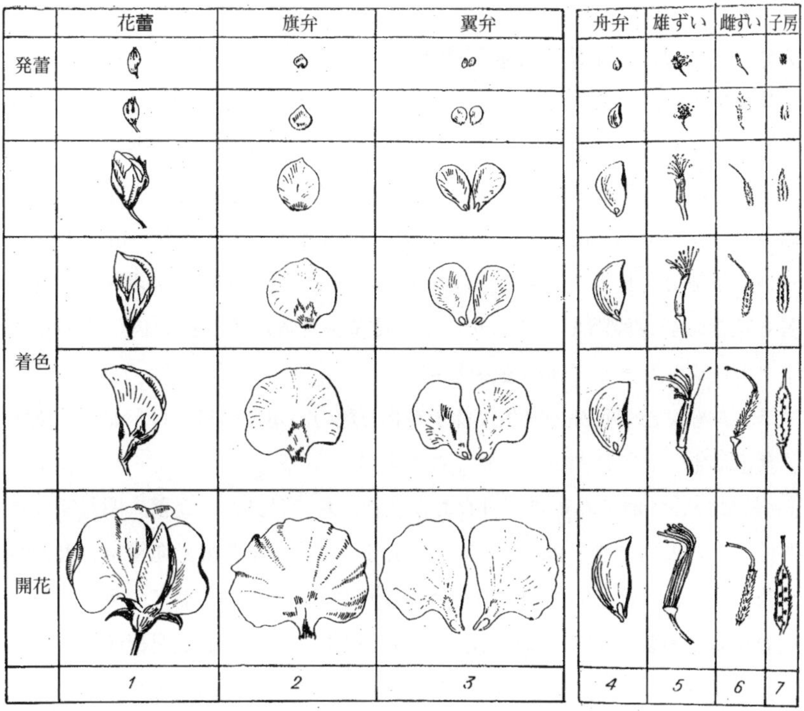

第3章 生育・開花調節の基本技術 **55**

	花蕾	旗弁	翼弁	舟弁	雄ずい	雌ずい	子房
発蕾							
着色							
開花							
	1	2	3	4	5	6	7

図3-10 スイートピーにおける花器の発育段階（Pjatickaja, 1976に加筆）

◇花序の発達の有限性と無限性

　スイートピーの花序の発達には，2つのパターンがある。花序の先端の小花が分化すると，それ以上小花が増加しない（花序発達の有限性）ものと，花序の先端部が小花に分化することなく，小花原基を形成し続け，同化産物の増加により小花数も多くなる（無限性）ものがある（札埜ら，1997）。花序発達の有限性の品種'アーリーラベンダー'はアボーションが多く，落蕾が少ないので小花数が安定している。これに対して，無限性の'アーリーピンク'はアボーションが少なく，落蕾数が多いので小花数は変動する。このように品種によって花序の発達が異なり，小花数の安定や落蕾，アボーション数に影響することが示唆されている。

アボーション・落蕾・栄養芽の発生

　花芽分化から開花に至る過程で、何らかの環境要因で花芽の発達が阻止されることがある。スイートピーの場合、各節の葉柄の基部に花蕾が着生して開花に至るが、花芽分化して花器が完成した初期の段階に発育が停止、枯死に至るアボーション（abortion）、発蕾したあとの段階で落下する落蕾（bud drop）、あるいは花芽分化せずに、栄養芽のみが着生することがある。アボーションも落蕾も花蕾の発達段階でおこるが、蕾と花茎長を含んで1cm以内のものを便宜上アボーションとして述べる（図3-11）。

　アボーションと栄養芽の発生は種子春化日数の不足と短日条件でおこりやすく、落蕾は主として日照不足でおこりやすい。

　3系統について種子春化処理日数および栽培時の日長と、発蕾、開花節位との関係をみると（井上、2002）、冬咲き系はいずれの条件でも発蕾後、ただちに開花に至り、発蕾と開花節位の差はみられない。これに対して、夏咲き系は種子春化処理日数が短く、短日長（14時間以下）ほど発蕾と開花節位の差が

図3-11　花蕾の発育状態
左：アボーションと栄養芽、右：落蕾と正常な花蕾（正常な花蕾は着色まではかぎ状に曲がっている）

大きく，春咲きでは10時間以下の日長で春化10日以下のときに差が認められた。この差は栄養芽，アボーション，落蕾の発生によるもので，とくに夏咲き系では，12時間以下の日長で，春化処理日数が少ないほど栄養芽の発生が多かった（図3-12，図3-13）。

このように，晩生系ほど花蕾の発達には日長の影響が大きく，短日でいったん花芽分化しても十分な長日条件がないと発達が阻止されてアボーションをおこし，その上位節もアボーション，あるいは栄養芽が発生しやすい。

落蕾のおこる環境条件

◇養水分が断たれると機械的に落ちる

スイートピーでは花柄（花茎）と小花柄とをつなぐ部位に離層があり，何らかの条件でこの層が発達すると養水分の供給が断たれ，花蕾が離脱する。この層はあらかじめ形成される特殊な細胞層で，基本組織系に由来する柔細胞からなり，木質化しないで機械的に弱い。一般に離層の分化・発達および離層細胞における細胞壁分解酵素の生成にはオーキシンの減少，エチレンの増加が関係している。スイートピーの離層は早い時期に形成され，落蕾を生ずるときは最初に表皮細胞と外側のコルク

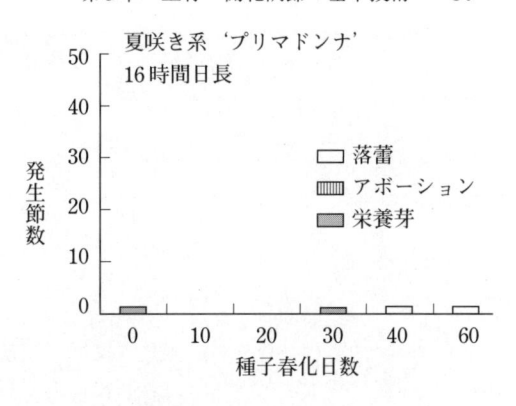

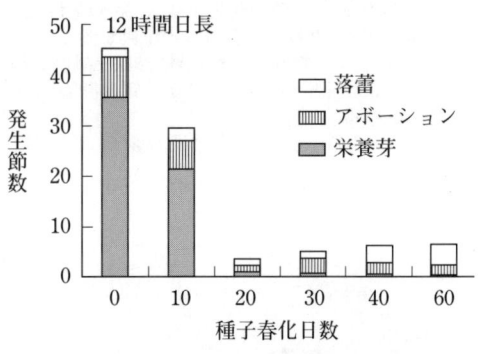

図3-12　種子春化ならびに日長がアボーション，落蕾，栄養芽の発生に及ぼす影響

発生節数は発蕾から開花に至る間に発生した数を表わす

12時間以下では，さらにアボーション，落蕾，栄養芽が増加する

図3-13 花蕾の着生状態（'茅ヶ崎11号'）
左端：落蕾，2番目から右に着花数が多くなる
1〜3花着生：特殊な品種以外では商品性に乏しい
左から5番目と7番目：小花が一定の間隔で着生。商品性に優れる
左から6番目：2花と3花の間が開く。商品性に乏しい

層から分離を始め，しだいに内側の細胞へと進む。分離前に離層帯の細胞が伸長する。離層が発達すると，養分の供給は断たれ，蕾の発達はそのまま乾燥した状態となり，機械的な力により落蕾する（図3-14；岩波生物学辞典，1997，岩波書店；Smith, 1935）。

◇光強度低下による弱光ストレスが原因

落蕾は，種子春化日数の不足や短日でもおこるが，通常は日照不足が主要因である。落蕾しやすい蕾は米粒大から7分咲きの4〜30mmの大きさで，開花前7〜15日程度のものが多い。とくに急激に発育を始める12.5〜22.4mmの花蕾が落ちやすい。

この原因としては，自然光の75％遮光で処理3日後から落蕾が増加し，14日後にほとんど落蕾した

図3-14 離層形成（矢印）による落蕾（Smith, 1935）

(岡山農試，1991）試験成績や，冬期に50％の遮光を4日間行なうと50％以上の花茎で落蕾が生じることから，日照不足によって光合成が抑えられ，その結果，養分供給のバランスが崩れて発生するものと考えられる。冬期の曇雨天による光合成量低下が，植物体内の糖含量の低下を引きおこし，これが花蕾に一種のストレスを与え，エチレン生成量を異常に高めて落蕾がおこる（並河・三浦，1974；大川ら，1991）というわけである。

ただ，人工光の栽培で光強度が67.4 μ mol（5klx）の12時間照明でも開花していたのが，392 μ mol/m^2/sec（30klx）と198.3 μ mol/m^2/sec（15klx）からこの67.4 μ mol/m^2/secに落とすと落蕾し，とくに198.3 μ molより392 μ molから低下させた場合に早く落蕾したこと，またこの同じ392 μ molから，0，34.7 μ mol（2.5klx），67.4 μ mol（5klx）に落とした場合，2日間ではいずれも落蕾は少なく，4日間で0と34.7 μ molに多く，6日間になるとどの光強度でも多くなる（井上ら，2000，2002）ことから，落蕾の原因はたんに日射量の低下というより，晴天の後に曇雨天となるような急激な光強度の低下が弱光ストレスを引きおこし，落蕾を生ずると考えられる。

◇人工光による補光の効果は

高圧ナトリウム灯（400W）を用い曇天日の日中のみ補光したところ，12～1月の採花本数は9.4％多く，4花咲き本数は22％増加した。その効果は光源直下の12株に対して大きく，光源から離れるにつれて小さくなった。また東西畝では，光線のあたりにくい北列の効果が大きい。しかし3年間の調査では，増収効果はあるものの器具，電気量などの経費も多く，実用性は低い（井上，1981）。最近も各地で人工光による補光は試みられ，落蕾防止および増収が認められているが，経済性に乏しいのが現状である。

◇低塩類濃度で落蕾する

低塩類濃度（0.5気圧）では葉が大きく薄く，丸みを帯び，徒長傾向を示す。切り花長は長いが花茎は軟らかく，蕾が黄化して落蕾も多い。一方，高濃度（3気圧）では葉が小さく，厚く，長楕円形をし，草丈は詰まりぎみとなる。切り花長も短いが花茎が硬く，落蕾は少ない（Nightingaleら，1936）。

低濃度では発蕾8日後には落蕾しそうな草勢で，花柄（花茎）の組織は若く，成熟はゆっくり進む。リグニン化した組織は少なく，繊維組織にかける。そして発蕾12日後には離脱，落蕾がおこった。これは離層のペクチン質がゼラチン化して膨張するためである。落蕾する小花柄はリグニン化した木部はない。
　これに対して，高塩類濃度では発蕾8日後には花柄や小花柄が硬く，相対的に木質化し，成熟が進む。木部細胞も強くリグニン化する。発蕾12日後になると硬い小花柄に蕾がつき，花弁が色付き段階に発達し，さらに組織は木質化が進み，未成熟な細胞は少なかった。高濃度では養水分の吸収が著しく制限されるため，炭水化物が相対的に多く蓄積し，成熟が早く進むために落蕾が少なくなるとされる。
　落蕾と施肥との関係は，チッソ，リン酸，カリの3要素とも少ないと落蕾が激しいが，リン酸の影響が大きく，次いでチッソ，カリの順で多くなる（小沢・下田，1958）。

◇かん水量が多いほど落蕾多発
　ベンチ栽培ではかん水量が多いと切り花は長くなるが，落蕾も多い。逆にかん水量を少なくすると落蕾は少ないが，切り花が短くなる。栽植密度とも関係し，密植であれば落蕾が多く，疎植だと落蕾が少ない（井上ら，1990）。冬咲き系の'イースターパレード'について，かん水点pF2.0ではpF2.5に比べてかん水回数が多く，落蕾も多い（宮崎総農試，1995）。
　一般的に，かん水量が多いほどボリュームのある切り花は得られるが草勢が強く徒長し，落蕾したり，着花数が減少したりする傾向にある。

◇「日中の遮光管理＋高夜温」も誘引に
　夜温10℃と20℃を比較すると，日中遮光して夜温を20℃にすると落蕾が多いが，日中遮光していなければ夜温の高低は落蕾に影響しない（三浦，1974）とされる。晴天日は光合成が盛んに行なわれるが，曇雨天日では光合成量も少なく，同化養分の蓄積，転流も少ない。そうしたなかで，高夜温だと呼吸量が増大して養分の消耗が激しく，落蕾を助長するものとみられる。

不良環境による帯化

これまで述べてきたように、自生地では雨期である冬期の低温下で発芽後、長日下で開花する。自生種から品種改良されたいずれの系統の品種も、種子春化あるいは春化と長日で開花が促進される。春咲き、夏咲き系品種では、8〜9月の高温期に無春化種子を播種すると、夏の高温と秋の短日で、栄養生長から生殖生長に移行できず、不開花になりやすい。とくに、かん水過多や徒長しやすい環境では顕著に開花が遅延するか、不開花になり、茎が異常肥大をおこし、茎が帯化する（図3-15）。

図3-15 不良環境における帯化（夏咲き系'プリマドンナ'）
左：健全な茎葉、右：無低温・短日により引きおこされた帯化
春咲き系品種では低温不足でおこる

春咲き系品種では低温不足で、夏咲き系品種では短日条件でおこりやすいので、品種特性を把握し、種子冷蔵あるいは電照を行なう必要がある。

3　収量を左右する要因

光環境

◇連続した低照度でもよい

光合成量は9〜10時と15〜16時に照度が12〜16klxでピークに達し、日中の30klxでは低下している。測定条件および生育ステージにより一概に光合成の最適光強度はいえないが、花蕾が正常に発達するには比較的低照度でよいことが示唆されている（三浦，1973）。しかし、これは毎日数時間以上の日照が確保されることが前提である。

自然光下で遮光すると，切り花本数が少なく，4花着花数が少なく，切り花品質は劣る。蛍光灯・12時間照明では229.4 μ mol/m²/sec（約17klx）の収量が最多で，平均着花数が1花序3.7個と多く，光強度が低下するほど収量が少なく，切り花品質は劣り，36 μ mol（約2.6klx）ではほとんど収穫できなかった（井上ら，2001；Inoueら，1998）。

これらのことから，ある一定以上の光強度200～270 μ mol/m²/sec（約15～20klx）が毎日連続して得られる環境では，落蕾は少ないと考えられる。

◇平坦地なら南北棟に

東西棟のガラス室では，東西畝の栽培床（各2条植えが4床）の位置により収量が異なる。とくに12月は日照時間が短く，光強度も弱いため，最北側床は最南側床の40％程度と少なく，3月までの総収量も最南側床の80％にとどまる。また，同一床でも2条植えの南列と北列の収量は異なる。受光量の多い南列は収量が多く，しかも1花序4花咲きが多い。とくに密植ではこの傾向が強い。また，花は南面に向いて咲く傾向があるので，東西畝の場合，北側の列では花茎がねじれ，小花が南に向き，採花しにくいことがある。

南北棟の南北畝では，栽培位置による差は比較的少ないが，連棟の施設では谷部分の光強度が弱く，軟弱になりやすく，収量が少なくなることがある。

なお，これは平坦地の場合であり，傾斜地では傾斜度や斜面方位により栽培法も異なり，日照不足で落蕾することから，東西畝では1条植えが望ましい（長崎ら，2002）。

昼温と夜温

◇生育初期は夜温15℃

育苗期の気温管理については，夜温のみを15℃で7週間育苗すると，自然気温に比べて切り花長が長く，収量が多い（宇田，1994）とされる。

夜温5～15℃の範囲で，播種から開花始めまでの生育開花についてみると，初期生育は15℃が草丈，節数増が大きく，開花も促進された。しかし，播種2か月後には草勢が劣り，節間長が短く，葉面積は減少傾向を示し，開花始

めの切り花長は短い（井上，1988）。

◇発蕾～開花期は夜温5℃で，日中温度も下げる

開花期では，夜温が7.2℃で花茎長が長く，生育は旺盛であるが，15.6℃では生育がすくみ，つるは硬化し暗緑色となり，花茎は短くなる。低温から高温に移すとつるは硬化するが，高温から低温に移してもつるは硬化しない（Post,1942）。現地事例でも，夜温8～10℃で栽培すると3月には花茎が26～31cmと短くなるのに対して，通常の3～5℃では33～39cmと比較的長いことが確認されている。また，同じ夜温5℃前後でも，日中の換気温度が13～15℃，最高気温が20～23℃と低温で管理した園は，換気温度が18～25℃，最高気温が25～30℃と高温で管理した園に比べて，明らかに収量が多い。

3系統の品種を昼温18～23℃，夜温を5，10，15℃で栽培したところ，前期（12月1日～1月15日に発蕾）と後期（1月16日～3月31日に発蕾）の切り花本数は，どの系統でも10℃が多く，次いで5℃，15℃の順であった。切り花長は3系統とも5℃ではどの時期でもほぼ40cm以上と長かったのに対して，10℃では採花初期では40cm以上であったが，日数が経過するにつれて短く，3月1日に発蕾したものは30cm以下となった。15℃では後期には10cm以

図3-16　栽培夜温と切り花長の経時変化　　　（井上ら，1988）

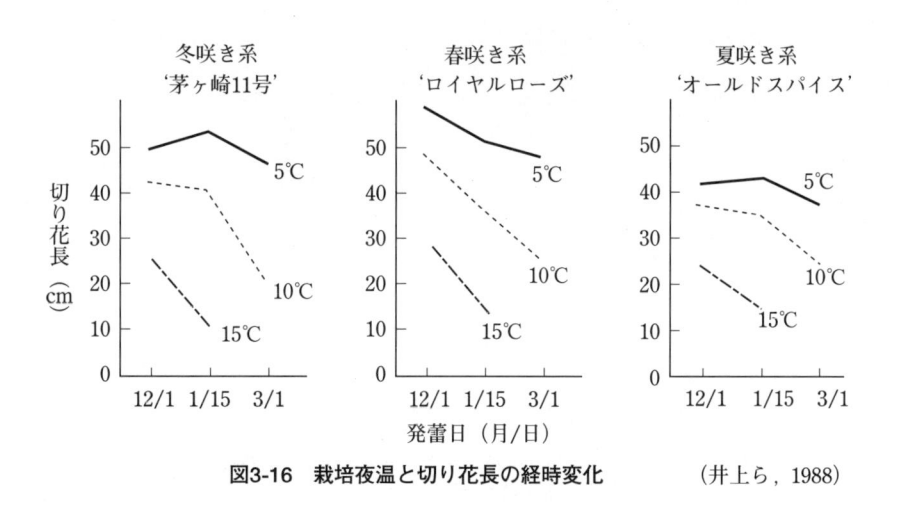

下の切り花長となり収穫不能となった。(図3-16)。採花初期の発蕾から4花目が完全に開花するまでの所要日数は，夜温5℃で30〜35日，10℃で25〜30日，15℃で12〜15日と，高温ほど短い（図3-17）。これは昼温を低めに管理した結果なので，所要日数は生産施設ではもう少し短いと思われる。いずれにしても，高夜温では発蕾から開花までのスピードが速いため，切り花が短く，花が小さく，花色が淡色化し，品質劣化が著しい。

また，昼温20℃，夜温5，7.5，10℃では，冬咲き系'ミセス・ダグラスマッカーサー'は5℃で切り花が長く，春咲き系では7.5℃で落蕾が少なく，収量が多い（土居，1991）。春咲き系は若干高めに管理するのがよいのである。

これらのことから，代表的な作型である秋播きの場合は，生育初期は夜温15℃前後の気温で生育を促進させ，発蕾から開花期にかけては栄養生長を確保しながら生殖生長に移行させるため，気温を順次低下させる。次いで，生殖生長期では低温（夜温5℃前後）で管理することにより，収量および高品質の切り花が生産できる。

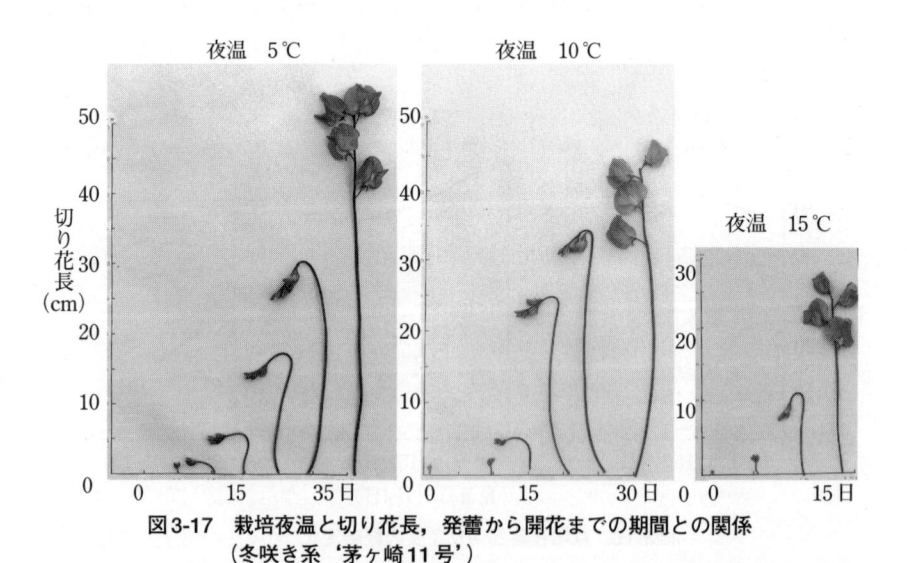

図3-17 栽培夜温と切り花長，発蕾から開花までの期間との関係
　　　　（冬咲き系'茅ヶ崎11号'）

第3章　生育・開花調節の基本技術　**65**

◇高温で光合成速度は落ちる

矮性品種'パティオ'を夜温5℃，昼温15～23℃で栽培し，11～4月までの個体の光合成速度をみると，明期の気温15～25℃の範囲では，いずれの時期でも15℃が最大で，気温が高いほど低下し，とくに25℃で低下が顕著であった（井上ら，2003）。また，夜温5℃と15℃を比較すると，夜温が高いと切り花が短く，品質保持日数が短く，光合成量が低下した。さらに12月，2月に比べて4月では光補償点が高くなる（井上ら，2001，2003）。

すなわち，高温では呼吸活性が高く，株が消耗し，切り花品質に悪影響を及ぼすとみられる。

生育調整の技術と収量

◇摘蕾，摘葉，つる下げ

鉢植えの矮性スイートピー'キューピッド'を用い，摘蕾，摘葉，つる下げと個体の光合成速度との関係を調べた（図3-18；井上ら，2006）。

開花中の花および花蕾をすべて摘蕾し，個体の光合成速度との関係を調べたところ，無摘蕾区に比べて摘蕾区では暗呼吸量が少なく，光合成速度が増加傾向を示した。

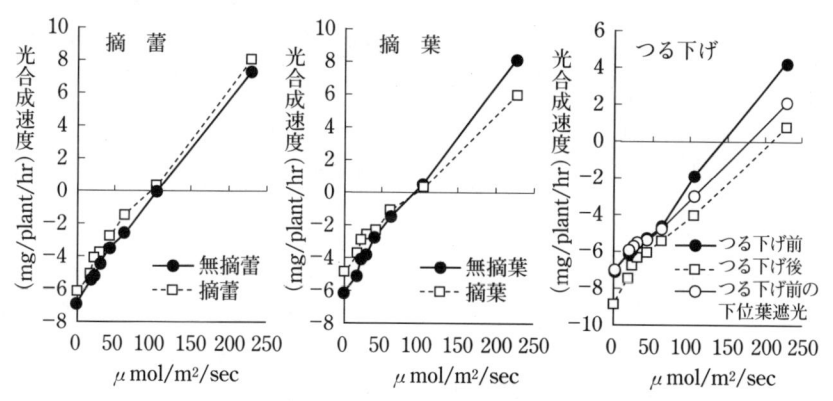

図3-18　鉢植え'キューピッド'における摘蕾，摘葉およびつる下げが，個体の光合成速度に及ぼす影響（井上ら，2006）

茎長65cm，節数65節の下位葉45節を摘葉（全葉面積の45％）して，光合成速度との関係を調べた。摘葉，無摘葉とも光補償点に著しい差はみられなかったものの，単位葉面積当たりの光合成速度は摘葉区で大きく，1個体当たりでは無摘葉区が大きかった。

つる下げ前，つる下げ前に遮光（茎頂から30cm以下アルミホイルで遮光），およびつる下げ後（直立部30cm）について調べた。このうち，つる下げ前の光合成速度が大きく，つる下げ後は明らかに低下した。また，つる下げ前の状態で下位葉を遮光してもつる下げと同様に低下した。

このように，摘蕾すると光合成速度が大きくなり，草勢が弱いときは摘蕾の必要性が明らかである。一方，つる下げすると光合成速度が低下することから，葉の相互遮蔽を少なくするためには下位葉を摘葉するのが重要とみられる。しかし，摘葉は単位葉面積当たりの光合成速度は増加させるが，個体当たりでは無摘葉のほうが光合成速度が大きくなる場合がある。したがって，つる下げしても葉の相互遮蔽がおこりにくいときは，無理して摘葉しないほうが安全である。また，つる下げしても相互遮蔽がおこらないように工夫したい。

◇炭酸ガス施用

大気中の炭酸ガス濃度はほぼ300ppmであるが，施設内では夜間密閉しておくと，土壌中の微生物や生物の呼吸で炭酸ガスの放出があり，早朝は400～500ppm以上に達することが多い。しかし，日の出とともに光合成が始まると炭酸ガス濃度は急激に低下する。さらに，換気をしないと大気濃度以下になり，光合成速度は低下する。

スイートピーの生産ガラス室（内層カーテンなし）での調査では，

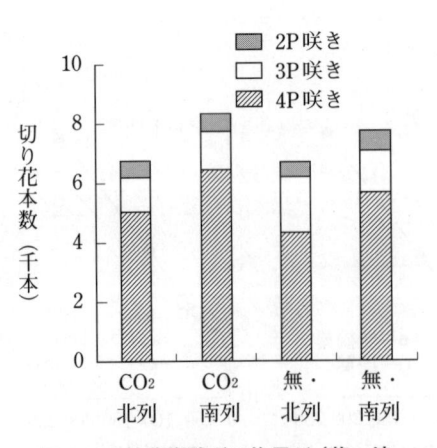

図3-19 液化炭酸ガス施用が'茅ヶ崎11号'収量に及ぼす影響
（1980年，寒川町）

夜間は400〜600ppmに達し，日の出とともに低下するが，生育最盛期の2月では300ppm以上で推移し，3月には換気前に300ppm以下となったが200ppm以下には低下しなかった。

そこで朝の6〜9時まで液化炭酸ガスを1400〜1700ppm（1979年），700〜1000ppm（1980年）で3時間施用した。1979年度は総切り花本数に大差なく，4花咲き切り花本数も微増にとどまった。1980年度では総切り花本数は4.85％増加し，4花咲き切り花本数は10％以上増加した（図3-19；井上，1981）。一般的につる下げ（巻き下げ方式）時に切り花長は数cm短くなるが，炭酸ガス施用したものは切り花が短くならない傾向であった。また，和歌山の事例では約1500ppmの施用で，花落ちが少ないことが紹介（現代農業，2005．1月号）されている。あるいは，12〜2月は7〜10時，3月は7〜9時に1000ppm施用したところ，落蕾数が減少し，採花本数が増加した（大分温熱花研，1993）としている。

いずれにしてもスイートピーでは，朝9時前後に換気するので炭酸ガス施用は短時間であるとみられ，増収よりも落蕾の抑制や着花数を増加の効果が期待される。ただし炭酸ガスの施用は投資効果の点から慎重に考える必要があろう。

土壌養分と耕土

◇養分欠乏より過剰害に注意

チッソ，リン酸，カリウムの三要素では，収量がもっとも少なくなるのはリン酸欠乏土壌で，次いでカリ欠乏，チッソ過多の順である。着花数にはリン酸とカリ過多が影響する（小沢・下田，1958）。養分の過不足，各成分のバランスなどが収量に影響するが，不足よりも過剰による収量減が多い。

◇耕土，畝の高さ

耕土10〜40cmでは，耕土が深いほど葉面積が大きく，切り花が長く，着花数も多いが，初期の収量が少ない。これに対して，耕土が浅いほど開花が早く，初期収量は多いものの，後半は着花数が伸び悩み，3〜4月の収量が少ない。また，切り花長も短くなる。初期収量や切り花品質の点から，耕土は30cm程

度が妥当（宇田・小山，1993）であろう。
　一方，平畝と高畝（15cm）では，平畝のほうが化学性では栽培前期のECがわずかに高く，物理性では固相率が高い傾向を示したが，生育，収量，切り花の秀品率とも同等で，作業性の簡略さもはかられた（杉田ら，2000）。

初期生育と収量――苗半作が大事

　無春化種子を8月下旬に播種した株の10月の草丈と，12月，そして3月までの収量との関係をみると，10月の草丈が高いほど12月までの収量が多く，12月までの収量が多いと3月までの総収量も多い傾向にある（現地事例）。苗半作といわれるように，スイートピーも初期生育を良好にし，葉数ならびに葉面積を確保して栄養生長を十分に行ない，着花可能な草勢をつくることが重要ということである。
　播種時期と草丈との関係をみると，神奈川では種子無春化の播種適期は8月下旬であるが，それより早く播種しても草丈が伸長せず，遅播きは草丈が低くなる。近年，播種日を早めて早く採花しようとして，秋の異常高温に遭遇し，障害をひきおこしている場合もみられる。地域の環境に応じた播種適期が望まれる。

かん水と栽植密度

　隔離木枠栽培床（深さ18cm，幅60cm）に8月25日に冬咲き系の'茅ヶ崎11号'を播種して，1株の寄せ植え本数（1，2，3本）と株間（11.5，23，34.5cm）とかん水量（蒸発量の1.1，2.2，3.3倍量）と収量，切り花品質について調査した（井上ら，1990）。
　◇かん水の影響が大きい切り花長
　かん水処理は12月6日より週2回，着蕾は12月11日とし，1月8日から3月17日まで採花した。かん水は寄せ植え本数や株間に比べて切り花本数に対する影響は比較的小さい。一方，切り花長はかん水量が多いほど長く，1花茎のすべてが落蕾した本数は，かん水量が多いほど多かった。落蕾が少ないと切り

花は短くなり、切り花が長くなれば落蕾も多く、相反することがおこる。これは隔離栽培床、いわゆる根域制限栽培なので、地床ではかん水の影響はさらに大きくなると考えられる。

◇上物生産に必要な適度の疎植

株間と寄せ植え本数の関係をみると、株間が狭く、寄せ植え本数が多いほど1個体当たりの切り花本数は減少する。株間11.5cmの3本植えでは明らかに切り花本数が少ないのに対して、34.5cmの1本植えで切り花本数が多く、切り花品質も優れていた。

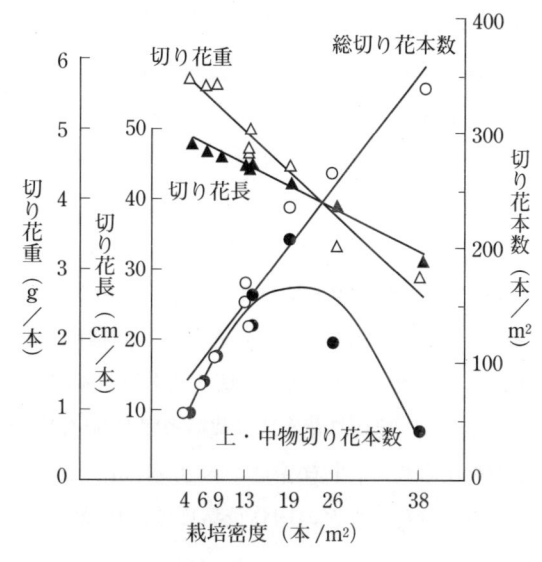

図3-20 栽植密度が切り花本数，切り花長，切り花重に及ぼす影響 (井上・樋口，1988)
上・中物：切り花長35cm以上，切り花重3.5g以上，着花数3花以上の条件を満たすもの

これを栽培床と通路を含めた施設の単位面積当たりの栽植密度と収量、切り花品質との関係でみよう（図3-20）。1m²当たりの植え付け本数は、株間34.5cmの1本植えが約4.3本ともっとも疎植で、株間11.5cmの3本植えが約38.3本ともっとも密植となっている。図3-20中の総切り花本数は、1花序の着花数が1花以上の採花本数、上物は切り花長45cm以上、切り花重4.5g以上、着花数4花以上の、中物とは切り花長35cm以上、切り花重3.5g以上、着花数3花以上の、3条件を満たすもの。3条件を満たさない場合は等級を下げて記載した。

総切り花本数は栽植密度が高いほど増加し、38本/m²（11.5cm株間・3本植え）の密植が最多となる。しかし、市場性のある上・中物の切り花本数は、栽

植密度が低いときは少なく，20本/m²（23cm株間，3本植え相当）で最多となり，栽植密度がさらに高まると減少する。このようにある栽植密度以上では，総切り花本数が増加しても下物だけが多くなり，上・中物が少なくなる。

また，切り花長，切り花重，着花数も同様な関係にある。疎植では切り花長は長く，切り花重は重く，花茎も太く，花も大きいが，栽植密度が高くなるほど切り花長，切り花重とも減少する。とくに，栽植密度が20本/m²以上になると，切り花長よりも切り花重の減少度合が大きい。これは，花茎が細く，軟弱になることを示している。着花数も同様に，疎植では1花序4花咲き以上が多いが，密植では4花咲きの切り花本数が極端に少ない。

すなわち，総切り花本数は栽植密度が高いほど多いが，市場性のある上・中物切り花本数は，栽植密度が約20本/m²で最多となる。一方，切り花長，切り花重，着花数などの切り花品質は，栽植密度が約20本/m²以下で良好となる。

市場性の高い栽植密度の限界は，冬咲き系'茅ヶ崎11号'では20本/m²前後にあり，同様な方法で試験した春咲き系'ロイヤルローズ'では19本/m²，夏咲き'プリマドンナ'では10本/m²（15cm株間，1本植え）前後にあるとみられる。

◇1株の植え付け本数を多くして株間をあける

栽植密度を同一とした場合，株間と寄せ植え本数と切り花本数の関係では，株間を広く，1株の寄せ植え本数を多くしたほうが，総切り花本数が多く，上物の切り花本数も多い。これに対して，株間を狭くすると総切り花本数および上物も少なくなる。ただし，1株の本数を多くするとつるの巻き下げに手間取るので，作業性も考えておく。

耕土30cmで栽培した冬咲き系'ミセス・ダグラスマッカーサー'の収量・品質は，20cm株間の2本寄せ植えがよく，これ以上の疎植にしても品質は変わらない（宇田・小山，1993）。'ミセス・ダグラスマッカーサー'では切り花品質を重視するには30cm株間の3本植え，切り花本数を重視するには巻き下げ作業を考慮すると20cm株間の2本植えがよく，春咲き系'ロイヤルローズ'

では20cm株間の2本植えがよい（土居，1991）としている。

　系統別にみると，夏咲き系は冬咲き系品種より落蕾が多いので，疎植となろう。冬咲き系品種でも，多花咲きで，花が大きく，大葉になりやすい草勢の強い品種では，少花咲きよりも疎植がよい結果をもたらすとみられる。最適な栽植密度は気候，施設の構造，栽培方法などによっても異なる。

充実した種子を播く

　採種時期や種子の熟度も，次世代の生育開花ならびに収量に影響する。受粉後の37日（黄緑色の莢），43日（莢が褐色で，一部黄緑色を残す），49日（莢が一部ねじれて分離），55日と61日（莢がねじれて分離）に採種した種子を播種した。莢が一部黄緑色の43日後に採種した種子を播種したものが，発蕾節位は比較的低く，1株当たりの4花咲きの秀品の切り花本数も多かった。すなわち，受粉43～49日が採種適期である（日野ら，1999）。

　通常の3月まで採花した'ミセス・ダグラスマッカーサー'を用い，4～6月まで液肥（OKF-2，1000倍）を週2回施すと，かん水のみの区と無かん水区に比べて採種量が多く，重い種子が得られた。また，種子重が8～10g/100粒では発芽率が80％以上と高く，5gでは10％と低かった。さらにこれらの種子を播種すると，種子重が8～10g/100粒の株は着花節位が低く，到花日数も短く，初期に収量が多く，着花数3花以上，花茎長40cm以上の高品質切り花が多かった（宇田・山中，1997）。

4　草勢の把握とコントロール

　スイートピーは栄養生長と生殖生長との調和をとりながら，連続的に採花する植物なので，たえず草勢を把握しておくことが重要である。草勢をみる目安としては葉面積，天花間隔，切り花長などがある。

摘蕾判断は小葉の大きさで

　種子春化すると早期に発蕾する。しかしあまり早く発蕾しても，気温の高い

図3-21　葉面積と切り花長の関係（'ロイヤルローズ'）

時期にかかり，そのまま着蕾させると植物体の栄養条件が不十分で，草勢が急速に衰える。したがって葉が小さく，株が貧弱なときは摘蕾する。摘蕾は花蕾と花茎の総長がおおむね1cmのときが適期だが，その可否は小葉の大きさが指標となる。たとえば，冬咲き系の'ミセス・ダグラスマッカーサー'では摘蕾しようとする節より2節下位の小葉の縦径が6cm以上，春咲き系の'ロイヤルローズ'では7cm以上なら着蕾させ，これ以下のときは摘蕾する（土居，1989）。

ただし，小葉の大きさは播種時期や品種，栽培条件によって異なるので，草丈や小葉の大きさなどを基準に，各自で摘蕾の目安を設ける必要がある。

着花位置の葉面積と切り花長

スイートピーの切り花長（花茎）と小葉の葉面積との間には正の相関があり，葉が大きいほど切り花も長い。たとえば，'オーキッド'では採花位置より1節下の葉面積と相関が強い（並河，1973）。また'茅ヶ崎11号'（東西棟室）では，切り花長と採花位置の1節上から2節下までの葉面積との間で，いずれも相関が強く，上位節の葉との相関が強い傾向がある（井上，1981）。実用的には着花位置の葉面積を切り花長の目安にするのが妥当であろう。

また，実葉面積と葉幅と葉長の積との間の相関はきわめて強く，葉幅と葉長の積を求めれば葉面積の代行ができる。しかも，葉幅と葉長の積と花茎長との

相関も強い。適度な葉（一定の葉）の大きさが良質な切り花生産には不可欠であり，葉が大きすぎると落蕾，小さすぎると老化を示す。また，葉が薄く，葉の周縁が凸状になるようでは徒長，落蕾しやすい（図3-21）。

小葉の大きさが一定であることは，一定の長さの切り花が採花できることになる。着生している葉の大きさをみれば，今までの管理方法やどんな切り花を採花したかもわかる。葉は栽培の足跡である。当然，品種や施設の構造などによっても葉面積や切り花長との関係は異なるので，各園の状態をあらかじめ把握しておくことが重要である。

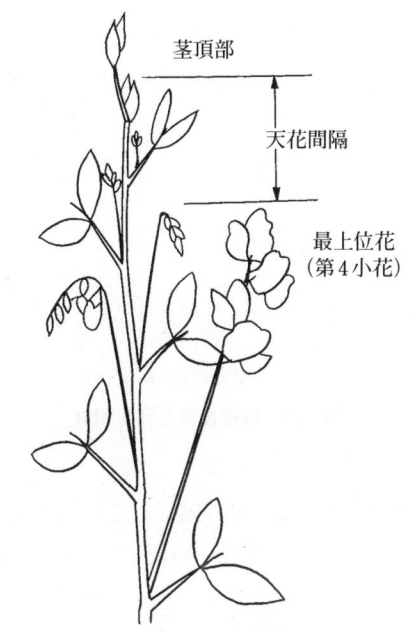

図3-22 天花間隔
（第4小花より茎頂部が上にあればプラス，下ならばマイナスと表示）

「天花間隔」と草勢・切り花品質・収量

◇単純ではない天花間隔

草姿の目安として，開花中の天花（第4小花）と茎頂部との間隔を用いるのが一般的である（図3-22）。これは，神奈川県の尾山幸光氏らが提唱した方法とされる。天花よりも茎頂部が上部にあれば，草勢は良好だが，間隔が大きすぎると徒長を示す。これに対して，茎頂部よりも天花が上部にある場合は草勢の衰えを示すというものである。しかし，詳細に調べると，明らかに徒長を示した場合でも，天花と茎頂部との間隔は小さくなる（井上ら，2005）。したがって，「天花間隔」は徒長を示す草姿の目安としては利用できない。むしろ，

冬咲き '茅ヶ崎11号'

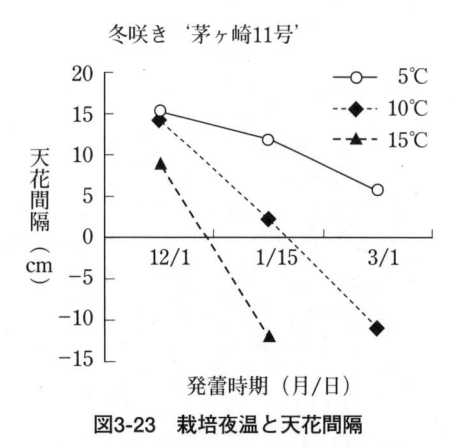

○ 5℃
◆ 10℃
▲ 15℃

天花間隔（cm）

発蕾時期（月/日）

図3-23　栽培夜温と天花間隔

草勢の悪化防止の目安として有効である。

　一般的に，冬期の低温日照不足の時期では，天花よりも茎頂部が上部にあり，天花間隔はプラス10cm以上と大きく，落蕾防止に注意が必要である。日照時間が長く，日射量が多くなるにつれて，天花間隔は縮まる。こうなると落蕾は少なく，収穫は安定する。さらに春先の気温上昇とともに天花間隔は詰まり，ほぼ同じ位置になる。収穫末期には，茎頂よりも天花が上部になる傾向を示す。日射量が強く高温になるほど天花間隔は小さく，あるいはマイナスとなるが，これに合わせて切り花は短く，品質劣化をまねく。

◇夜温や品種間による差

　夜温（夜温5，10，15℃）と天花間隔との関係をみると，12月1日に発蕾したものでは15℃で天花間隔が小さく，5℃と10℃では大きいが，1月15日の発蕾では高夜温ほど天花間隔は小さく，15℃ではマイナス，すなわち茎頂よりも天花が上部に位置する状態となった。品種間差もみられ，冬咲き系が夏咲き系品種よりも天花間隔が縮小し，とくに10℃以上で著しい。当然，切り花も短く，上・中物の切り花本数も少ない（図3-23）。

　みかけ状の茎頂部から開花までの着生葉の節数は，冬期では6～7節程度あるが，春先になると4～5節に短縮する。さらに節間も短くなるので，茎頂部よりも天花が上部に位置する，すなわち天花間隔はマイナスになりやすい。

　さらに，天花間隔の大小は，栽植密度や施設構造などによっても異なるので，実際の栽培圃場での観察がポイントになる。

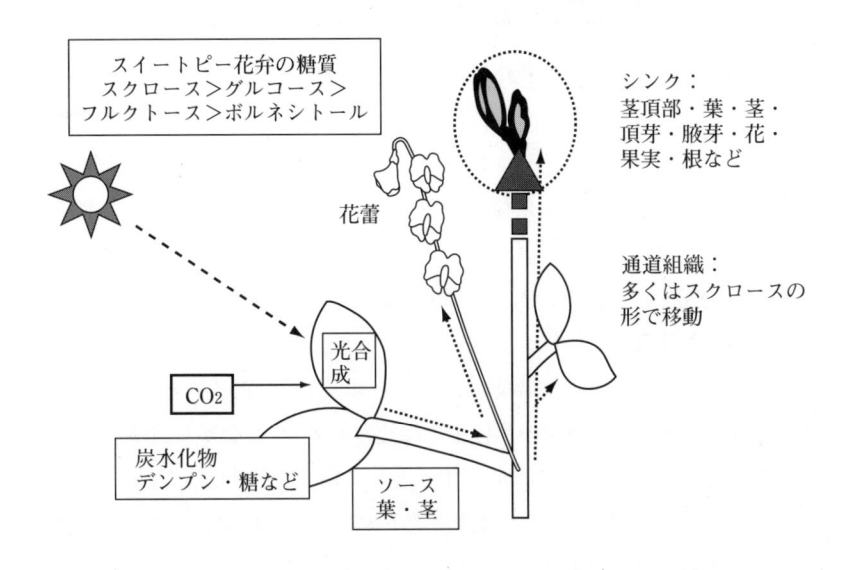

第3章　生育・開花調節の基本技術　**75**

図3-24　スイートピー光合成産物の転流・シンクとソース（模式図）

物質転流のシンクとソース

　一般的に，午前中に生成された光合成産物は大部分が午後に転流し，午後に生産されたものが夜間に転流し，その転流速度には温度などが影響する。

　◇光合成産物の転流

　葉で生産された光合成産物は，未熟な葉では葉自身の生長に，成熟葉では若い葉，花蕾や根などに転流さ

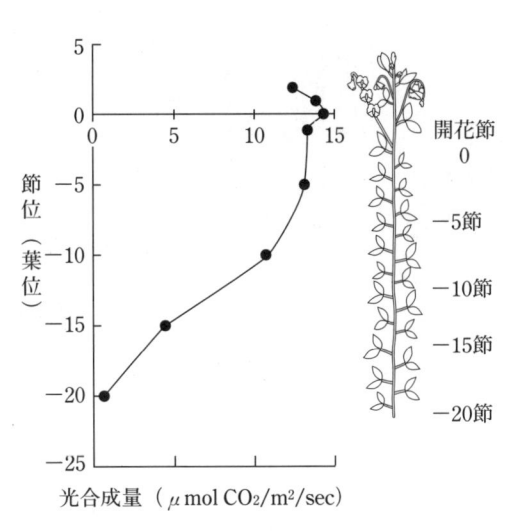

図3-25　葉位別の光合成
（札埜ら，2001から作図）
開花節を0，上位節は＋，下位節は－として表示

れる。この転流は，作物体内の供給器官（ソース）である葉とそれを利用する蓄積器官（シンク）である生長点，花蕾，茎，根などのソースとシンクの需給関係によって決まる。転流，分配には温度，光，養分や水分など多くの要因が関与しているとされる。スイートピーでは，葉で生産された光合成産物（デンプン，スクロースなどの炭水化物）は多くはスクロースの形で移動し，開花中の花弁ではスクロース，グルコース，フルクトース，ボルネシトールなどの形で存在する（図3-24；秋田，1988：斎藤，1992：市村，2000）。

◇開花期の茎頂部は強いシンクに

札埜ら（2001）によると，個葉の光合成量は，開花位置の葉を基準にして開花節よりも上位および5節下の葉位までは比較的多く，5節から20節下の葉では下位葉になるほど光合成量は低下するとしている（図3-25，'アーリーラベンダー'）。とくに15節以下では顕著に低下するとし，10節以下の下位葉の光合成を多くすることが重要であると指摘している。

また，無遮光の各器官（茎頂部，花蕾，茎葉部）の^{13}C分配率をみると，茎葉部が57.6％と高く，開花から2節上位の花蕾で9.9〜12.3％，3節上が3.3％と，上部へいくほど低下するが，茎頂部では6.4％と高くなった。さらに，50％遮光すると無遮光に比べて，地上部全体の^{13}C分配量は22.2％減少したが，器官別では開花1〜3節上

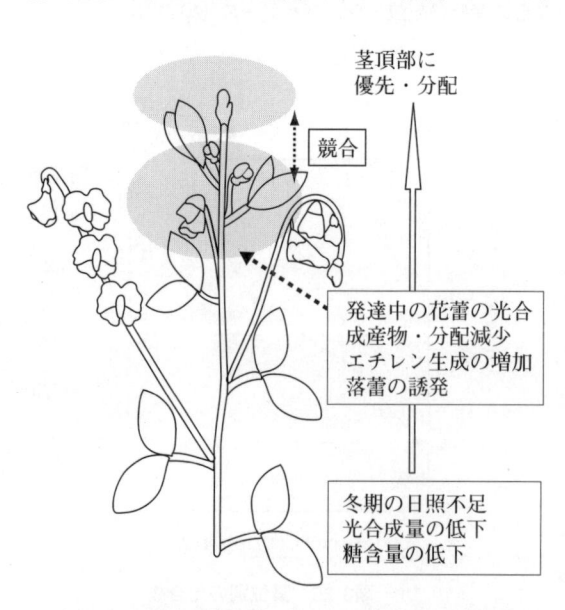

図3-26 冬期日照不足による光合成産物の転流と落蕾の関係（模式図）

の花蕾で減少し，茎頂部および開花節では微増，茎葉部では増加する。開花1〜2節上の花蕾のみを取り除く（花茎は残す）と，茎頂部で増加し，開花節および3節上の花蕾への分配も増加し，摘蕾した花茎への分配は著しく減少した。このように，茎頂部は強いシンクとして働き，この茎頂部には開花1〜2節上位の葉より開花節および開花1〜5節下位葉から光合成産物が多く分配される。

すなわち，冬期の日照不足で光合成量が低下したときは，光合成産物は茎頂部に優先的に分配され，それと競合関係にある発達中の花序への分配が減少し，落蕾が誘発される。冬期では開花よりも草勢が優先され，かん水や施肥が不適切だと草勢が強く，着蕾しにくいとされる（図3-26）。

なお，草勢が悪化しているときは，摘蕾する。慣行栽培で4花目（第4小花）が半開で採花するのを，2花目が開花したときに採花すると，増収することが認められている（山元，1990）。これは，花蕾を早めに取り去ることにより，茎頂部のシンク活性が高まるから（札埜ら，2001）とされる。実際栽培でも，わずかに草勢が弱いと判断された場合，1花序に数個以上着蕾したのを3〜4個に整理して（明らかに草勢が弱い場合は，すべての花蕾を摘み取る），草勢の悪化を防ぐことが行なわれている。

このように，スイートピーでは，栄養生長と生殖生長のバランスを保ちながら生育している。したがって栽培管理でも両者のバランスをいかに保つか，いい換えると，ソースの大きさに対して，シンクの大きさをどうバランスさせていくかがポイントとなる。

◇果実（莢）発育期のソース

開花期には，個葉の光合成産物は近接する花や若い果実（莢）に送られるが，果実が生長するにつれて多くの葉から光合成産物を受け取るようになる（玖村，1988）。すなわち，開花初期は茎頂部でシンク活性が高いが，受粉後の莢の発達して種子の成熟するとともに，果実のシンク活性が高くなる。スイートピーでは受粉後，莢が生長する段階で，上部の茎葉を摘心する場合と無摘心でそのまま管理する場合がある。無摘心で若い光合成能の高い葉を確保したほうが，

光合成産物を多く受け取り，莢が肥大し，種子が充実すると推察される。

葉の形と葉面積

望ましい草勢の目安は，葉の形や色，茎が太くしっかりしていること，発蕾した蕾が大きいこと，開花中の小花の間隔が一定であること（徒長しているときは第2と3小花の間隔が大きくなる），天花間隔などがあげられる。落蕾を防止し，採花量を多くするためには，徒長せず，しかも老化しないような草姿にすることである。

そのためには，一定の大きさの葉面積を保つことが重要になってくる。葉の形は卵状楕円形が基本であるが，施肥やかん水の影響を受ける。多肥・多かん水では葉が丸く，厚く，濃緑色となり，多肥・少かん水では葉が小さく，緑色から灰白色を呈する。一方，少肥・多かん水では葉が薄く，淡緑色で軟らかい

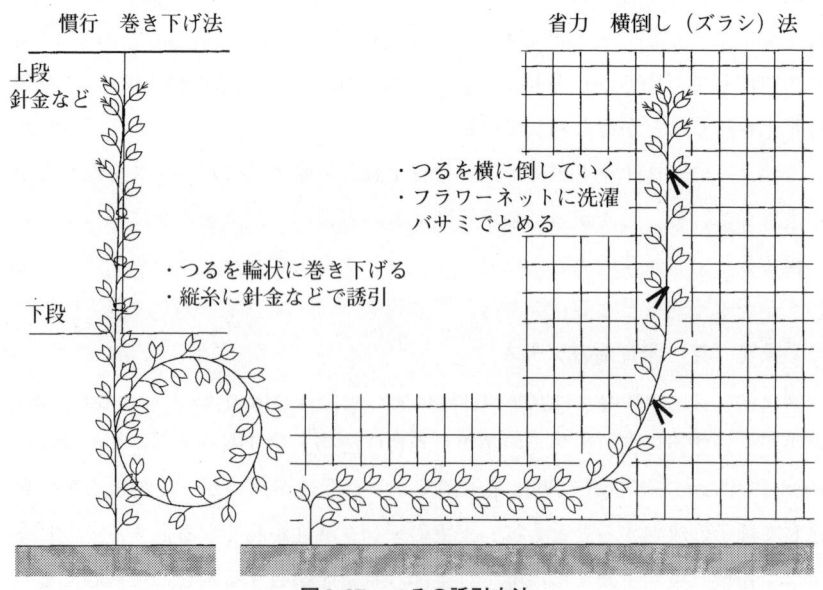

図3-27 つるの誘引方法
左：縦糸利用の巻き下げ，右：ネット利用のつる下げ

感じになる。葉が大きければ徒長，小さければ草勢が衰えている。

　冬期でも葉が小さい場合は，切り花長も30cm以下と短くなり，生長点の位置よりも開花中の天花のほうが高くなり，老化した草姿となる。これに対し，大きな葉では，切り花長も50cm以上と長くなり，茎頂部と天花の間隔も15cm以上離れてしまい，徒長した姿となる。葉の大きさが中位であると，切り花長も40cm前後であり，茎頂部と天花の間隔も5〜7cm位と望ましい草姿となる。

5　つる下げ管理と生育

　スイートピーは収穫終了時には4m以上にも伸長しているので，地上から2m近くに達したらつる下げを行なう。とくに開花期は開花位置を揃えて採花作業を効率的に進めるために，ほぼ月1回行なう。

二つの方法

　方法としては，つるを地ぎわ付近から横に倒してずらす「つる下げ」，つるを輪状（直径30〜60cm）に巻きながらつるを下げる「巻き下げ」，の2通りがある（図3-27）。

◇ネット利用のつる下げ方式

　1か所に1本（個体）を誘引するのが基本で，密植しにくいが作業性がよい。一般的に，開花中の花茎は南面（太陽光の方向）に向きやすい性質がある。そのため，東西畝の北列では，花茎が南列と北列の中間で開花して，花が大きいマス目のネットの中にもぐり，採花作業がしにくいことがある。また，マス目の小さいネットでは花茎が南面に伸長することができず，ネットに抑えられる。このためネット利用では南北畝が基本である。

◇縦糸利用の巻き下げ方式

　上下段の針金から縦糸を吊るし，これに巻き下げて誘引する。1か所に2本（個体）以上の寄せ植えが可能である。東西畝の北列でも，花茎が南列と北列の間に伸びても，ネットなどの障害物がないため手が届き，採花作業もしやすい

い。施設の構造や栽培床の方位に関係なく2条植えが可能である。

下位葉が日陰にならないように

つるを下げると切り花長が5～6cm短くなることが多い。花弁糖度もつる下げ5～7日後に低下する（井上ら，2005）。これは，つるを下げることによる物理的なストレス，茎葉の相互遮蔽による光合成量の低下などが要因として考えられる。下位葉の光合成能を高めることも重要で，つる下げ時に葉が重ならないように，わずかながら位置をずらす工夫も大切である。葉が重ならないようにすると，裏返しになった葉が，しだいに受光面が上向きになるように体勢を変えるのが観察される。このことは，下位葉も光合成に有効であることを示唆している。

とくに，巻き下げ方式では開花後期につるを巻いた輪が三重になるので物理的ストレスもかかり，根から養水分の供給が行なわれにくい。これに対して，つる下げでは比較的ストレスが小さいと推察されるが，単純に下げると葉が重なり，通風不良によって腐敗しやすいなど，一長一短がある。

第4章 主な作型と栽培管理の実際

I. 暖地(関東以西)の作型
(8～9月播種,11～4月出荷)

1 種子処理と播種

8月下旬～9月上旬に播種,11月から出荷する作型を中心に述べる。

播種時期と開花

関東以西の冬期出荷での作型では,8月下旬～9月上～中旬が播種適期となる。適期を基準にすると播種期が遅れるほど,生育が緩慢となり,開花始めも遅れる。一方,早播きすると,残暑が残る8月では施設内は高温となり,幼苗期に立ち枯れがおこりやすい。

とくに,冬咲き系品種の無冷蔵種子を播種する場合は,ある程度早く播種しないと初期の開花が遅れ,最終草丈も低い(図4-1,図4-2)。8月16日から30日までの播種では草丈に著しい差はみられないが,9月10日播種では明らかに生育が遅延し,開花も遅れる。10月までの草丈が高いほど初期(12月)の収量が多く,12月の草丈が高いほど3月まで

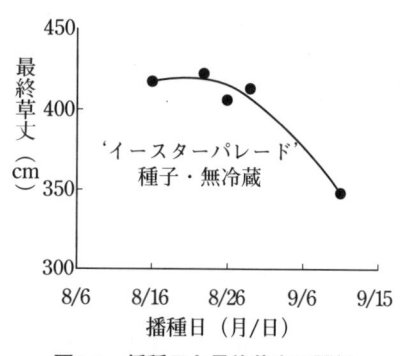

図4-1 播種日と最終草丈の関係
(神奈川県寒川町)

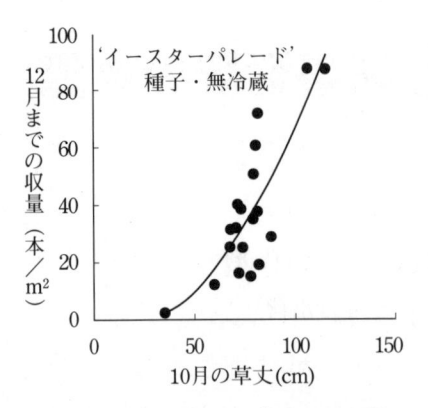

図4-2 10月の草丈と12月までの収量

の収量が多くなる傾向がみられる。以上から，神奈川のように冬咲き系品種の無冷蔵種子を播種する場合は8月20～30日が播種適期となる。一方，九州では残暑がきびしいこと，9～10月に台風の襲来を受ける10月以降の高温で葉に障害が出やすいことなどから，早播きは厳禁で，9月5～10日頃が適期となる。

近年，冬咲き系品種では種子冷蔵した種子を9月中旬に播種する例もある。

栽培床の準備

かつてスイートピーとマスクメロンをつくる農家の間で，メロンの栽培とスイートピーの播種期が重なることから，スイートピーを鉢育苗して9月に定植する方法がとられていたが，現在は栽培床に直接播種する方法がほとんどである。

◇耕土は深さ30cm

栽培地は，自生地の状態からみるとやや粘土質で排水良好な土壌が理想と考えられる。

地床栽培では一般的にスイートピーの根は50cm以上伸長する。したがって，耕土には一定の深さが必要とみられるが，土質によっても異なり，通気性が確保された粘土質土壌であれば，比較的浅くても栽培は可能である。

たとえば，神奈川県湘南地方では，深さ20cm程度の定置床（枠板とコンクリート板で作成）に，相模川流域の肥沃な洪積土壌を入れて根域制限栽培が行なわれてきた。完全な隔離床ではなく，下に敷いたコンクリート板の隙間から

根が伸長できる程度のもので、生育前半の徒長・落蕾防止を目的としたゆるやかな生育調節栽培法である。一方、同じ地域でも、台地の火山灰土（黒ボク）地帯では栽培床は20～30cm耕うんし、根域を制限しない地床栽培が行なわれてきた。これは粘土質に比べて黒ボク土壌では、茎葉や切り花が細い傾向にあり、根を深く伸ばし、草勢を長期間維持するためと考えられる。

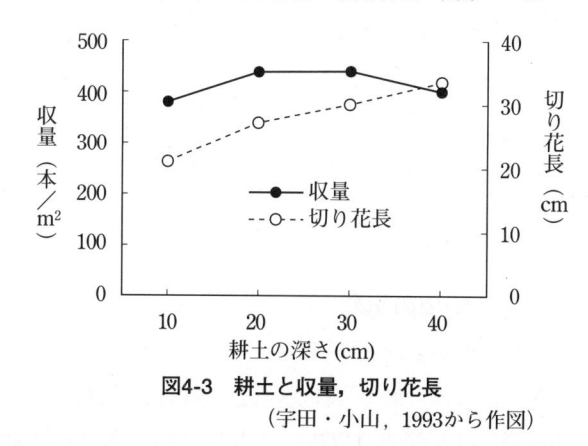

図4-3 耕土と収量、切り花長
（宇田・小山、1993から作図）

　事例的には以上の通りであるが、一般的には耕土が浅いほど低節位で着花し、初期収量も多いが、切り花が短く、品質が劣る。逆に、耕土が深いほど開花は遅れるが、後期の収量が多く、切り花が長く、着花数も多い（図4-3；宇田・小山、1993）。このことから、安定した収量、切り花品質を得るには、30cm以上の耕土が必要と考えられる。

◇弱酸性に調整、平畝で

　土壌の好適pHは7.0前後という報告もみられるが、7.0以上では、冬期の低温とかん水をひかえた乾燥土壌で微量要素欠乏の症状が発生しやすい。実用的には、弱酸性6.0～6.8程度が望ましい。

　連作で塩類集積が懸念される場合は、被覆したビニルをはいだり、湛水などの除塩対策を行なう。さらに、播種前に土壌診断をして適切な施肥設計を行なう。基肥が必要な場合は、播種の1週間前に施肥するが、有機質系肥料は種類によって根の障害がおこることがある。土壌消毒は薬剤、蒸気消毒、太陽熱消毒などの方法がある。薬剤による消毒では、ガス抜き期間を設けることや、近隣の住居への安全性の確保などが必要となる。

　栽培床・畝は水田地帯では高畝にするが、台地ではとくに湿潤にならない限

り平畝とし，やや通路より高い程度とする。施設の構造にもよるが，2条植えの場合は，栽培床と通路を併せて120～135cm（最大150cm）程度が基準になる。

栽培床のマルチは，播種時の地温低下を目的とした場合は，作畝後に被覆する。

催芽，播種の実際
◇種子の必要量

種子はほぼ丸形で，種皮の色は乳白色，褐色，まだら模様などがみられる。市販種子は1l当たり7000～1万粒，700～800g（1000粒重は80～130g）で，風乾種子を吸水させると1.5～2.0倍の重さになる。必要な種子量は植え付け本数によって異なる。10a当たりの植え付け本数は1万～2万本であるが，いずれの場合でも種子の腐敗などの危険も考慮して植え付け本数よりも多く用意する。品種によって異なるが，10a当たりの種子量は1万～1万2000本植えの場合は，1.5l程度の種子を用意する。

種子の表面は硬い種皮で覆われ，内部の胚は子葉が主で，胚軸，幼芽，幼根がある。自生地では夏の乾燥期に莢がはじけて種子が地表面に落ち，種皮が硬いため少量の雨では吸水せず，冬期に大量の雨で吸水して発芽するが，一斉に発芽しない。この発芽の不揃いは不良環境での生存戦略とみられ，遺伝的に園芸品種にも受け継がれている。実際の栽培では，種子に傷をつけるか，酸によって種皮を溶かすなどで早期に一斉に吸水，発芽させる方法をとる（図4-4）。

◇種子の吸水

種皮の色は，乳白色が白色花，褐色が桃色などの有色花，まだら模様は紫色花が多いが，褐色系でも白色花の品種もある。吸水時間はこの種皮色で変えるとよい。乳白色の種皮は薄いので，水道水で3～6時間吸水させるのみである。しかし，褐色の種皮は硬いので濃硫酸に5～6分浸漬し，まだら模様のものは3分程度浸漬し，その後さらに水道水で10時間以上吸水させる。なお，乳白色の種皮でも硬いものもあるので，種子の状態を確認しておく。

①濃硫酸処理 5〜6分
　危険なので取り扱いに注意

流しの三角コーナーなどの袋（溶けないもの）

②水洗，吸水させる
　水温20℃以下が望ましい
　吸水時間は品種で異なる

③種子が膨らんだら，催芽させる。
　根が伸びないうちに冷蔵する
　催芽後に冷蔵

種子の上下にバーミキュライト，上を不織布などで覆う

④

ポリ，ビニル
（通気も考慮する）

育苗箱

垂木など
（隙間をつくる）

冷蔵温度は1±1℃程度

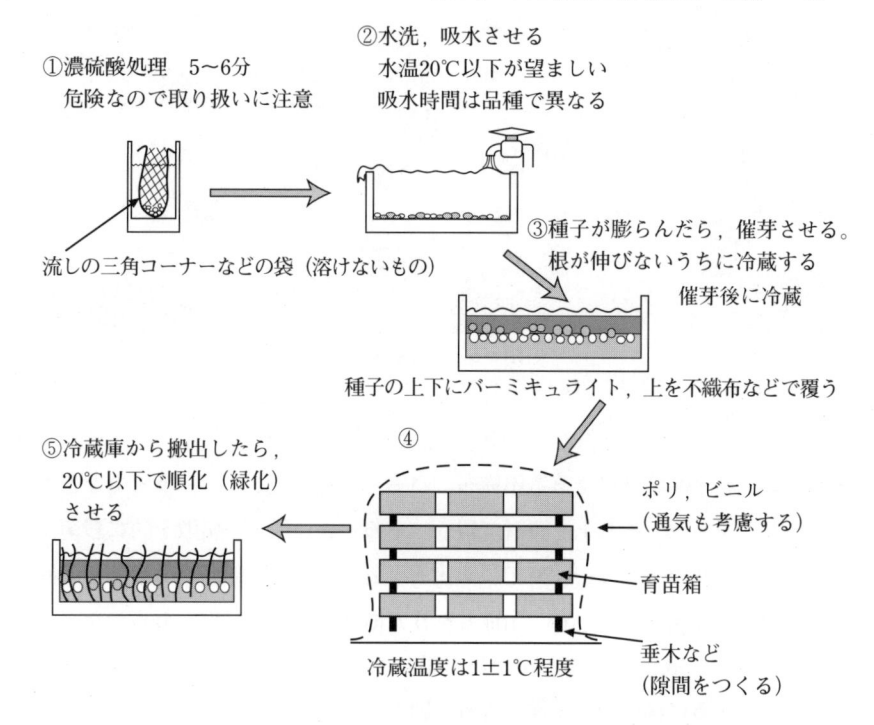

⑤冷蔵庫から搬出したら，
　20℃以下で順化（緑化）
　させる

図4-4　種子の吸水，催芽から冷蔵，緑化までの概要
（宮崎，岡山などの指導指針から作成）

　濃硫酸処理方法は，種子をナイロン製ネット（流しの三角コーナー用）に入れ，適正な時間浸漬後，ただちに大量の水で水洗する。危険なので取り扱いを注意するとともに，廃液処理を厳格に行なう。高温では種子が腐敗しやすいので，20℃以下の気温，水温で行なうのが望ましく，冷蔵庫を利用する。井戸水を利用すると，かけ流しで種子の腐敗を防ぐことができる。また，塩化カルシウム0.3％液5時間吸水の効果が高い。実際におこる種子の腐敗は，貯蔵中の温度，浸種・吸水中の酸素濃度，カルシウム欠乏および病原性細菌などが関与する（松浦，1998）としている。

◇催　芽
　吸水して十分に膨らんだ種子を拾い上げ，催芽を行なう。水稲育苗箱やガー

図4-5 催芽状態
左：冷蔵に適した時期，右：根が伸びすぎ，折れやすい

デンパンに衛生的な資材である不織布，バーミキュライト，パーライトなどを敷き，種子を並べ，その上を資材で覆う。そのとき，種子の腐敗予防に殺菌剤を散布する。催芽室は18～20℃に設定し，2～3日で発根が始まる。その間に種皮の表面に光沢がみられ，腐敗しそうなもの，カビが発生したものなどを除去する。1～3mm程度のわずかに発根した段階で種子を拾い上げ，冷蔵を開始する。あるいは播種の準備に入る（図4-5）。

◇種子の冷蔵（春化処理）

大量の場合は，水稲育苗箱などにバーミキュライトを敷き，種子を並べて，その上にバーミキュライトで覆土して，不織布などを覆う。冷蔵庫に搬入後は育苗箱が密着しないように，垂木などを間に挟んで重ねる。積み上げたら，ポリフィルムなどで全体を覆い，冷気が直接あたって乾燥しないようにする。少量の場合は，不織布を袋状にして種子を中に入れ，折りたたんでポリ袋に保存する。

低温の効果は5℃でも認められるが，冷蔵中に芽や根が伸びて，植え付け作業が困難となるので，冷蔵温度は凍らない程度の低温，0～2℃が望ましい。冷蔵中に霜取り装置が働くことが多く，一時的に気温が上昇しやすいのでよく注意しておく。

種子の冷蔵期間は冬咲き系で14日間，春咲き系で28～35日間が目安である。

品種や播種時期によって，若干冷蔵日数は異なる。同一品種では播種が遅れるほど冷蔵日数を長くしたほうが，開花揃いがよい。

なお，この冷蔵日数は，催芽した種子（発根ずみの種子）を用いた場合で，吸水のみの種子（未発根）を冷蔵した場合はさらに冷蔵日数を要することが多い。

◇冷蔵後の取り扱い

種子を冷蔵すると冷蔵中に根や芽が伸びて，「播種する」というよりも幼苗を「植え付ける」という言葉があてはまるようになる。冷蔵した種子（幼苗）は冷蔵庫から搬出すると外気温との較差が大きくならないよう涼しい場所に置いて，健全に保つ。そして乳白色の幼苗が緑色になるまで順化を行ない，植え付けに備える。

無冷蔵種子の場合は，催芽しても根が長く伸びていないので取り扱いは比較的容易であり，日中の高温を避けて播種する。

◇播種と栽植密度

播種（植え付け）前に基肥を施し，栽培床は十分にかん水を行なっておく。播種時に床が乾燥していないようにしておくことが重要である。播種の間隔は，栽培面積と栽植密度および作業性との関係などから，一様ではない。

誘引用のネットのマス目（株間）を想定して10～12cm間隔に1粒，あるいは播種穴は20cm間隔として1穴に2～3粒を播種し，10cm株間に仕立てる方法，また2条植えでも，条の中間に一列溝を切って播種し，発芽，伸長後に中央から両側（2条）に振り分ける方法などがある。目標とする株間は1株植えの2条植えで10～15cm，1条植えでは7～10cm程度，2～3株の寄せ植えでは23cm以上としたい。いずれの方法でも，目的の栽植密度になるように播種する。つるは収穫終了時には4m以上に伸長し，最長7m前後になることもある。冬咲き系品種は短く，春咲き，夏咲き系品種が長い傾向があるので，つる下げなどの作業性も考慮して播種床の位置を決定する。また，草勢や落蕾の程度は品種によって異なる。連棟施設の谷部分は光条件が悪いので，草勢が衰えやすい品種を播種するのがよい。草勢が強い品種だと弱光でさらに徒長して，

開花しない。施設規模が小さい場合は，単位面積当たりの収量が収益を大きく左右するので，品種選定がとくにポイントになる。

　発根している場合は，根が地中にまっすぐ伸びる状態に植え付ける。発根がわずか（無冷蔵種子）のものは，根を横向きか，下向きになるように置く。根が褐変したもの，根が素直に伸びず萎縮したもの，根が地上方向に伸びたあとに曲がって地中に伸びたもの，芽の伸びが不良のものは廃棄する。

　とくに，施設内に播種する場合，土壌表面のみ湿っている状態では，生育障害が出やすい。播種直後は比較的多量の水分を必要とするので，日中の高温時を避けて，朝または夕方にかん水を行なう。必ず根の伸長する範囲の深さが適湿状態を保つようにするが，判断がつかないときは指先で掘って調べるとよい。

◇第3節から出葉

　種子は十分に吸水すると膨らみ，胚の活動が始まる。最初は種皮を破り，幼根が突起状に出現する。この状態で低温を与えると，春化効果が大きい。土壌中では根がまっすぐ伸長する。このとき子葉は種子内にとどまり，子葉と幼芽との間の短い茎（上胚軸）が伸長して幼芽が地表に現われる。幼芽が地表に出ると各節に葉を生ずるが，最初の2節は葉が展開しない低出葉が，第3節から普通葉が着生する（図4-6）。

　最初の普通葉が着生する第3節では，主茎は無翼，葉は小葉が1対，巻きひげはほとんど伸びない。第4節の小葉から巻きひげが伸長し，7～8節目から茎に翼が生ずる。

　葉は羽状複葉で，短柄があり，小葉は葉柄に近い（最下部）ところに1対，まれに2対発生し，その上部は2～4対の巻きひげに変化している。遺伝的には小葉は1対が優性で，巻きひげが小葉に変化するのは劣性である。なお，園芸品種には巻きひげのないタイプがあり，数対の小葉が着生する。

　自然日長下で秋播きした場合，冬咲き系品種では伸長中の主茎を倒れないように直立に誘引すると，最初の側枝は低出葉の1～2節から発生するが，側枝の伸長は抑制される。これに対して，春咲き系は伸長中の主茎を直立に誘引しても側枝が2～3本発生し，夏咲き系では数本発生する。これらの形態的特徴

図4-6　発芽と幼植物の生長段階

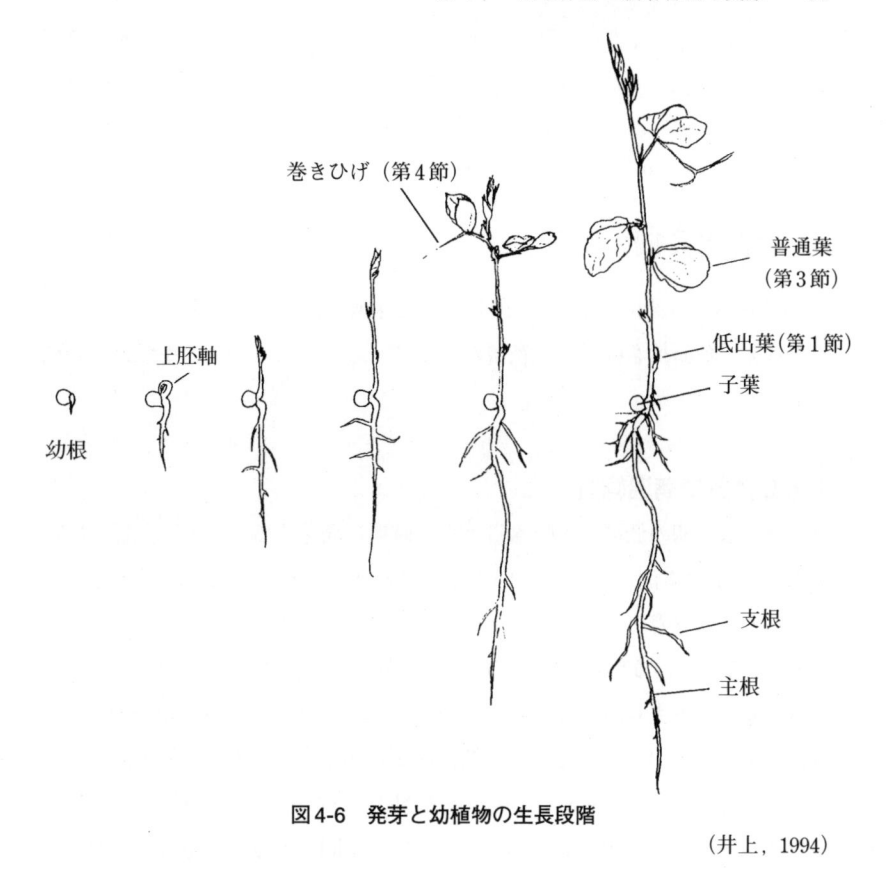

(井上, 1994)

は，春咲き系では種子春化，夏咲き系では種子春化と長日で消失し，冬咲き系と同様な形態となる（第3章49ページ）。

秋播き夏咲き系品種の電照

　夏咲き系品種の場合，種子冷蔵（春化）のみでは短日長のため，花芽分化しても花蕾の発育不全がおこる。好適日長は16時間なので，日長延長か暗期中断（深夜4時間）の電照処理を行なう。照度は50〜60lx程度とする。電照効果がみられるのは処理して15〜30日後であり，自然日長の短日期間が長いと

側芽の発生が多く，作業性が悪くなることから，時期は摘心後に開始するのが望ましい。ただし，ハウスの被覆時期なども考慮する。また春咲き系でも，'エンゼルキッス'などは10～12月にかけて電照すると，開花が安定する（日野宏俊氏，談）とされる。

2　栄養生長期の管理

8月下旬～9月上旬の播種から10月までは栄養生長期で，初期生育を旺盛にして，草丈，葉面積を確保し，花蕾が着生してもよいように体力をつける時期である。

十分な換気で高温回避

自生地では冬期の低温で，降水量の多い時期に発芽する。スイートピーにとって25℃以上の気温は，極端にいえば高温と感じられ，体力を消耗するであろう。種子冷蔵（春化）の効果は，著しい高温で低下もしくは消失する（脱春化）と考えられているが，スイートピーでは顕著な脱春化は認められていない。むしろ高温による生育障害に注意を払いたい。とくに発芽直後の高温と多湿は，立ち枯れを誘発しやすい。そこで，播種前から遮光して地温の上昇を抑えるようにする。ただし，その遮光は播種から2週間以内の幼植物の時期のみとする。

理想は外部遮光で，屋根面と遮光幕との間に空間があると室温の上昇が抑えられる。現状は多く内張りだが，固定張りは避けたい。晴天時・強光の時間帯のみ遮光し，朝夕は開放して，軟弱徒長を防ぐようにする。

また，秋の強光，高温は，伸長中の茎頂部に障害を発生させる。とくに曇雨天の後などの気温の変動が大きいと助長される。軒高が低い施設は，草丈が伸びて茎頂部が施設内上部の高温域に達し，被害が大きい。顕著な場合は，高温遭遇に展開した葉が卵楕円形にならず，萎縮した変形葉になる（図4-7）。曇雨天時でも換気は十分に行ない，なるべく硬くしまった茎葉になるようにする。強光時は蒸散が大きく，萎れやすいので，かん水や遮光を行なう。茎頂部で著しい障害がみられたら，摘心などを行なって新しい側枝を伸ばす。

かん水と追肥

　高温期の施設内では土壌面からの蒸発量が多く，かん水もポイントになる。土壌が乾いた状態で播種すると，かん水しても土壌表面のみ湿り，肝心の根の先端部が乾いたままなので，地上部は硬化して，生育遅延がみられる。一方で，かん水過多による立ち枯れもある。

　かん水は土壌や各園の立地状況によって異なるが，基本は根の伸長している深さまで適湿状態になることである（図4-8）。すなわち，発芽直後は，根は土壌の表層付近

図4-7　秋の高温による障害
葉が奇形（変形葉）になるが，低温期になると上位葉は健全葉になる

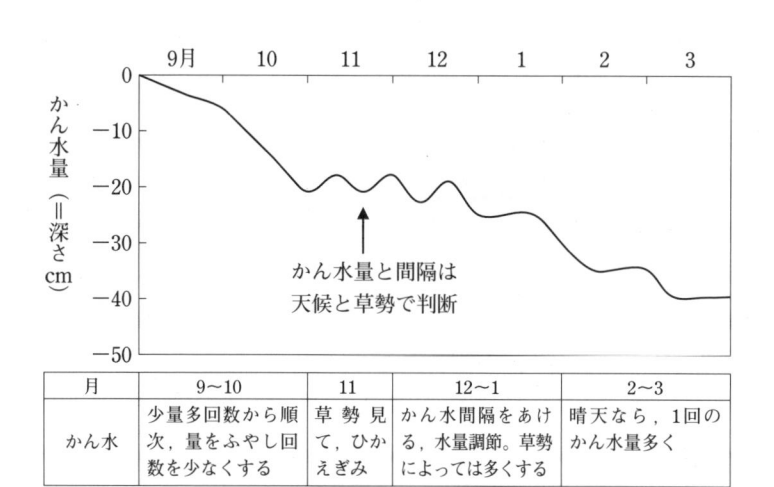

月	9～10	11	12～1	2～3
かん水	少量多回数から順次，量をふやし回数を少なくする	草勢見て，ひかえぎみ	かん水間隔をあける，水量調節。草勢によっては多くする	晴天なら，1回のかん水量多く

図4-8　時期別のかん水量（模式図）

にあるので、1回のかん水量は少なめに、かん水間隔を短くする。日中は植物体からの蒸散量が多く、吸水能力が追いつきにくいので、かん水は朝夕に行なうのが基本で、伸長させたいときは夕方のかん水が効果的であろう。

播種直後のかん水は1～2日に1回、徐々にかん水間隔をあけ、9月中は3～7日に1回とし、10月はさらに間隔をあけて、1回の量を多くする。マルチをしていない場合、播種直後は点滴や散水ノズルではかん水むらが生じることがあるので、病害虫の発見も兼ねて、手かん水を行なうのも一考であろう。なお、作土層が浅く、その下に耕盤層が存在する場合は、点滴かん水などの過剰な水が耕盤層付近に溜まりやすい。とりわけ耕盤層が凹凸していると、凹んだ場所で根の障害による過湿害が発生しやすいので注意を要する。

生育初期は養分吸収量も少なく、施肥はほとんど無用だが、極端に土中の養分が少ないと生育が遅延して、追肥しても回復が遅れる。基肥が少ない場合は、摘心前後に若干の液肥を施用する。量としてはチッソ成分で50ppm程度がよ

表4-1 肥料成分（％）別の希釈倍率と液肥濃度ppmの関係

液肥の倍率	肥料の成分（％）														
	25	20	19	18	17	16	15	14	13	12	11	10	9	8	7	6	5
倍	液肥の濃度（ppm）														
10,000	25	20	19	18	17	16	15	14	13	12	11	10	9	8	7	6	5
7,500	33	27	25	24	23	21	20	19	17	16	15	13	12	11	9	8	7
5,000	50	40	38	36	34	32	30	28	26	24	22	20	18	16	14	12	10
2,500	100	80	76	72	68	64	60	56	52	48	44	40	36	32	28	24	20
2,000	125	100	95	90	85	80	75	70	65	60	55	50	45	40	35	30	25
1,500	167	133	127	120	113	107	100	93	87	80	73	67	60	53	47	40	33
1,250	200	160	152	144	136	128	120	112	104	96	88	80	72	64	56	48	40
1,000	250	200	190	180	170	160	150	140	130	120	110	100	90	80	70	60	50
800	313	250	238	225	213	200	188	175	163	150	138	125	113	100	88	75	63
750	333	267	253	240	227	213	200	187	173	160	147	133	120	107	93	80	67
600	417	333	317	300	283	267	250	233	217	200	183	167	150	133	117	100	83
500	500	400	380	360	340	320	300	280	260	240	220	200	180	160	140	120	100
400	625	500	475	450	425	400	375	350	325	300	275	250	225	200	175	150	125
300	833	667	633	600	567	533	500	467	433	400	367	333	300	267	233	200	167
200	1,250	1,000	950	900	850	800	750	700	650	600	550	500	450	400	350	300	250

表中の灰色の部分は、各液肥の成分とも 30～150ppm の濃度を示す。通常の施肥濃度

い。開花期のチッソ濃度が150ppmでは，濃度障害がおこりやすい（表4-1）。
　また播種後に，立ち枯れ症状が発生する場合がある。立ち枯れ予防に農薬のかん注も必要となる。

摘　心

　無摘心で主茎をそのまま伸ばすと初期の生長が早く，開花も早いが，最初の着花位置が高く，開花後期の草勢維持が難しい。最初の着花位置を低くするために摘心を行ない，太く強い側枝を発生させて着花母枝とする。
　やり方は，普通葉を3～5節分を残して摘心する。茎頂部付近を指で軽く摘むのが，一般的である。早く摘心して早く側枝を出させ，開花促進をはかる方法である。一方，主茎を放任した状態で20～30cmに伸ばし，太い側枝が5cm程度伸びた頃に摘心し，これを着花母枝に仕立てる方法もある。
　主茎が倒れて放置すると，主茎の伸長が抑えられて側枝の伸長が旺盛となり，やがて主茎は停止状態となる。この性質を利用して，わざわざ摘心せずに主茎を横倒しにして光合成に有効な葉を確保する方法もある。若干側枝の発生が遅れるものの，その後の側枝の伸長は良好である。一考の価値ある方法であろう。
　なお，欠株が出たら，伸長させた側枝を摘心して2本仕立てにする。遅播きの場合は，摘心すると開花が遅れるので，主茎を倒さないように管理して側枝の発生を抑え，着花母枝とするのが望ましい。

誘　引

　◇ネット誘引（つる下げ方式）
　摘心後に低出葉から発生した側枝が12cm程度に伸長したら，ネットの下段または1段下に張ったひもや針金に誘引する。さらに伸長したら，ネットに順次，洗濯バサミなどで誘引する。
　ネットでなく，上段と下段に針金などを張り，上段から縦に誘引用の鉄線（160cm以上）を下げ，誘引する方法もある。摘心後の側枝が短いときは，上段の針金とは別に，上部に仮の横張り針金を設け，誘引用の鉄線を引っかけ，

図4-9 フィルムを全面マルチした栽培（宮崎県内）

下部は栽培床に挿して支柱として使用する。側枝が伸長するに応じて誘引し，ある程度伸長したら誘引用の鉄線を上段の針金に引っかける。

◇縦糸誘引（巻き下げ方式）

上段と下段（70cm）に横に針金を張り，縦糸を結び，これに誘引する。下段に到達するまでの間は，下段の針金にグラスファイバーや割竹で作製した支柱を立てる。摘心後に伸長した側枝を支柱に針金，い草，洗濯バサミなどで誘引する。縦糸の下段に達したら，縦糸に誘引する。

なお，台風対策を兼ねて無被覆下で播種した場合は，10月になってビニルを被覆し，その後に誘引する。無被覆のときに台風の襲来を受けそうな場合は，カンレイシャなどをベタがけして，その裾を土で固定し，植物が風に揺さぶられないようにする。

ハウスの被覆，マルチ

播種時に無被覆のハウスは，台風の襲来が少なくなる10月頃にビニルを張る。また，栽培床の土壌面から水分蒸発を抑えること，反射光を有効に利用することやつるを横倒しにした置き場所を兼ねて，マルチを行なう（図4-9）。土壌を全面被覆すると，室内の湿度を低下させ，花弁のシミ（ボトリチス）を防止できるとされる。アルミ蒸着フィルムや高機能不織布では地温低下や初期生育，反射光利用による増収効果が認められている（山元，2000；日野ら，2002）が，反射マルチ資材により効果が認められない（宇田，1994，1995）場

合がある。なお，耐用年数が過ぎた資材は産業廃棄物としての処理が必要になる。

3 発蕾・開花初期の管理

かん水はひかえめに

　10月中旬までは栄養生長を十分に行なわせ，草丈を高く，葉数（葉面積）を多く確保できるよう管理する。気温が低下するにつれてしだいに節間が伸び，葉も大きくなり，花芽分化，発蕾期を迎える。栄養生長と生殖生長とが同時進行の時期となり，草勢が強いと発蕾・開花が遅れ，弱いと開花しても生育が遅延する。そこで，茎頂部や葉の大きさなどをみて，かん水を徐々にひかえぎみにして，草勢のバランスをとる。かん水方法は土壌の保水力，排水性など土質や立地条件によって大きく異なり，一概にいえないが，台地の排水良好なガラス室内では3日，水田地帯のハウスでは10～20日程度のかん水間隔とし，極端な場合は1か月以上かん水しない場合もある。

　しだいに気温が低下してくる時期であるが，年次変動も大きい。順調に気温が低下すればかん水をひかえ，徒長を防止するが，高温の場合は室温が低下するように換気し，かん水を行なって草勢維持をはかる。判断の難しい時期である。

摘蕾と開花調節

　10月になると発蕾するが，着蕾させる時期が大きなポイントで，その後の生育開花に影響する。種子冷蔵した場合は，12節程度（低出葉含む節位）で発蕾が始まるので，初期の花蕾は摘蕾する。葉が小さく，低節位で発蕾したものをそのまま開花させると，草勢が急激に衰えるからである。摘蕾が遅れても，草勢が悪化しやすい。草丈が80～100cmで，葉面積が一定以上になったら，着蕾，開花させる。

　前述のように（第3章71ページ），冬咲き系の'ミセス・ダグラスマッカーサー'では発蕾（1cm程度）した節よりも2節下位の小葉の縦径が6cm以上，

春咲き系'ロイヤルローズ'では7cm以上あれば着蕾させ、これ以下のときは摘蕾する（図4-10：土居、1989）。この条件を満たすのは、草丈がほぼ90cm以上で、'ミセス・ダグラスマッカーサー'では18節、'ロイヤルローズ'では15節である。品種により節数、葉の大きさが異なるので、品種特性を把握しておく。

切り花品質を高めるうえでは温度管理も重要で、発蕾時の最低気温が10℃程度であれば、そ

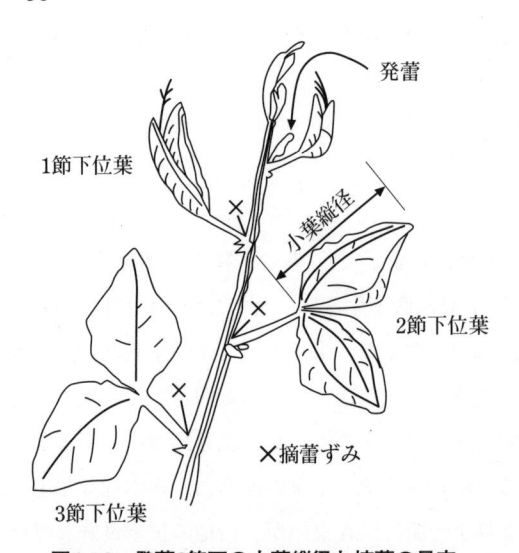

図4-10 発蕾2節下の小葉縦径と摘蕾の目安
（土居原図）

2節下位葉は完全に展開していないが、摘蕾の目安には適している
　'ミセス・ダグラスマッカーサー'は小葉縦径が6cm以上あれば、15節から着蕾。'ロイヤルローズ'は7cm以上で着蕾

のあとは気温がしだいに低下するので、開花は順調になる。発蕾から開花までの日数は、夜温5℃では25〜30日要するが、15℃では12〜13日程度と短縮し、切り花長も高温ほど短くなる。近年、出荷開始が早くなっているが、11月上旬に開花させると、切り花長（切り口から第4小花までの長さ）は30〜40cmと短くなり、高温が続くと草勢が悪化する。一方、勤労感謝の日（11月23日）頃に採花を始めると、夜温も5℃前後に低下して切り花長も長く、しっかりしてくる。

　早期出荷には、側窓、天窓などの換気を行なって低温に管理することが重要である。

巻きひげ，側芽の除去

生長するに従い，葉も大きくなり，巻きひげの伸長も速くなる。そこで茎葉の誘引とともに，巻きひげを切り取る。そのまま放置すると，隣接している株や花蕾，誘引用のネットなどに絡みつき，その後の作業性が悪くなる。品種によっては，茎と葉柄の基部に腋芽も発生してくる。腋芽の除去が遅れると開花が遅延したり，草勢に悪影響を及ぼすこともある。

4　採花期の管理

つるの伸長を揃える

10月下旬～11月上旬になるとつる（茎葉）が伸長してくるが，どうしても草丈にバラツキが出てくるので，茎頂部の位置を揃える，つるのズラシを行なう。本格的なつる下げというより，生長を揃えるためのものである。

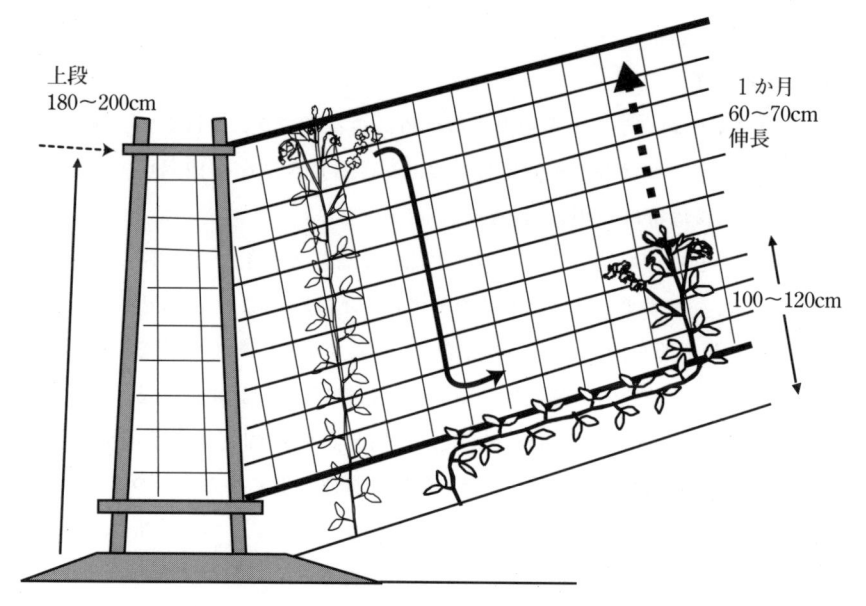

図4-11　スイートピーのつる下げ（模式図）

その後も、つるは1か月間で60～70cm位伸長する。そこで、①横倒しにするつる下げか②巻き下げを行なうかして、採花位置を揃える。

◇つる下げ（横倒し）

　本格的なつる下げは11月下旬から開始し、毎月1回程度行なう（図4-11）。まず、つる下げを行なう前に、巻きひげを切り落とし、つるを横にずらして茎頂部を下げ、洗濯バサミなどでネット、または誘引用針金に誘引する。横にずらしたつるは、栽培床のマルチ上に直接置くか、20cm程度上げたつる受けの棚（ネット）に置く。横倒しになった部位の葉は裏向きになることもあるが、しだいに表向きになり受光態勢が整うので、なるべく葉と葉が重ならないようにしたい。

　横倒しにしたつると茎頂部の高さは、地ぎわから100～120cmとする。つるは1か月に60～70cm伸長するので、その伸長量分を下げることになるが、花茎の伸びる品種はやや高めに、花茎の伸びない品種は若干低めに下げる。極端に低く下げると、曲がった部位にストレスがかかり、花茎が短くなったり、開花中の花茎が曲がったりするなどの問題が生ずる。

◇巻き下げ

　11月に個体のバラツキを解消するためにつるのズラシを行ない、茎頂部を揃える。巻き下げはつるが伸長して輪に巻ける長さになる12月中・下旬に行ない、その後は毎月1回程度行なう。

　まず、巻きひげを切り取り（2回目以降は輪をほどき）、誘引時に結束した針金やヒモをはずす。込み合う葉や黄化した葉は取り除き、1株内の仕立てた2～3本の茎頂部を揃えて、縦糸に結ぶ。つるを巻き、輪をつくる。輪の大きさは30～60cm位とし、最初は一重、2～3月には二、三重にする。巻き終えたら、下段に張った針金（50～60cm位置）に輪を固定し、茎頂部を90～110cm位の高さに揃える。巻き下げの位置を極端に低くすると、つるが折れやすく、巻き下げ後の開花中の花茎が曲がりやすい。もし、つるが折れたら、軽度なら添え木で固定しておくと、そのまま生育させることができる。

　巻き下げは、晴天の日中だと植物体の蒸散が多く、萎れぎみになって、茎が

第4章　主な作型と栽培管理の実際　**99**

折れにくく作業しやすいが，作業後に花茎が曲がりやすい。またかん水量が多かったり，天候が不順だったりすると，徒長ぎみに育っているので葉が軟らかく，花茎も曲がりやすい。天候が悪いときに巻き下げを行なうと，落蕾しやすい。なるべく，天候の安定した時期に行ないたい。

　以上，いずれのつる下げ方法でも，葉と葉の相互遮蔽による光合成量の低下，また茎葉を曲げることによる物理的ストレスなどから，一時的に切り花が短くなる。取り扱いは慎重にしたい。とくに，つる下げ方式では横倒しした部分の葉がなるべく重ならないようにして，通風をはかる必要がある。つるを輪に巻く巻き下げ方式では，物理的ストレスをいかに小さくするかが課題である。

摘葉で草勢コントロール

　つる下げのときに摘葉も行なう。下部の込み合った葉や黄化した葉は除くのが望ましい。1茎の葉数を3～15枚（節）に制限した場合で，3～5葉では花茎が極端に短く，10葉以上になれば切り花品質に影響がなくなる（兵庫農試，1942）。同様に3節以下の摘葉では収量が少なく，切り花品質を考慮すると，無摘葉と同等なのは開花6節以下の摘葉である（図4-12，図4-13）。開花節以下の葉をすべて摘葉しても，ただちに切り花品質に影響はしないが，しだいに葉が小さく，切り花長が短くなる。

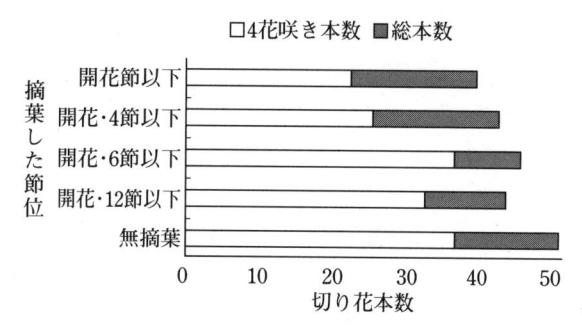

　実用上は開花節よりも10節以下の葉を摘葉しても差し支えない。ただし，摘葉すると単位面積当たりの光合成速度は増加するが，株が小さいときは個体当たりでは無摘葉に比べて低下することがある。

図4-12　開花節以下の摘葉が収量に及ぼす影響
（1981年2月22日～4月5日）

図4-13　摘葉後につるを下ろす。やや摘葉数が多い園

摘葉時に茎を傷付けて，生育遅延がおこらないようにしたい。

また，栄養生長過多で茎が帯化した場合は，茎頂部より4～5節以下のすべての葉を摘葉する。未開花で葉が上向きに巻き込むような草姿のときは，7～8節以下の葉を摘葉する。このような極端に摘葉すると草勢が弱まり，着花が促進される（花田裕美博士，談）。

望ましい草勢の目安

スイートピーの管理は，栄養生長を旺盛に保ちながら，しかも徒長を抑えて開花を促すのがコツである。しかし12月は日長が短く，日照時間も少ないので栄養生長が不十分となり，落蕾が発生しやすい。

曇雨天が予想されるときは，早くから開花させて徒長を抑える。落蕾防止にはかん水をひかえめにして，茎葉の繁茂を抑え，葉は厚くしまった感じで卵状楕円形で，濃緑色の葉にするのがよい。一見して丸みを帯びて軟らかく，やや淡い緑色の葉，また周縁部が水平より下向きに垂れ下がる葉は，落蕾する。

一方，暖冬や晴天が続くときは開花が早く，開花のスピードも速い。草勢が弱いときに開花させると老化しやすい。草勢の維持には摘蕾も必要である。

望ましい草勢の目安としては，葉の形や色，茎が太くしっかりしていること，発蕾した蕾が大きいこと，開花中の小花の間隔が一定であること（徒長しているときは，第2小花と第3小花の間隔が大きくなる），天花間隔などがあげられる（図4-14）。

第4章 主な作型と栽培管理の実際 **101**

草勢：老化
花が茎頂より上にある
摘蕾が必要
花茎が短く，着花数が減少
天花間隔　マイナス

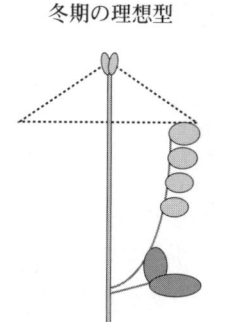

草勢：中程度
天花間隔　プラス
小花の間隔が揃う
茎頂と天花が
二等辺三角形の形
冬期の理想型

草勢：強
葉が大きく，徒長
花茎が長く，
第2花と3花の間が開く
落蕾がふえる
天花間隔は詰まる

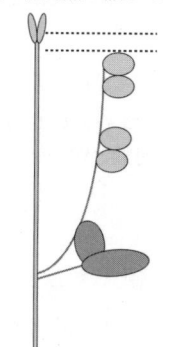

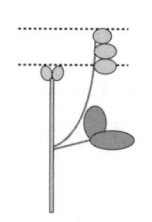

図4-14　草勢の目安，天花間隔（茎頂と第4小花の間隔）

　主茎の伸長と発蕾，開花速度との関係をみるには「天花間隔」が用いられる（第3章31ページ図3-22）。

　12～1月上旬では，植物体が若く，栄養生長が旺盛で，花茎の伸長よりも主茎の伸長が速い時期で，開花節から茎頂部までは6～7節ある。茎頂部が天花（開花中の第4小花）よりもやや上（10cm以内）にあり，栄養生長と生殖生長のバランスがとれている（図4-15）。このときかん水を多めにすると主茎の伸長が著しくなる。節間は長くなって，茎頂部は天花よりも明らかに上部になり，天花間隔が開く。こうなると

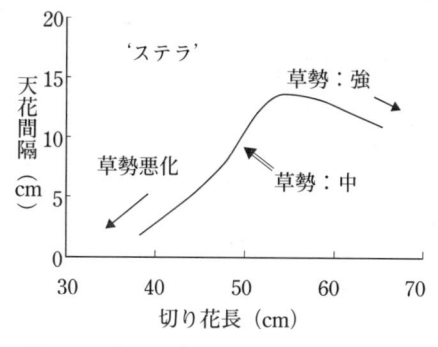

図4-15　'ステラ'における切り花長と天花間隔　　　（井上ら，2005）

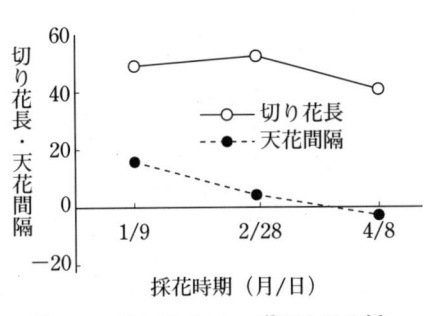

図4-16 'ロイヤルローズ'における採花時期と切り花長, 天花間隔
(井上ら, 2005)

落蕾しやすい。

しかし，春先になると気温の上昇とともに植物体が老化し，主茎の伸長速度よりも花蕾の発達，開花のスピードが速くなる傾向を示して，開花節から茎頂部までは4〜5節と短縮する。どうしても天花間隔は狭く，あるいは茎頂部よりも天花が上部にある状態となり，草勢は悪化する（図4-16）。

草勢が悪化したときは1花序のすべてを摘蕾するが，顕著な場合は2〜4節上の花蕾までも摘みとる。また，草勢が維持されているものの，若干衰える気配があるときは，1花序の花蕾のうち4〜5花目のみを摘蕾する。こうすることで開花の負担が少なくなって，第1小花の萎凋が少なく，花が大きくなる傾向がみられ，草勢も維持されやすい。

この天花間隔は，品種間差があること，同一品種でも東西畝に比べて南北畝が大きい傾向がみられ，各自の園で草姿の目安を把握しておきたい。

なお，冬期は草勢が強くても花茎が長くなるため，みかけ上は天花間隔が狭くなる。

温度とかん水の管理

◇夜温5℃，日中は20℃以下

11月下旬を過ぎると夜温が低下するので，あらかじめ暖房の準備をしておく。暖房の目標はおおむね5℃を基本に，品種によっては若干高めに設定する。施設の構造によって中央部と外周部との気温差が大きい例が見受けられるので，暖房機の設定温度のみでなく，実際の気温を確認しておく必要がある。昼温は20℃以下で管理すると切り花品質がよいが，あまり低温にすると紫系品種などは花弁の縁の発色が悪く，見栄えが悪くなる。また，発蕾から開花まで

の日数を要し，採花量が少なくなる。逆に高温にすると，開花は早まるが花がしだいに小さくなり，草勢が悪化する。

換気は13～15℃位で始めるが，いっぺんに換気せず，徐々に行なって冷気の進入を防ぐのがよい。ゆるやかに昇温させ，日中の最高気温を20～23℃に抑えるのが望ましい。

◇かん水はやはりひかえめにする

冬期は生育調節のため，かん水をひかえることが多く，台地の排水良好なガラス室内では5日，水田地帯のハウスでは10～20日間隔程度で行なうが，極端な場合は1か月以上，かん水をしないこともある。草勢と天候などの状況をみながら，1月頃から1回のかん水量をふやす。かん水の判断は，前述の草勢を目安とするが，たとえば伸長中の巻きひげを指先で折り，切り口付近を指で挟んで水分が遠くへ飛ばない状態になったらかん水をするという人もいる（淡路島，中村輝久男氏）。今後，この巻きひげの水分含量による判断も，かん水の指標として一考を要する。

草勢が強いときは，かん水をひかえて，やや多めの摘葉を行ない，高めの温度管理をする。一方，草勢が弱いときは，かん水およびチッソ系の追肥を行ない，つるを低位置で管理し，やや低めの温度にして呼吸による消耗を防ぐ。

凍害対策

◇－4℃遭遇で凍害

耐寒性は，冬咲き系品種がもっとも弱く，次いで春咲き系で，夏咲き系がもっとも強い。冬咲きでは－4℃に1時間30分遭遇させると凍害を受け，－3℃でも凍害を受けるが，その後回復する（松浦，1955）。また，戸外では－4℃到来まで生育可能（Pjatickaja, 1976）とされる。

◇凍害後はただちに遮光，葉水をかける

施設内は，0℃付近では外観的な障害はみられないが，花蕾の発育障害を受けやすい。花芽分化から発達初期に低温に遭遇すると，奇形花が生じやすい。暖房機の故障が朝方におきた場合は低温遭遇時間が短く，比較的障害は少なく

すむ。

　凍害に対しては，茎頂部に近い葉がもっとも弱い。凍害を受けた葉は黒褐色に変わる。その症状は最初，葉縁部に現われる。花色では，青色，白色品種が強く，ピンク系は弱い（松浦，1955）とされる。施設内では，中央よりも外周部で凍害を受けやすい。凍害を受けた場合は，ただちに遮光して直射光を避ける。そして葉水をかけ，葉温が急激に上昇するのを防ぎ，湿度を高める。着蕾している花蕾はすべて取り除き，草勢の回復を待つ。そのまま開花させると，体内養分の消耗が激しく，老化した草姿となる。1か月程度するとしだいに草勢が回復して，開花させてもよいようになる。

5　春先（採花終期）の管理

徐々にかん水量をふやす

　気温が上昇し，日照時間が長く，日射量も多くなってくるので，花色が濃くなり，開花のスピードも速くなる。この時期は，いかに草勢を旺盛に保つかがポイントとなる。高温になるにつれて蒸散量も多くなるので，かん水量を多く，かん水間隔も短くしていく。すなわち，台地では2～3日に1回，水田地帯でも4～7日に1回と，冬期よりも短くする。かん水間隔を短くし，量も多くなってくると，根が障害を受けやすく，下位葉から黄化や葉縁から褐変が現われる。とくに，連棟の谷部分に雨水の浸入や部分深耕した場所が排水不良となり，黄化葉や立ち枯れをおこす例がみられる。

遮光，換気管理が大事

　強光で気温が高いと葉温が上昇し，光合成量が低下する。夜温5℃と15℃とでは，個体の光合成速度は夜温5℃で高く，明期（昼温）の気温15～25℃の範囲では，両夜温とも15℃で最大となった（井上ら，2003）。このことから，この時期も低夜温（5℃）で栽培し，昼温も20℃以下が理想と考えられ，遮光するのが望ましい。方法は，外部遮光とし，日中の高温時間帯のみ行なって，茎葉や花茎の軟弱化を防ぐ。

第4章　主な作型と栽培管理の実際　**105**

　また，換気は十分に行ない，高温多湿にならないように注意する。ただし，急激に換気をして冷気が室内に入るとうどんこ病が発生しやすい。

　夜温が高く暖房機が働かないと，花弁にシミ（ボトリチス）が発生しやすいので，夜間も密閉は避け，換気しておくのがよい。専用換気扇や温風暖房機で送風のみ稼働させる方法や除湿機の運転なども考えられるが，抜本的な解決策とはならない。品種間差もあり，紫系品種で発生しやすいが，健全生育につとめることが大きなポイントである。

6　自家採種の方法と実際

　種子は専用の株から採種するのが望ましいが，労力や経費がかかることからほとんど行なわれていない。ここでは栽培株からの採種方法について述べる。

栽培株からの採種

◇年内に採種する株を選ぶ

　スイートピーは比較的変異がみられやすいので，年内に優良個体に標識をつけ，採種するのが望ましい。春先になって選ぶと，優良個体は切り花が多く採花しているので草勢が弱り，貧弱にみえる。これに対して，年内に採花の少なかった株は春先に草勢がよく，花の品質も良好にみえるので，見誤る可能性がある。採種する株としては，冬期の曇雨天でも落蕾が少なく，着花数，採花本数が多く，小花が規則正しく着生しているもので，花の形や花色など，市場性に優れた個体をみいだすことが求められる。どの圃場にも優良形質は存在するが，選別眼に個性が現われる。

◇採種株は追肥で草勢維持

　採種用株は2月中旬から草勢を中程度に保つ。草勢が強いと受粉させても結実しにくく，落花しやすい。一方で，草勢が弱いと，結実しても発育不良となり種子の肥大が悪いか，枯死しやすい。

　9月1日に播種して11～3月まで採花した株について，4月1日～6月15日まで液肥（チッソ140ppm：OKF-2，1000倍）を週2回施用したところ，無施

肥に比べて採種量が多く，重い種子が得られた（宇田・山中，1997）。このように，優良種子を確保するためには，追肥を行ない，草勢を維持する必要があろう。

受粉させる前に，茎長部が高い位置にあると高温に遭遇しやすいので，つるを下げておく。さらに，かん水をややひかえめにして受粉・結実を促す。

なお，草勢が強い場合は，開花節よりも下位で茎をゆるやかに折り曲げると，適度なストレスがかかり，受粉が促されるという。

◇受粉は3月中旬までに行なう

栽培中の株から採種する場合，12～2月の低温期に受粉させると種子の歩留まりが悪く，3月中旬～4月上旬がよい（神奈川園試，1970）とされている。

採種地カルフォルニアの気象条件（第2章31ページ図2-1）から判断すると，4月以降に受粉させて採種するのは，高温や多湿などの問題が生ずる。3月下旬～4月上旬には菜種梅雨となり，落蕾や灰色かび病が発生しやすく，その後急激に高温になる。少なくとも3月中旬までに受粉を開始したい。3月中旬に受粉させると，莢の収穫までに約40～45日間を要する。

受粉は午前中の気温が上昇する前に行なう。ネットや支柱を揺らして，花を振動させると省力的に受粉させられる。採種用株が少なく，種子量を多く確保したい場合は，小花の舟弁を指でこすって振動させると，1莢当たりの種子数が多くなる。

莢ができて，花弁が付着したままだと灰色かび病になりやすい。湿度が高いときは花弁を取り除く。莢が大きくなり始めたら，ひかえめにしていたかん水を元に戻し，種子が丸く肥大してくるまでかん水を行なう。

◇着莢後の摘心は避ける

従来は，結実が確認されたら，上位節を摘心する方法が行なわれていた。しかし，摘心すると新葉の展開がなく古葉のみ残り，光合成量が低下し，種子の充実が妨げられる。摘心はしないで腋芽のみ取り除き，光合成量を確保しながら莢の発達を促すのが望ましい。ただし，着莢数が多い場合は，制限して種子の充実をはかる。

第4章 主な作型と栽培管理の実際

◇からからと音がするようになったら採種

受粉後37～61日で採種した試験の成績をみると，受粉後43日で莢が褐色（一部黄緑色）の状態で採種した種子が，4花咲きの切り花本数，総切り花本数とももっとも多かった（日野・郡司，2001）。莢が緑色から黄色くなり，莢を指で軽くたたくと「からから」と音がする頃が採種の目安となる。高温期には，莢がねじれて種子が飛散しやすいので，採種が間に合わない場合は，莢にネットをかぶせておく。草勢が良好な場合は，4～5節分の花茎に着生した小花が莢に肥大する。1莢に種子が5～6粒（最大で11粒位）入る。

◇重い種子を残す

採種後は，風通しのよい日陰で乾燥させ，種子を取り出す。種子の肥大が悪いものや未熟な種子は取り除く。'ミセスダグラスマッカーサー'を用いて100粒当たり5～10gの種子を播種したところ，8～10gの重い種子では発芽率が80％以上と高く，低節位で早く開花し，切り花も長い（宇田・山中，1997）。'イースターパレード'でも，100粒当たり11～13gの重い種子は軽い種子に比べて初期生育が旺盛で，切り花本数も多い（山元，1991）とされる。種子の選別が，次年度の生育開花に影響するので，慎重に取り扱いたい。

選別した種子は，殺菌剤を塗布し，密閉容器に入れて冷暗所に保存する。採種後の保管場所と発芽率の関係についてみると，40℃に10日間遭遇させると34％，30日では14％と低下し，30℃でも10日で88％，20日で50％と低下する。これに対して20℃では発芽率は100％であった（図4-17；湯地，2001）。このように高温下におくと，種子の寿命が短くなる。一時的に保存する場合もハウスの中な

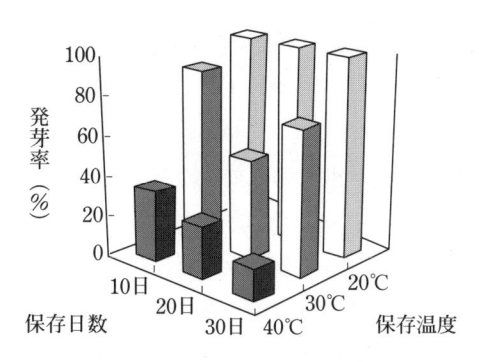

図4-17 種子の保存温度と保存期間が発芽に及ぼす影響

（湯地，2001から作図）

ど高温になるところは避けて，冷蔵庫（5℃以下）で保存するのがよい。

温度管理が決め手

代表的なスイートピーの採種地であるカルフォルニア州ロンポック（Lompoc）では，冬期に露地畑に播種して，5月に開花最盛期を，そして7月に採種期を迎えている。開花～採種期の気温は，最低が9～12℃，最高が22～24℃で，平均15.5～18℃である。降水量は5月が8mm弱，6～7月は1mm以下ときわめて少なく，クールでドライな環境である。

1日の平均気温が8～20℃の範囲では，気温が高いほど結実がよく，15℃以上になると結実は安定してくる（Smith, 1969）。しかし，交配時の最高気温が32.5℃では，適温の21.5℃に比べて結実率が著しく劣る（滋賀農試）。これは，ロンポックの生育条件とも重なる。しかし，日本で切り花用栽培株から採種する時期は高温になりやすい。大雑把にいえば，この時期をいかに10～25℃の範囲で管理できるかがポイントになる。

挿し芽繁殖もできる

希少品種などの種子が十分確保できないときや，栽培中の個体から優良な花が出現したときなどは，挿し芽繁殖を行なう。

草丈15cm位の若苗では先端の6cm程度を挿し穂とする。残した苗に葉が着いていれば，側枝が再生し，順次，挿し穂が採取できる。秋播きの20～30cmに伸長した株では，先端の軟らかい部位を除き，2節分の葉を着けて挿す。発根促進剤を利用すると効率的である。生育が進み，茎葉が硬化，あるいは老化した株から採種した挿し穂は発根が悪い。

採花中の株から採種する場合は，側芽を利用する。採花後期の株では老化して充実した側芽が採取できにくいこと，さらに挿し芽株を養成し，開花，受粉させ，種子を採種するには4～5か月間を要することから，1月までに挿し芽を行ないたい。栽培室内は夜温5℃程度と低く，地温も低下するので，挿し床は地温15～18℃に維持したい。挿し芽後10～15日で発根し，20～30日で定

植できる。

なお，挿し芽や挿し床の環境，順化方法は，通常の草本性花き類の挿し芽に準じる。

II．寒冷地の作型
（4～6月，9～11月出荷の2期作栽培）

北海道など厳寒や降雪のため冬期に開花させるのが不適な地域では，4月上旬～6月と9月下旬～11月下旬に出荷する方法がとられている。I．で述べた関東以西の暖地での栽培と異なる点を中心に，その栽培について紹介する。

1　10月播種，4～6月出荷タイプ

栽培床の準備

秋出荷のスイートピーは11月まで採花しているので，その後に株を抜き取り，整地後に作畦する。この間，鉢で苗を育てて定植に備えておく。

催芽，播種

10月1日頃に催芽させるが，種子の冷蔵は冬咲きでは7日間，春咲き系では15日間程度と短くてよい。種子春化というよりもこれは貯蔵的な意味合いのもので，栽培中の低夜温がそれを補って開花を促進しているとみられる。

10月下旬～11月上旬に3号鉢に2粒程度，播種する。用土は弱酸性で，排水良好なものを用いる。発芽後に普通葉4～5枚で摘心する。

定植から開花まで

育苗期間は25日程度とし，11月下旬に定植する。定植後に内層カーテンを張り，暖房は行なわず，保温につとめる。12月中旬から暖房（夜温5℃）を開始するが，冬期は昼温も低く，換気せずに管理する。

2月頃から昼温が上昇してくるので換気を行ない，25℃以上にならないよう

にする。4月上旬には夜温を8℃と若干高くし，昼温は換気で25℃以下にする。

開花期

発蕾は3月上旬に，開花は4月上旬から始まる。発蕾節位は12～15節で，ほとんどの株は摘蕾しないで，そのまま開花させることができる。採花当初から40cm以上の切り花が得られる。

開花期には換気とともに室内の換気扇を回し，空気の停滞を少なくし，花弁のシミ発生を防ぐようにする。

5月になると室温が急上昇するので，内層カーテンは撤収し，室内が高温にならないようにする。5月上旬にはつる下ろしを行なう。つるの伸長が著しい場合は6月上旬に2回目を行なう。

6月中旬には気温が高くなるので，採花を中止する。

切り花本数

この春出荷の場合，育苗期が低温期で生長がゆるやかに進み，株が充実してから採花するので，切り花品質が良好なうえ，開花期が気温の上昇期となるので採花本数も多く，1株当たりで20本程度採花できる。一方，秋出荷では夏期の高温期に育苗するので，株がよく充実せず，採花初期の品質は悪い。また，開花期には気温下降期を迎えるので採花本数も少ない。1株当たり10～12本である。

採　種

栽培株から採種を行なう場合は，6月上旬までに受粉させておく。これ以降では高温に遭遇し，充実した種子が得られにくい。

2　7月播種，9～11月出荷タイプ

催芽，播種

6月10～15日頃に催芽させ，冬咲き系は10日間，春咲き系は21日間程度の

種子冷蔵を行なう。種子の冷蔵期間が長いと早くから開花するが，草勢が悪化し，1花茎2花咲きが多くなり，4花咲きが少ない。一方，冷蔵期間が短いと開花が遅れ，落蕾が発生しやすい。冷蔵日数はあくまで目安で，品種，気象や栽培条件との関係で決定する。

7月10日頃に3号鉢に2粒播種する。発芽後は摘心を行なわず主枝をそのまま伸長させる。摘心する場合は普通葉を5～6節残す。育苗期間は長いと根が鉢内にまわって老化し，定植後の草勢が劣るので，25日間を目安とする。

定 植

定植は8月10日頃までに行ない，誘引用の糸やネットは8月中旬までに準備する。

開 花

8月中旬には10～15節で発蕾し，9月10日頃から開花が始まる。しかし，草勢の弱い株では摘蕾を行なう。著しく弱っている場合は5節程度の摘蕾をすることがある。摘蕾後の本格的な採花は9月下旬以降となる。

摘蕾と草勢をみながら9月に1回目のつる下げを行なう。つるの伸長度合いに応じて，2回目を11月上旬に行なう。

最低気温が5℃以下になる10月下旬～11月上旬には暖房して，夜温を5～8℃に設定する。

11月下順には採花終了し，ただちに株を片付け，春出荷栽培の定植準備に入る。

III. 採花後の鮮度保持技術
――品質保持と調整・出荷

1 切り花の品質保持

切り花品質とは

　切り花品質には，外部品質と内部品質がある。外部品質には，切り花全体のボリューム感やバランス，切り花の長さ，花の大きさ，着花数，色彩，芳香性，障害の程度などがあげられる。

　スイートピーの外部品質については，8品種を用いて切り花長などの量的形質24項目と，切り花のしまり，香りなどの質的形質の10項目が検討されている。品質に及ぼす切り花形質の要因は，量的形質では開花数，切り花重，花柄（花茎）の第3小花と第4小花との間隔，第2小花と第3小花との間隔，着蕾数，花房の大きさ，全花柄（花茎）長の順で影響し，質的形質では切り花全体のバランス，ボリューム，花の揃いの影響が大きい（浜田，1990）としている。すなわち，全体としてボリュームがあり，切り花が長くて重く，多く着蕾，開花し，小花の間隔が一定で，花が揃っていることである。そのほか，花弁が完全に展開して大きく，すっきりみえること，花茎が太く，しっかりしていること，花色が室内の人工光に映えること，花弁が厚く，シミや傷のないことや，芳香性などがあげられる。

　内部品質は輸送性が高く，花がみずみずしく，本来の花色を長く保ち退色しないこと，花もち日数が長いことなどがあげられる。

　これらの切り花品質を良好に保つには，生産環境，採花後の取り扱い，流通，観賞環境で品質保持対策が必要になる。

切り花の品質保持のポイント

　生育中の株は土壌から養水分の供給と葉で行なわれた光合成，同化産物を利

用して蕾が次々と開花する（図4-18）。一方，株から切り取られた切り花では，それまで行なっていた養水分の供給が断たれ，花蕾への栄養補給ができず，開花は抑制され，寿命が短縮する。すなわち，切り花では，株から切り取られた瞬間から余命をいかに伸ばすかが課題となる。そのため，生産から消費までのあらゆる段階で，切り花の寿命を伸ばす対策が必要になる。誰かが対策を怠れば，花の寿命は必ず短くなるといって過言ではない。

　生産段階では，強光や弱光，高温，かん水過多，過剰施肥，高湿度，密植な

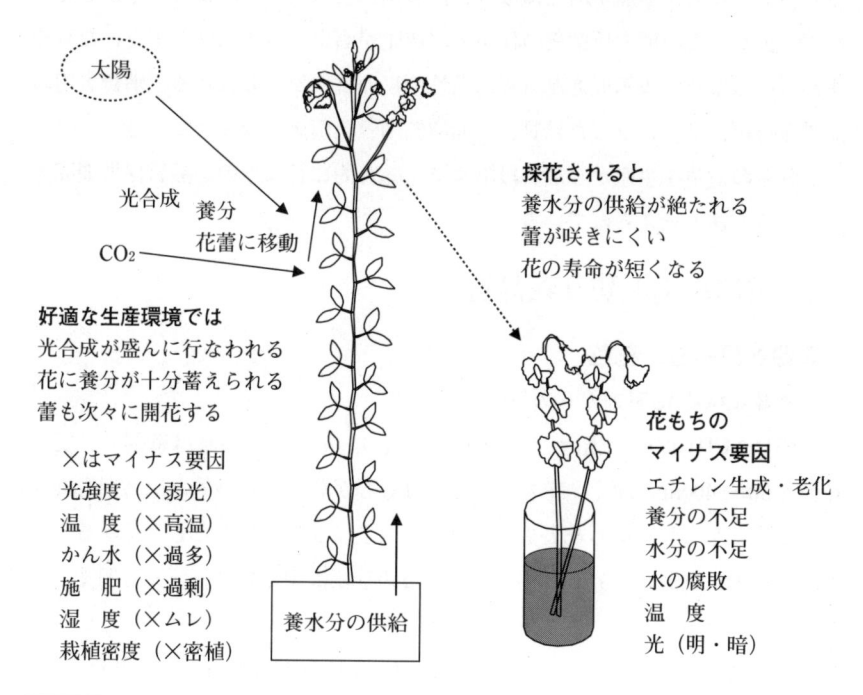

好適な生産環境では
光合成が盛んに行なわれる
花に養分が十分蓄えられる
蕾も次々に開花する

×はマイナス要因
光強度（×弱光）
温　度（×高温）
かん水（×過多）
施　肥（×過剰）
湿　度（×ムレ）
栽植密度（×密植）

光合成　養分
CO_2　花蕾に移動

養水分の供給

採花されると
養水分の供給が絶たれる
蕾が咲きにくい
花の寿命が短くなる

花もちの
マイナス要因
エチレン生成・老化
養分の不足
水分の不足
水の腐敗
温　度
光（明・暗）

生産時	採花時（前処理）	流通時	消費時（後処理）
上記項目の切り花品質が保持できる生産環境に	品質保持剤STS 蕾切り＋糖補給 染色剤	低温 低温＋給水	低温 水の腐敗防止抗菌剤 花蕾へ糖補給 吸水促進（界面活性剤）

図4-18　スイートピーにおける切り花品質保持の要因と対策

どはマイナスの要因となる。スイートピーは満開でエチレンの生成がピークを迎え，花が萎凋するので，株から切り取られたら段階でエチレン抑制対策が必要になる。

　スイートピーは比較的に水揚げがよい切り花で，半日以上断水しても吸水するが，流通から消費段階では品質保持に水分供給が欠かせない。また夜温5℃位で栽培している花なので，低温で流通させるのが望ましい。さらに，蕾が開花するのには養分の補給，すなわち糖の補給が必要となる。しかし，糖補給するとバクテリアの繁殖が活発になり，抗菌剤による切り口の腐敗防止が必要となる。また，この糖や抗菌剤の使用で浸透圧が高まり，水揚げが不良になりやすい。そのため，吸水促進剤（界面活性剤）の併用が必要になる。消費者用の品質保持剤には，こうした糖質，界面活性剤，抗菌剤が含まれている。

　これらの対策を生産から消費段階まで，総合的に行なうのが品質保持期間を長くする方法と考えられている。

2　栽培環境と切り花品質

気温と日もち，花色

◇重要な採花15日前からの気温

　一般に11月頃の採花始めはまだ気温が高い。そのため茎葉は軟弱で，切り花長も30〜40cmと短く，花も小さく，日もちが悪い。本格的な出荷期を迎えると茎葉はしまり，切り花長も40〜50cm以上になり，日もちもよくなる。その後，春先に気温が上昇してくると，また切り花は短くなり，花弁も弱く，日もちが悪くなる。

　春咲き系'ロイヤルローズ'を12月23日〜4月19日まで採花した栽培では，採花時期が遅くなるにつれて切り花長が短く，品質保持日数も短くなった。この品質保持日数は，採花15日前から採花日までの日平均気温と負の相関関係が認められた。つまり，日平均気温が10℃以下（12〜2月）では品質保持日数が長く，14℃以上（3〜4月）では短い（図4-19，20）。採花15日前というのは，発蕾して花茎が数cm以内で，釣り針のかぎ状を呈している。この頃か

ら急速に花茎が伸長して花蕾が発達し，採花2～3日前に開花が始まる。この花茎と花蕾の急速な発育時の気温が，切り花品質に影響するのである。

また，夜温が高いと切り花が短く，品質保持日数が短く，光合成量が低下すること，気温の高い4月では光補償点も高くなることから，高温では呼吸活性が高く，株が消耗して切り花品質に影響を及ぼす（井上ら，2001，2002，2003）。

このように，気温は切り花品質に大きく影響する。気温を低く維持することが重要で，春先は換気や遮光がポイントとなる。しかし，強遮光（87％遮光）になると'パティオ'の着花数は少なく，花茎が細く，花も小さく，品質保持日数は短い（井上ら，2002）。極端な遮光は気温を低下させるが切り花品質にはマイナスとなるので，遮光資材の固定張りや常時遮光は避けたい。

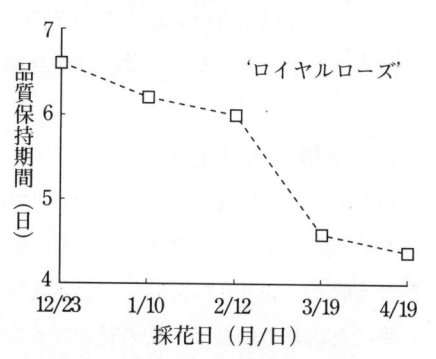

図4-19 スイートピーの採花時期と品質保持期間（第4小花萎凋日）
（井上ら，2002）

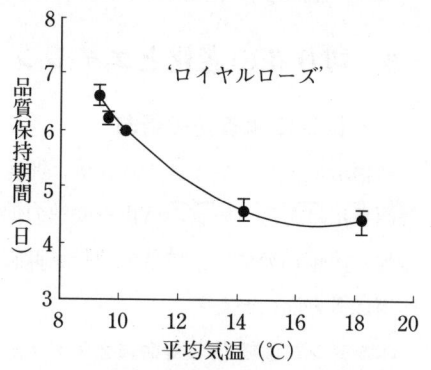

図4-20 採花15日前から採花日までの日平均気温とスイートピー品質保持期間との関係
（井上ら，2002改図）

◇極端な低温，高温で褪色

花色は，極端な低温や高温では品種固有の花色が発現されにくい。冬期に高夜温（15℃）で管理すると，弱光と高温でピンク系品種では退色しやすいことが認められている。また，紫系品種では低温時には花弁の縁が黄白色を呈するが，気温が高くなると本来の花色が発現する。

一般に，低温で日射量が少ない冬期では花色は淡く，日射量が多くなる3月では濃色化する。しかし，淡い色の品種では高温で退色することがある。

かん水量と切り花長

かん水量が多い徒長した草姿を示す場合は，切り花長は長いものの1花茎のうち第2花と第3花の間隔が大きく，観賞性が乏しくなる。このような花弁の糖度は低く，切り花の品質保持日数も短い。一方，かん水量が少なく，茎葉がしまった草姿の場合は，切り花が短くなるものの，花弁の糖度は高く，切り花の品質保持日数も長い。しかし，切り花が短いと商品性が低い。そこでこれらの中間の草姿を保つ管理が望ましい。

なお，施肥と切り花品質との関係は明らかにされていない。

3 切り花の老化とエチレン

エチレンによる花の寿命

植物ホルモンであるエチレンは，開花を促進するほか，落蕾，落花，花弁の萎凋や花の老化，果実の黄化や成熟の促進，落果，落葉を引きおこす。さらに振動・接触刺激によって茎の伸長を抑制し，側枝の発生を促進するなど，その作用は多方面にわたる。

エチレンによる花の寿命に2タイプがあり，スイートピーやカーネーションのように花弁が萎れる「花弁萎凋型」と，デルフィニウムやトレニアなどのように花弁や萼片が離層形成して落花する「花弁離脱型」がある（市村，2000）。

花蕾の発達とエチレン生成

スイートピーの花蕾の大きさとエチレン生成との間には，蕾が10mmのときにエチレン生成が認められ，15〜20mmになると減少し，その後に増加する。開花して萎れが始まる1日前に小花のエチレン生成量は最大に達し，小花の萎れとともに減少する（図4-21）。小花のどの部位から生成されるかをみると，雄ずいがもっとも多く，次いで花弁で，この雄ずいと花弁とで小花のエチレン

生成量の大部分を占め，小花全体のエチレン生成パターンと同じ傾向を示した。雌ずいでの生成はわずかである。

また，呼吸量は採花当日が最大で，その後は漸減する傾向を示すが，エチレン生成がピークを迎える時期にわずかに増加する（大川ら，1991；石原ら，

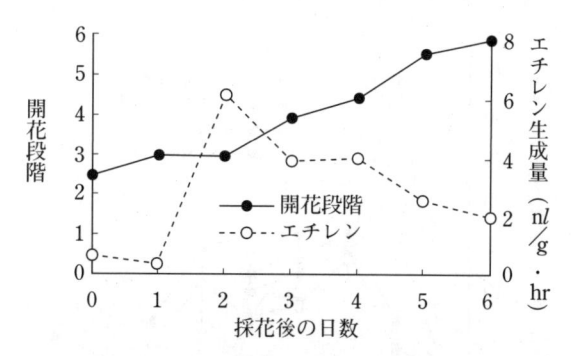

図4-21　開花段階とエチレン生成量
（石原ら，1991から改図）
開花段階は　3：満開，4：萎凋開始，5：完全萎凋，6：完全老化

1991）。また，小花の萎れを旗弁が閉じる現象としてみると，旗弁自身が生成したエチレンの作用によって閉じ，雄ずいのエチレン生成は重要でない（湯本・市村，2006）とされる。

このように，小花が満開するまでエチレンの生成量や呼吸量は増加するが，エチレン阻害剤の一つ，STS剤（チオ硫酸銀錯塩）によってその生成は顕著に抑制され，小花が萎れず，品質保持日数が延長した（石原ら，1991；宇田，1996）。

花弁糖度と品質保持

採花された切り花は，養水分の供給が絶たれた状態になるが，蕾が開花するには養分である糖質が必要である。その糖はエチレンの生成を抑え，切り花の老化を遅延して品質保持日数を延長し，さらに花色の発現を良好にし，葉緑素の分解を遅らせることなどが明らかになっている。

スイートピーの花弁に含まれる主な糖は，スクロースが多く，グルコース，フルクトース，ボルネシトールなどが含まれる。'ダイアナ'を用いたスクロース（ショ糖）の0〜15％の16時間浸漬処理をしたところ，糖濃度が高くな

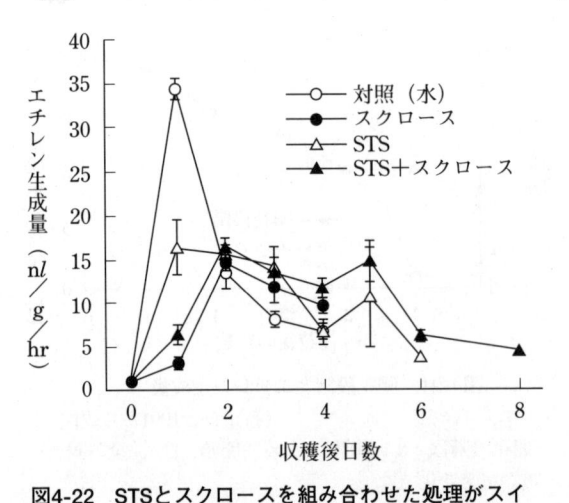

図4-22 STSとスクロースを組み合わせた処理がスイートピー切り花のエチレン生成量に及ぼす影響
(『切り花の鮮度保持』市村一雄著，筑波書房)
品種'エレガンスピンクダイアナ'を2輪開花した時点で収穫し，23℃で保持。STSは0.2mMで2時間。スクロースは100g/lで16時間処理，STS＋スクロースはSTSで2時間処理後，スクロースで16時間処理

るにつれて品質保持日数が長くなり，10％で最大となった。この糖処理は，STS剤と組み合わせると効果が著しく，品質保持日数が延長し（図4-22），花色の退色も抑えられる。花弁の糖含量が高いほどエチレン生成量が低く，品質保持日数が長くなる。

なお，花弁に含まれる主な糖質は種類よって異なり，糖質補給の効果も種類によって異なる（Ichumura・Hiraya, 1999；市村, 2000）。

糖度測定による品質の簡易判定

前述のように，花弁の糖含量が高いほど，品質保持日数が長い。そこで，この糖含量を迅速に測定できれば，品質保持の目安になる。糖度計（Brix値）の活用が考えられる。花弁の糖含量とデジタル糖度計のBrix値との関係をみると，全糖含量が多いほどBrix値も高く，正の相関がみられる。このBrix値が高いほど，切り花の品質保持日数が長い（井上ら，2004）。

具体的な測定方法は図4-23に示した。切り花を採花したら3時間吸水させ，第4～5小花分の旗弁と翼弁をすり鉢（安価物で可）ですりつぶし，ネットに包み，花弁汁液をしぼり，デジタル糖度計で3回位測定する。小花全体でも測定可能であるが，器官によって硬さが異なり，まんべんなく汁液をしぼるのに

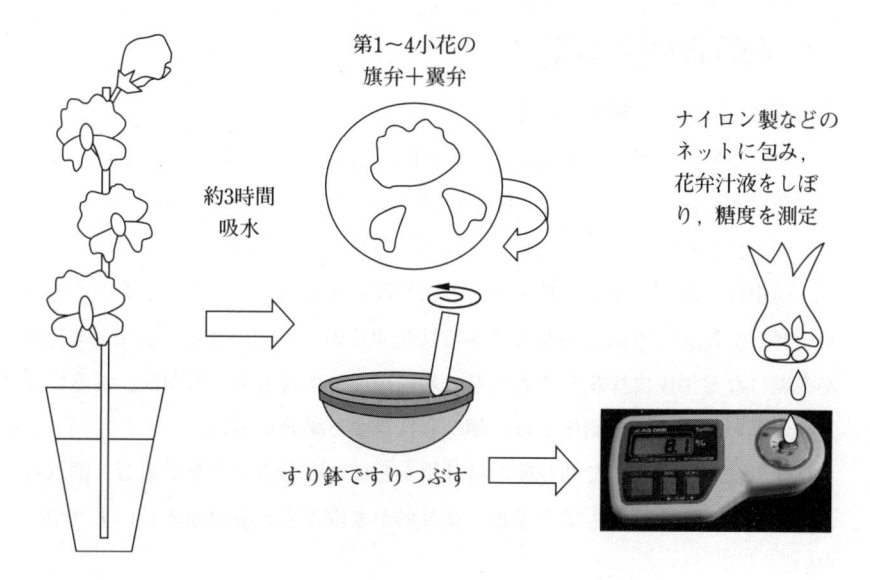

図4-23 デジタル糖度計による花弁の糖度測定法

工夫が必要である。この花弁の糖度はかん水やつる下げ，品種によって異なり（井上ら，2004，2005），温度，施肥や栽植密度などによっても変動することが推察されるので，今後，生産現場での実証が望まれる。

　果菜類などでは，糖度計を使った簡易な生育診断法が提案されている（片山，2001）。それによると，最上葉よりも花の糖度が高い場合は花が着花し，果実が正常に肥大する。最上葉よりも花の糖度が低い場合は，落花や落果がおきる。最上葉と花の糖度が同程度の場合は，着果しても肥大がゆるやかで奇形果になりやすい。花の糖度が異常に高い場合は生殖生長に傾きすぎて，心止まりになりやすいとされる。スイートピーでも切り花品質や生育について，簡易で迅速な評価法を検討すべきであろう。

4 品質保持の実際

採花タイミングをまず選ぶ

スイートピーの花は，1花茎の中で下位の第1小花から開花が始まり，しだいに花蕾が開花し，第5小花が開花する頃には第1小花で萎凋が始まっている。そこで，1花茎の3花ないし4花目が半開の状態で採花する。

午前中はかん水，換気，巻きひげの切り取りなどの管理作業を行ない，室温が上昇して花弁が展開し開花してから採花するのが原則である。従来は4花目が半開になる午後に採花してきたが，栽培規模や出荷市場との関係，あるいは気温が高い時期などの関係から，朝から採花する場合が多い。

採花方法は，ハサミで開花節の付け根から切り取るのが安全である。慣れると，手でかき取ることもできるが，花茎のかき取る方向を間違えないようにしたい。

採花後，ただちに切り口を品質保持剤（STS）に浸けるのが望ましい。その後出荷規格に合わせて，50本を1束に結束する（詳細は地域によって異なる）。

STS剤の処理法

エチレン阻害剤の一つであるチオ硫酸銀錯塩（Silver thiosulfate anionic complex）が用いられ，一般にSTSと呼ばれる。硝酸銀とチオ硫酸ナトリウムの希釈液を1：8程度に混合して作成するが，混合比率によっては不溶性のチオ硫酸銀が生じやすい。市販のSTS剤は亜硫酸塩などを加えて沈澱を防いでいる（市村，2000）。

銀にはエチレンの作用を抑制して切り花の老化を促進するが，銀単独では効果が乏しいので，STS剤として銀を切り花体内に取り込む。花もちと銀の吸収量との関係は，'ダイアナ'切り花1本当たり0.1 μmol までは，吸収量が増加するほど品質保持日数は増加するが，0.1〜0.5 μmolで若干増加し，0.5 μmolでピークを迎え，それ以上の吸収量では短縮傾向を示す（図4-24）。とくに1.0 μmol以上では品質保持日数が短縮するとともに，銀の過剰障害によって落蕾

や落花がおこる。

切り花1本当たり0.1μmolを吸わせるのに必要なSTS剤の濃度（市販20mM原液）と処理時間の目安は，4mM（5倍）で10分，0.4mM（50倍）で1時間，0.2mM（100倍）で2時間としている（図4-25；宇田，1988，1996）。また，スイートピーの枝切りでは2時間程度の処理とする。

切り口をSTS剤に浸ける時間は，切り花の吸水能力との関係で，低温時には長めに，高温時には短めにする。市販の原液を希釈し，2回程度の使用で廃棄する。最初は無色透明であるが沈殿物がたまり濁ってくるようでは，効果が乏しくなる。廃液処理は慎重に取り扱う。処理終了後は水道水に移して水揚げを行なう

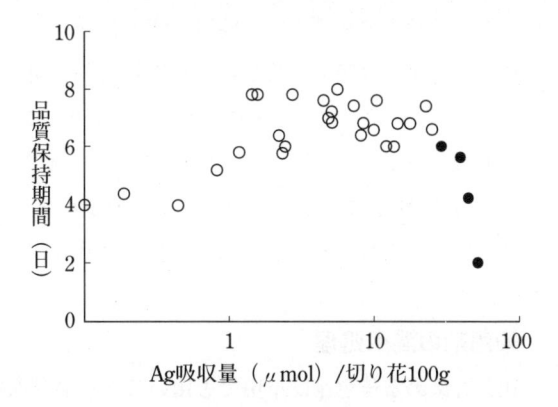

図4-24 スイートピー切り花100g当たりのAgイオン吸収量と品質保持との関係　　（宇田，1996）
● は障害が発生

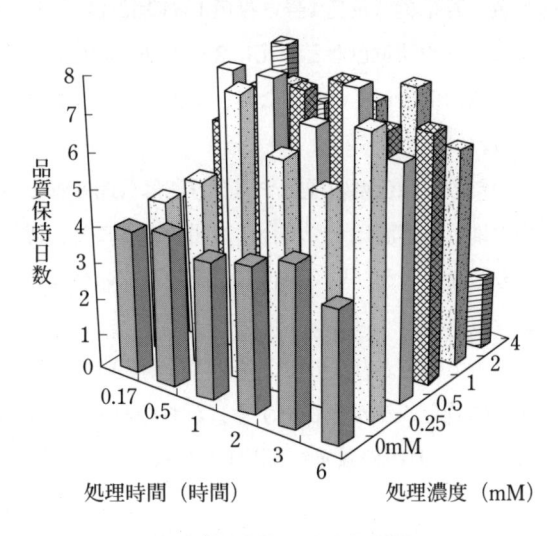

図4-25 STS溶液の濃度の処理時間がスイートピー切り花品質保持日数に及ぼす影響

（宇田，1996から作図）

が，生け水は毎日取り替えて，新鮮に保つことが必要である。

なお，最近はSTS剤の中には，原液の主成分の濃度が異なるものがあると

いわれ，適正な希釈濃度での使用が望まれる。

　STSの主成分は銀であることから代替薬剤が開発され，気体である1－メチルシクロプロペン（1－MCP）はスイートピーの切り花の品質保持および落蕾防止効果がある。しかし，そのほかのエチレン阻害剤であるAOA，AVG，AIB，DPSSなどは，ほかの切り花では効果があるものの，スイートピーでは認められない（市村，2000：市村ら，2002：中島ら，2006）。

染色剤の混用処理

　花色を染める染色剤は単用でも用いるが，品質保持剤処理の際にも混用できる。

　従来は，白色の切り花を黄色（黄色4号：テトラジン），青色（青色1号），緑黄色・若草色（黄色4号と青色1号の混合）などに染色した。最近では，白色，ピンクや淡黄色などの花に2～3種の染色剤を吸水させ，茶や黒色系など多彩な色に染色している。なお，染色は産地における独自性商品の一端を担っている。

　そのため，染色剤の種類や調合方法は公開されていない。染色剤として望ましいのは，水溶液にした場合に透明であること，切り花の切り口が染色剤で目づまりしないこと，早く染色し，染色ムラの少ないこと，などがポイントとしてあげられる。

　吸水して染色されるので，冬期の曇雨天時では低温のため吸水能力が低下して花弁に着色ムラが生じやすく，おおむね15～20℃位の室温で染色するのが望ましい。3月頃の強光，高温下での染色は避けたい。

花弁糖度が低い場合は糖処理を重ねる

　STS剤は品質保持日数を飛躍的に延長するものの，花色を退色させる。しかしSTS剤とスクロース（糖）を併用すると花色の退色を抑え，エチレン生成量を減少させ，品質保持の効果が高い。また，花弁の糖含量が高いほどエチレン生成量が低く，品質保持日数が長くなる。

そこで，採花時における花弁糖度とSTS＋スクロース併用の関係を調べたところ，採花時の花弁糖度が低い場合は，STS処理後の糖処理により品質保持日数が延長した。これに対して，花弁糖度が高い場合は，糖処理しても顕著な品質保持日数の延長がおこらなかった（図4-26；井上ら，2005）。

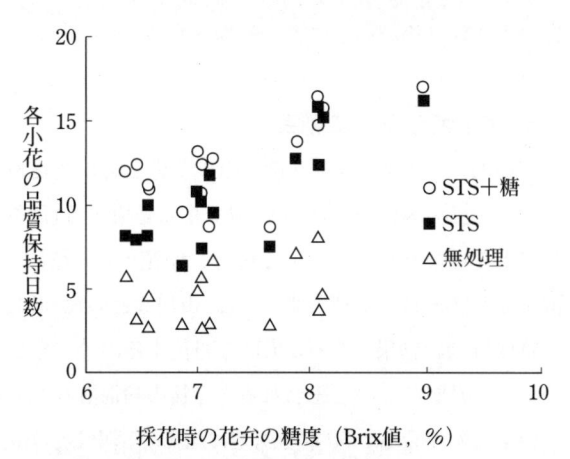

図4-26　STSおよびSTS＋糖処理併用が'ステラ'の品質保持日数に及ぼす影響

（井上ら，2005）

糖処理はスクロース5％24時間，2004年3月30日，4月1日に九州生産地のハウスから採花。20℃で品質調査

すなわち，糖の添加は不良生産環境で花弁の糖度が低い場合は有効であるが，適切に管理された園では花弁糖度も高いので，経済性からみると糖処理の効果は小さいと考えられる。

採花，STS処理後は低温で管理

切り花を10～30℃に置いた場合，品質保持日数は10℃では8日，20～30℃では3～2日と顕著に短くなる。どの気温でもエチレン生成パターンは同じで，小花の萎れが始まる1日前に急増するが，気温が低いほどエチレン生成量も呼吸量も小さい（石原ら，1991）。生産時の夜温は5℃前後で，昼温は18～23℃位であることを考慮すると，採花，品質保持剤処理したあとは，なるべく低温に維持したい。また，貯蔵温度は，開花期が低温の花き類では0～4℃と低く，スイートピーでは0～0.6℃で1～2週間とされる（新堀，1996）。

また，3月の出荷では花弁にシミ（灰色かび）が発生しやすいので，乾式輸

送の場合は，箱詰め前に若干乾燥させる。

50本1束を扇型に結束

　一般的に，輪数（4～2花）の3段階と切り花長の4段階程度の組み合わせによって出荷規格を設け，50本を1束に結束する（詳細は地域によって異なる）。花蕾が5個以上着生している場合，開花中の4花に調整するか，5個以上の花蕾をそのまま着けて結束するかは，市場などの意向により決定することがある。品質保持剤の効果で5～6花目も開花するので，家庭消費を想定すると4花に調整する必要はないと思われる。今後の検討課題であろう。

　いずれの場合も，50本を扇型に組んで結束し，1箱に100本を入れる。出荷箱を数段重ねて結束し，出荷する。なお，切り花長は第1小花までの長さをステム長とするなど，出荷規格，出荷箱は産地によって若干異なる。

第5章 土壌管理と連作障害対策

1 生育量と養分吸収

カリがチッソより若干多いか同程度吸収される

スイートピーの養分吸収はどのようになっているだろうか。

少輪の冬咲き系'アメリカンビューティー'を8月下旬に播種，10a2万本植えで土耕試験を行なった結果，養分吸収量はチッソがもっとも多く，次いでカリ，カルシウム，リン酸，マグネシウムの順となり，同じマメ科植物のエダマメなどの吸収型と類似している（古藤ら，1970）。その吸収量（2万本換算）は，チッソ16.68kg，リン酸4.46kg，カリ12.28kg，カルシウム12.09kg，マグネシウム3.35kgである。時期別では生育初期に少なく，生育が進むにつれて多くなり，採花が始まったあとの1月以降に多い。とくに，採花本数がピークになる2月に吸収量もピークに達している。これは，3月になると草勢が衰えやすい品種のためである。部位別にみると，チッソ，リン酸，カリは花に多く，カルシウムとマグネシウムは葉に多く吸収される。

一方，水耕栽培では土耕とは異なった吸収量を示し，チッソに比べてカリの吸収量が多い（木村・渡部，2000；井上ら，2001）。冬咲き系の'茅ヶ崎11号'（種子春化処理20日間），春咲き系'ロイヤルローズ'（同30日間）そして夏咲き系'プリマドンナ'（同30日間，16時間日長）を8月下旬に播種し，養分吸収量を調べた（図5-1；井上ら，2001）結果では，3品種とも1個体当たりの養分吸収量は同様なパターンを示して，カリがもっとも多かった。次いでカルシウムとチッソがほぼ同等で，リン酸，マグネシウムの順であった。品種間では'ロイヤルローズ'が最大で，'茅ヶ崎11号'が最小，'プリマドンナ'はその中間を示した。また，茎長，葉面積，新鮮重の値が大きいほど養分吸収量

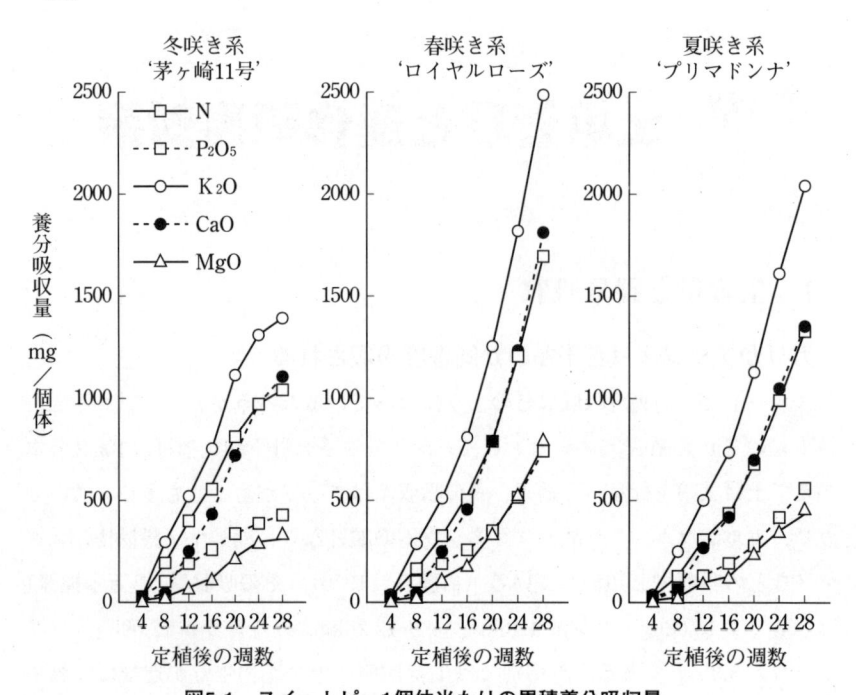

図5-1 スイートピー1個体当たりの累積養分吸収量

(井上ら, 2001)

は多く,吸収量は生育量に比例している。

10a当たり(慣行の1.2万本植え)の吸収量は,'茅ヶ崎11号'ではチッソ12.4,リン酸5.0,カリ16.5,カルシウム13.2,マグネシウム4.2kgである。'ロイヤルローズ'ではチッソ20.4,リン酸8.9,カリ29.8,カルシウム21.7,マグネシウム9.5kgである。'プリマドンナ'では,チッソ15.8,リン酸6.5,カリ24.4,カルシウム16.0,マグネシウム5.3kgである。

なお'茅ヶ崎11号'の生育が通常に比べて劣っていたが,生育が良好であれば'プリマドンナ'と同程度の吸収量になるものとみられる。木村・渡部(2000)も冬咲き'エレガンスホワイト'の10a当たり吸収量をチッソ20.9kgとしている。

これらのことから,スイートピーの現在の品種は他の花き類と同様,チッソ

に比べてカリの吸収量が若干多いか，チッソとカリは同等である。すなわち，スイートピーの10a当たりの吸収量はチッソ15.8〜20.4，リン酸6.5〜8.9，カリ24.4〜29.8，カルシウム16.0〜21.7，マグネシウム5.3〜9.5kgの範囲にあると考えられる。

株の大きさと養分吸収量

養分吸収の経過は種類や品種によって異なるが，その量は花きの収量（収穫本数×切り花1本重，また1鉢当たりの生体重）と正の相関がある。また吸収経過は，生体重の推移とほぼ同様の傾向にあるので，生育経過がわかればある程度まで吸収経過も推定できる（細谷，1995）。

大まかな養分吸収の推定方法としては，乾物のチッソ含有量は2〜2.5％程度で，生体重での含有量はバラやカーネーションなどの茎の硬い植物（含水率80％程度）で0.4〜0.5％，ベゴニアなどの軟らかい植物（含水率90％程度）で0.2〜0.25％となる（三浦，1999）。これまでの報告などからスイートピーはこれらの中間を示し，生体重でのチッソ含有量は0.3〜0.35％と推察される。すなわち，1個体当たりの生体重が500gの場合，チッソ吸収量は1.5〜1.75g位，10a当たり（1.2万本植え）では18〜21kgとみることができる。

2 土壌条件と施肥量

CEC30me以上，若干酸性の土壌がいい

スイートピーの自生地では粘土質を帯びた土壌地帯に多く生育している。慣行の土耕栽培では，基本的には排水良好な土壌条件が必要であるが，やや粘土分を含んで保肥力（CEC30me以上）がある排水良好な土壌で，耕土が30cm以上あることが望ましい。このような土壌では，茎は太く葉は大きく，草勢は旺盛となり，ボリュームのある切り花が生産できる。

これに対し，透水性のよい砂質土壌では保肥力が小さく，茎は細く，開花は早いが草勢が衰えやすく，切り花品質の維持が難しい。こうした土壌では，養液土耕のように施肥回数を多くして管理する必要があろう。スイートピーの根

は50〜60cm以上に伸長するので,とくに透水性がよく保肥力のない土壌では,ある程度の深さまで根が伸びることが重要である。

従来,スイートピーは中性に近い土壌を好むとされてきたが,実際には施肥されて酸性に傾いた土壌でも順調に生育すること,また中性付近では,低温期に微量要素欠乏が出やすいことなどから,pH6.0〜6.8程度が好適範囲とみなされる。

施肥量の考え方——植物体吸収量の1.3〜1.5倍

久保（1992）によると,スイートピーは適正チッソ施用量,塩類濃度耐性および酸素要求量とも中程度に属する（細谷,1995）。吉羽ら（1982）もスイートピーは養分吸収量が少なく,少肥栽培が可能な植物としている。

関東から九州の主産地における施肥量（施肥基準）をみると,10a当たりチッソ25〜40kg,リン酸20〜45kg,カリ25〜45kgとかなり幅がある。前述のように,1個体当たりの生育量や養分吸収量,そして植え付け本数からみると,若干多いと思われるケースもある。これまでは固形肥料を主体に施肥し,かん水などで流亡させていた。そのため実際の吸収量に比べて施肥量は多く施しがちであった。その一部は,土壌中に残存する可能性も大きい。

施肥量は,肥料以外の堆肥などの資材を含めた総合的な成分量として表わされるべきである（神奈川県作物別肥料施用基準,2004）。すなわち,

　　施肥量＝スイートピー吸収量＋（残留量＋溶脱量＋揮散量）－（改良資
　　　　　材＋堆肥成分＋地力養分）

である。

大まかないい方をすれば,施肥量は植物体吸収量の1.3〜1.5倍程度である。井上ら（2001）によれば,10a当たり1.2万本植えのチッソ吸収量は15.8〜20.4kgなので,施肥量は20.54〜26.52kgから23.7〜30.6kgの範囲となる。これはおおむね神奈川県の施肥基準に相当する（神奈川県農業振興課,2004,表5-1）。なお,この表5-1は,新作付け土壌を基本にしており,連作土壌では土壌診断を行ない,適切な施肥設計をする必要がある。生育初期の吸収量は小さ

表5-1 神奈川県のスイートピー施肥基準 (kg/10a)　　　(2004年)

	要素	8月 基肥	9 追肥4回	10 4回	11 4回	12 4回	1 4回	2 4回	3 2回	要素合計
液肥中心	N	12.0	1.2	3.6	3.6	2.4	2.4	3.6	1.2	30.0
	P_2O_5	9.5〜10.5	1.2	3.6	3.6	2.4	2.4	3.6	1.2	27.5〜28.5
	K_2O	12.0	1.2	3.6	3.6	2.4	2.4	3.6	1.2	30.0
固形肥主体	要素	基肥	追肥*	追肥	追肥	—	追肥	—	追肥	要素合計
	N	12.0	1.2	5.0	6.0	—	6.0	—	1.2	31.4
	P_2O_5	9.5〜10.5	1.2	5.0	3.9	—	3.9	—	1.2	24.5〜25.5
	K_2O	12.0	1.2	5.0	6.0	—	6.0	—	1.2	31.4

8月下旬播種，12000〜15000本植え/10a
＊1回目は液肥で行なう

く，生育量（生体重）の増加に伴なって増加するが，初期にチッソを欠如させるとその後の生育遅延をまねく。スターターとしての肥料は必要である。

また，液肥中心の施肥では，有機質肥料主体の60〜80％程度の施用量が目安となる。有機質主体では，チッソ施肥量は前述の通り10a当たり24〜30kg前後，液肥主体では18〜24kg位となろう。

実際の施肥にあたっては，有機質肥料を播種直前に施用すると発芽障害をおこすことがある。コーティング肥料（被覆燐硝安カリなど）は基肥施用でも発芽障害もなく，生育が進むにつれて溶出量が多くなるので，安全である。しかし，低温期に溶出速度が遅くなるので，配合肥料（有機質と化成）や液肥との併用が望ましい。

液肥は，かん水方法を上手に行なえば必要最低限の施肥ですむので，残存肥料が少なく，安全性が高い。有機質などの固形肥料主体の場合でも，連作障害回避のためには，3年に1回程度液肥主体の施肥が望まれる。近年は養液土耕など液肥主体の施肥も行なわれており，少量施肥に変わりつつある。

pHとECによる簡易土壌判定

土壌診断の目安は，pH（H_2O）6.0〜6.8，EC 0.4〜0.8mS/cm，乾土100g当

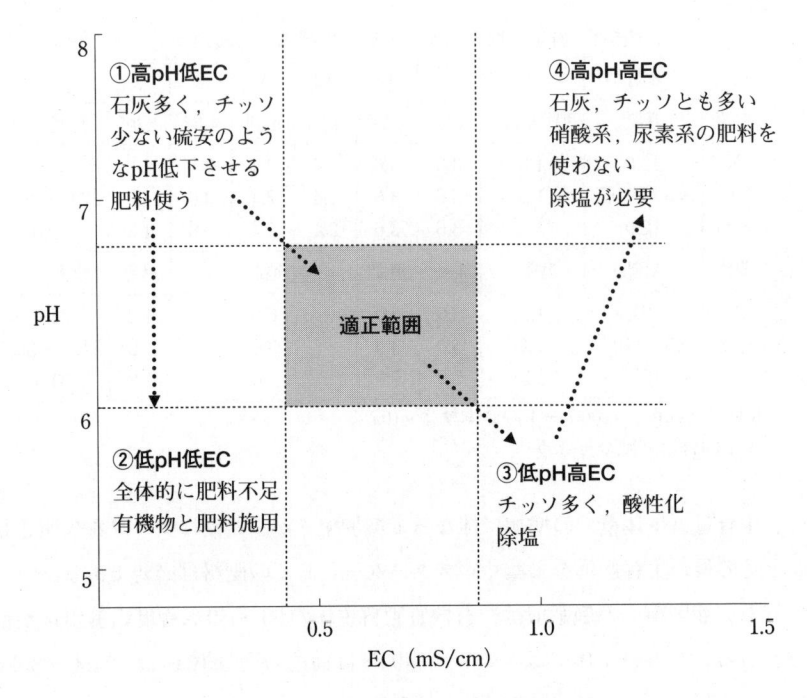

```
  8
     ┌─────────────────┬─────────────────┐
     │ ①高pH低EC        │ ④高pH高EC        │
     │ 石灰多く，チッソ  │ 石灰，チッソとも多い│
     │ 少ない硫安のよう  │ 硝酸系，尿素系の肥料を│
     │ なpH低下させる    │ 使わない         │
     │ 肥料使う         │ 除塩が必要       │
  7  │                  │                  │
     │        ↓         │                  │
pH   │          ┌───────┤                  │
     │          │適正範囲│                  │
     │          └───────┤                  │
  6  │                  │        ↘         │
     │ ②低pH低EC        │ ③低pH高EC        │
     │ 全体的に肥料不足  │ チッソ多く，酸性化 │
     │ 有機物と肥料施用  │ 除塩             │
  5  │                  │                  │
        0.5              1.0              1.5
              EC (mS/cm)
```

図5-2　pHとECの関係（EC1：5水抽出）

たり硝酸態チッソ10〜20mg，有効態リン酸30〜50mg，交換性塩基はCEC30meの土壌で，石灰420〜500mg，苦土90〜120mg，カリ50〜100mgとなる。

　土壌診断値として出たpHとECによる簡易判定は，筆者が普及員時代に行なっていた方法であるが，現在でも有効と思われるので紹介したい（図5-2）。

　診断結果をpHとEC値で全体9ブロックに分け，特徴的な4つについて説明する。

　左上①の高pH低ECは作付け前の土壌に多い。石灰分はあるもののチッソが不足しているので適切に施肥すれば，中央の好適範囲を示すようになる。

　さらに，施肥すると右下③の低pH高ECの状態を示すようになる。硝酸や硫酸などの陰イオンが蓄積してECが高くなるので，石灰などの不足と見誤ら

ないことが重要である。この状態は多肥・多かん水でおこりやすい。これを単にpHが低いとみなし，石灰分など改良資材を投入した事例がみられた。その場合には，右上④の高pH高ECの状態となる。すなわち，肥料や改良資材の多量施用に起因する過剰状態である。

一方，全体的に肥料が少ない場合は，左下②の低pH低ECの状態を示す。いわゆる酸性土壌である。有機質（チッソ）主体で長年施肥した施設バラ栽培でもみられた。pHとECの他に硝酸態チッソの測定も行なうと，さらに塩類集積などの関係も明らかになる。

3 養液土耕栽培

養液イオン濃度による生育制御

養液栽培では植物体のイオン吸収濃度と養液イオン濃度が等しい場合，養液を循環使用してもそのイオン濃度は変化しない。植物体のイオン吸収濃度が養液イオン濃度を上回れば養液イオン濃度は低下し，その逆では上昇する。こうした考え方に基づいて，各生育段階の養液の最適イオン濃度が提案されている（表5-2；木村・渡部，2000）。もし，植物体のイオン吸収濃度と養液イオン濃度が等しく管理できれば，植物体にもっともストレスのかからない状態であること，また養液栽培に適したイオン濃度は土壌養液中の最適イオン濃度ともほぼ一致することから，土壌溶液の管理やかん水同時施肥栽培の参考値として活用できる。

実際のスイートピー生産における土壌溶液の硝酸イオン濃度は広い範囲で生育良好となるが，環境面や生産コストの観点から100〜300mg/lを推奨している（神奈川県農技セ）。

表5-2 生育時期別の最適イオン濃度 (mg/l)

（木村・渡部，2000）

	NO_3^-	NH_4^+	PO_4^{3-}	K^+	Ca^{2+}	Mg^{2+}
11〜12月	400	60	150	225	40	8
1〜2月	500	60	100	225	40	12
3〜4月	300	60	35	70	40	8

表5-3　スイートピー養液土耕マニュアル　　　（山中，2006）

生育ステージ		時期	1日の給液量		液肥倍率 (15:8:16)	pF (深さ15cm)	備考
			l/m^2	分			
播種		8月下旬	ホースなどで，ていねいにかん水				
播種後～摘心		9月上旬					
伸長期		9月中旬～10月中旬	2.0	4.0	3000	1.5～1.7	給液は毎日
生育開花調節期	開花期前	10月下旬	4.0	8.0	3000	2.0～2.5	給液はpFの上限を超えたときに行なう
	開花期	11月～1月	4.0	8.0	3000	2.0～2.5	
開花最盛期		2月	8.0	16.0	3000	2.0～2.5	
		3月	10.0	20.0	3000	1.5～1.7	
草勢維持（老化防止）期		4月上旬～4月中旬	12.0	24.0	3000	1.5～1.7	
栽培終了		4月下旬	12.0	24.0	0	1.5～1.7	

①液肥は養液土耕1号，つねに3000倍
②点滴チューブは2本設置
③伸長期（15節程度まで）はストレスを与えず給液する
④生育開花調節期は給液量に注意する。落蕾しやすい天候であれば，給液をひかえる
⑤開花盛期は乾かしすぎないように給液する

養液土耕の給液マニュアル

　山中（2001）は，養液土耕の給液濃度と給液量について検討し，チッソ濃度50～200ppmの範囲では，濃度50ppm，給液量200ml/株/日で，品質良好な切り花が得られるとし，表5-3のような養液土耕マニュアルを提案している。具体的には，チッソ成分を50ppm（15－8－16の肥料で3000倍）とし，どの時期も同一濃度で，かん水点と給液量を生育時期によって変える方法である。1作当たりのチッソ施用量は17kg程度だが，土壌や品種によって20kg位必要な場合もある。

　給液は，2条植えの場合，点滴チューブ2本（点滴の穴の間隔は20cm）を畝の表面に水平に設置する。8月下旬の播種から発芽時期までは手かん水で行ない，摘心後の9月中旬から給液を開始する。9月中旬～10月中旬の伸長期は1日当たりの給液量を少なく，晴天時は原則として毎日行なう。10月下

旬〜1月の生育開花調節期以降は，しだいに生育に応じて給液量をふやす。ただし，10月下旬の開花期前は栄養生長と生殖生長の調節をはかるため，給液回数を減らす。この頃から，天候によって異なるがおおむね5日おきに給液し，土壌をやや乾きぎみにする。

2〜3月の開花最盛期は，つるが伸長し，切り花本数も多く，養水分の吸収量も増加するので，給液量も多くする。4月の草勢維持期は，気温の上昇とともに蒸散量も多くなるが，葉面積が小さく切り花が短くなるので，水分ストレスを与えないように管理する。

給液は栽培終了の7〜10日間前には中止し，土壌中に養分が残らないようにする。自家採種する場合は，そのまま同一濃度で給液を続ける。

ロックウール栽培の可能性

山元（1996）は土耕とロックウール栽培を比較したところ，ロックウールで収穫前期の12月と1月の収量が多くなり，切り花はやや軟らかいものの，日もちに差はみられないとしている。

その実際はまず，吸水した種子をロックウールキューブに埋め，催芽後キューブをロックウールマットに置いて点滴チューブで給液を行なう。硝酸態のチッソ濃度を，9月から10月20日まで33ppm，10月21日から2月2日までを55ppm，2月3日以降は83ppmとして管理すると，'イースタパレード'と'ダイアナ'で収穫前期の収量および総収量が多くなるとしている。また，使用したマットは蒸気消毒後に水洗し，再利用しても，新品と同様な収量が得られ，問題がないとしている。

そのほか，水中根と湿気中根とを発生させる底流循環型毛管水耕は，土耕に比べて収量が多く，切り花長が長く，着花数も多い（平谷ら，2002）とされる。

チッソは硝酸態に，アンモニア態を2〜4割共存させる

植物によってチッソの吸収形態が異なり，硝酸態チッソを好むものとアンモニア態チッソを好むものとに分かれる。花きでは，硝酸態チッソのみで生育，

開花がもっとも優れるコスモスや,アンモニア態のみで生育が良好なサツキ,その中間で,硝酸態チッソにアンモニア態チッソが2〜4割共存した場合に生育が最良となり,それ以上にアンモニア態の比率が増すと不良になるものなどがある。スイートピーやカーネーションなどがこのタイプに属する。

また,硝酸態,アンモニア態に関係なく生育するグラジオラスなどもある(吉羽ら,1982;細谷,1995)。

4 連作障害と土壌病害対策

図5-3 新植土壌(上)と15年連作土壌(下)の生育状態
(2006年3月,佐賀県K園)
連作では下葉が黄化し,枯れ上がるところもみられる

連作と塩類集積

◇スイートピーにも連作障害はある

スイートピー4年間の連作では,連作の害はみられない(愛知園試)とされる。しかし,実際には新植土壌では茎葉が大きく太く,草勢も強かったのが,数年連作すると徒長は少なくなり,しだいに草勢を旺盛に保つことが難しくなる(図5-3)。この写真は3月30日に撮影したものだが,上の新植土壌では茎葉が太く大きく,草勢も強い。一方,下の15年以上の連作土壌では,冬期までの草勢は中程度であったが,3月になって草勢の衰えが目立ち,下葉から黄化葉が発生し,なかにはほとんど枯死状態の株もみられた。

一般的に連作障害の要因として、土壌微生物相の変化による病原性菌や害虫の増加、根や植物体残渣に由来する有害物質の集積、土壌化学性の悪化（養分の過不足、不均衡、酸性化）、土壌物理性の悪化などがあげられる。

表5-4　前作メロン1作後の栽培床と下層土壌の状態
（寒川町、1979年調査）

	pH	EC	NO_3-N *	CaO *	MgO *	K_2O *
原土	6.7	0.04	0.5	288	88	12
栽培床18cm	7.2	0.79	30.0	447	124	57
10cm 下	7.5	0.71	16.2	391	119	125
20cm 下	7.3	0.56	12.8	386	122	122
30cm 下	7.0	0.45	10.5	461	124	91

栽培床（18cm）はメロンとスイートピー1作の後、取り替え。下層土は取り替えなし
＊分析値は　mg/100g

◇1作でも大きい塩類集積

前作にマスクメロン、後作にスイートピーを栽培したあと、栽培床（深さ18cm）の用土を毎年更新し、この栽培床の下層土は入れ替えない土壌について調査した。

表5-5　栽培床の下層土（連作土壌）を用いた発芽率と初期生育（kg/10a）

栽培床の下層	発芽率	地上部重	根重	合計重	
10cm 下	67%	2.7	3.1	5.8	残存肥料多い
20cm 下	93%	5.0	4.3	9.3	
30cm 下	100%	4.8	3.2	8.0	

栽培床は深さ約18cm、その下層土（表5-4の土壌）を用いた

メロン作付け前の原土では各肥料成分は少ないが、1作つくると土壌中の硝酸態チッソをはじめ各成分はぐんとふえる。さらに、土を入れ替えない栽培床の10〜30cm下も多く、とくに10cm下では硝酸態チッソやカリが多くなり、塩類濃度も高い（表5-4）。これらの下層土を採取して無消毒でスイートピーを播種したところ、下層土10cmでは発芽率が67％と低く、30cmでは100％であった。下層土10cmの土壌の生育は劣り、根は褐変し老化を呈したが、土壌消毒をすると根が白くなり、生育も良好であった（表5-5）。

以上から、発芽障害は塩類集積と土壌病原菌などの複合要因によりおこったものと推察され、適切な肥培管理が示唆された。

◇作付けの前に除塩対策

　除塩対策としては，土壌を乾燥させ，上層に塩類が集積した土を入れ替えるか，大量のかん水，湛水により流亡させるなどがあり，その効果も認められている（井上，1981）。しかしいずれの方法も，その取り除いた土や流失した養分が，環境汚染につながる危険があるので注意を要する。

　また，イネ科のトウモロコシやソルガムなどを栽培し，過剰な養分を作物に吸収させ，青刈りして施設外に搬出させる方法がある（クリーニングクロップ）。そのトウモロコシ，ソルガムの養分吸収量は，施設栽培で10a当たりチッソが20～30kgと20kg前後，リン酸がどちらも3～4kg，カリが50～90kgと30～70kgで，チッソとカリの除塩効果が高い。ただ，湛水に比べる効果は劣る。また50日間程度の栽培期間を要するなど，問題点もある。しかし，ガラスハウスなどの恒久施設では除塩方法も限られるので，毎年一定面積ずつ順次，クリーニングクロップの利用をはかることが望ましい。

土壌消毒の種類と実際

　スイートピーでも薬剤および熱源利用による土壌消毒が行なわれているが，どの方法も地域や圃場周囲の状況によって異なる。ここでは主な消毒法を紹介するが，具体的な実際方法については関係機関に確認のうえ実施されたい。

◇薬剤による消毒

　a．クロルピクリンくん蒸剤：ドロクロール（80％），ドジョウピクリン（80％），クロピク（80％），クロールピクリン（99.5％）などがある。強い催涙性，粘膜刺激性を有するので，取り扱い上の注意を厳格に守る必要があり，人家が近いところでは使用できない。砂土，砂壌土などの軽しょう土では耕起の必要は少ないが，重粘土などの硬い土では耕起，整地後に薬剤を注入する。ガスもれ防止と殺菌効果を高めるため，夏期で5～7日間ポリフィルムなどで被覆し，そのあとに土を切り返し，7日間に2～3回のガス抜きを行なう。

　消毒の前後10日以内に石灰質肥料を施用すると，生育障害が発生する。堆肥など有機質の多い場合は薬剤の効果が低下するので，消毒後に施用するなど

注意を要する。

上記以外のディ・トラペックス油剤（1.3－ジクロプロペン40％とメチルイソチオシアネート20％），トラペックスサイド油剤（メチルイソチオシアネート20％）も薬剤を注入し，被覆して，7～14日後にガス抜きを行なう。

b. ダゾメット粉粒剤：本剤には，バスアミド微粒剤（ダゾメット98％），ガスタード微粒剤（ダゾメット98％）がある。微粒剤を均一に散布したあとに，十分にかん水してガス化をはかる。かん水後は被覆し，7～10日後に1回，2～3日後にさらにもう1回ガス抜きを行なう。

c. NCS（N－メチルジチオカルバミン酸アンモニウム50％）：クロルピクリンくん蒸剤と同様に処理するが，被覆期間，ガス抜き期間を長くていねいにする必要がある。本剤とクロルピクリンくん蒸剤は激しく反応するので，同じ容器は使用しない。

d. キルパー（カーバムナトリウム塩液剤30％）：クロルピクリンくん蒸剤と同様に処理するが，本剤はクロルピクリンくん蒸剤と激しく反応するので，同じ容器は使用しない。

e. 殺線虫剤：D－D（55％，92％），ネマモール粒剤（30％），ネマモール乳剤（80％）のほか，前述のクロルピクリンくん蒸剤を含む薬剤もある。

◇蒸気による消毒

穴あきパイプ法，キャンバスホース式，スパイクパイプ式，スチーミングプラウ式などがある。

蒸気による消毒なので，土をなるべく乾燥させ，均一に砕いておく。パイプ法ではパイプを土の中に埋め，ビニルで被覆し，周囲に重しをのせ，蒸気もれを防いでから，蒸気を送り込む。蒸気が全体にゆきわたり，所定温度（80℃）に達してから10～15分間，そのまま待つ。消毒後は病原菌が急速に増殖しやすいので，周辺の環境を衛生的に保つ。

なお，土中のアンモニアが一時的に増すので，チッソ基肥量を10～50％減らすほうが安全である。

◇熱水による消毒

1983年に神奈川園試などが開発した温湯土壌消毒法を専用の機械で行なえるようにしたのが，熱水土壌消毒法である。病害虫の死滅温度は，一般的にウイルスで90℃10分間，細菌，カビの仲間では50～55℃で10～120分間とされる。熱水消毒は細菌，カビの仲間に効果が高く，土壌表面から深さ30cm程度まで有効とされる。土壌害虫，センチュウ，土壌害虫および雑草種子に対しても効果があり，スイートピーでは腰折れ病（Phytophthora菌）の発病が前作よりも軽減されている。また，除塩効果もあり，硝酸，塩素，硫酸や石灰，苦土，カリなどの土壌中の残存量が減少する。

方法としては，ボイラーで熱水（80～98℃）をつくり，散水（熱水）装置をウインチなどで移動させながら土壌に注入していく。消毒前に土壌を乾燥させ，均一に砕いておく。散水装置を圃場に設置し，土壌全体をポリまたはビニルで被覆する。ボイラーおよびウインチを稼働させ，熱水を送り込む。防除効果を高めるには，地温を50℃以上で数時間維持することである。これに必要な熱水量は10a当たり100～300tとなる。処理時間は10a当たり2～3日間，作業には2人が必要で，作業時間はのべ4.2人/時間である。

◇太陽熱による消毒

太陽熱消毒法は，太陽熱を利用して地温を上げて消毒するもので，この一つに土壌還元消毒法があり，投入した有機物を嫌気的に分解させ，有効酸素量を減らし，病原菌を死滅させる方法である。有機物（フスマ，米ヌカなど）を10a当たり1t施用し，15～20cmの深さに耕起する。土を平らにならし，一時的に湛水状態になるように十分かん水をして，被覆する。ハウスは密閉し，地温上昇をはかる。30℃以上であれば5～7日後に異臭（ドブ臭）がして嫌気状態を示し，これから2～3週間で完了する。その後，土を耕うんして酸素を補給したうえで，栽培を開始する。

太陽熱消毒法は，蒸気や熱水消毒のように機械や燃料を利用してエネルギー消費をしないが，天候に左右されやすい。また排水が良好な圃場では効果が小さい。

＊なお，この「土壌消毒の種類と実際」の項は，平成18年度静岡県農薬安全使用指針・農作物病害虫防除基準，神奈川県病害虫雑草防除指針等から作成した。

5 要素欠乏と過剰症

発生要因

　植物の必須元素は，植物体の構成元素である酸素（O），水素（H），炭素（C），多量要素には，三要素であるチッソ，リン，カリウムのほかカルシウム，マグネシウム，イオウがある。微量要素にはホウ素，マンガン，銅，亜鉛，モリブデン，鉄，塩素（Cl），ニッケル（Ni），特殊成分としてケイ素（Si）などがある。

　一般的に土壌における要素欠乏は茎葉，根，花などの器官に現われ，先端葉，新葉，上位葉に現われやすいのは，銅，鉄，カルシウム，ホウ素，亜鉛，マンガンなどであり，下位葉に現われやすいのはカリウム，リン酸，チッソである。一方，過剰症で先端部に現われやすいのは亜鉛，銅など，下位に現われやすいのはマンガン，ホウ素などである（図5-4）。

　欠乏症状は，開墾地や作土層より下層を用いた場合など新植土壌で発生しやすい。堆肥などの有機物が投入されて適切に施肥されている土壌では少ない。過剰施肥では，いくつかの症状がみられ，茎葉が硬化することが多く，いったん硬化すると草勢はなかなか回復しない。

　これらの障害は単に単一要素よりも多要素間のバランス，あるいは土壌の物理性，土壌水分などとの複合要因でおこりやすく，土壌診断による施肥の適正化や物理性の改善など総合的な対処が必要と思われる。

　以下，各要素別に過剰と欠乏の特徴をみてみよう。

各要素別の特徴と発現部位

　◇チッソ（N）：吸収形態　NH_4^+，NO_3^-

　欠乏症状：草丈は伸びず，下葉から黄化。黄化は葉先・葉縁から始まり，激しいと白褐色（灰白色）になる。欠乏の進んだ葉は枯死し，ひからびて落葉し

△銅欠乏
開花期にはスプーン状の葉。新芽、花芽が褐変。新葉が奇形、褐変、枯死

△ホウ素欠乏
葉縁から黄化。頂芽が褐変、枯死。花弁に透明の斑点

△鉄欠乏
葉が淡黄化

△カルシウム欠乏
つる伸長悪い、新葉先端が黄化、褐色小斑点。葉先が水浸状、さらに灰白色の乾枯する

▼マグネシウム欠乏
開花2〜3節下に現われる。葉脈間が淡緑から褐色になり、葉縁が褐色に枯死

△亜鉛欠乏
新葉は小さく、肋骨状の黄色の斑。花茎に水浸部ができ、折れ曲がる

△マンガン欠乏
11〜18節の新葉から葉脈間が淡緑・黄化。はなはだしいと褐色のクロロシスが現われる

△先端葉、新葉、上位葉に現われやすい
▼下位葉、古葉に現われやすい

▼カリウム欠乏
下葉から上位葉に縁から中央部に黄化灰白色のノミで削ったような斑点

△亜鉛過剰症
先端部に鉄欠乏症状。その他銅も現われやすいとされる

▼リン酸欠乏
葉が小さく、巻きひげが赤紫色を帯びる

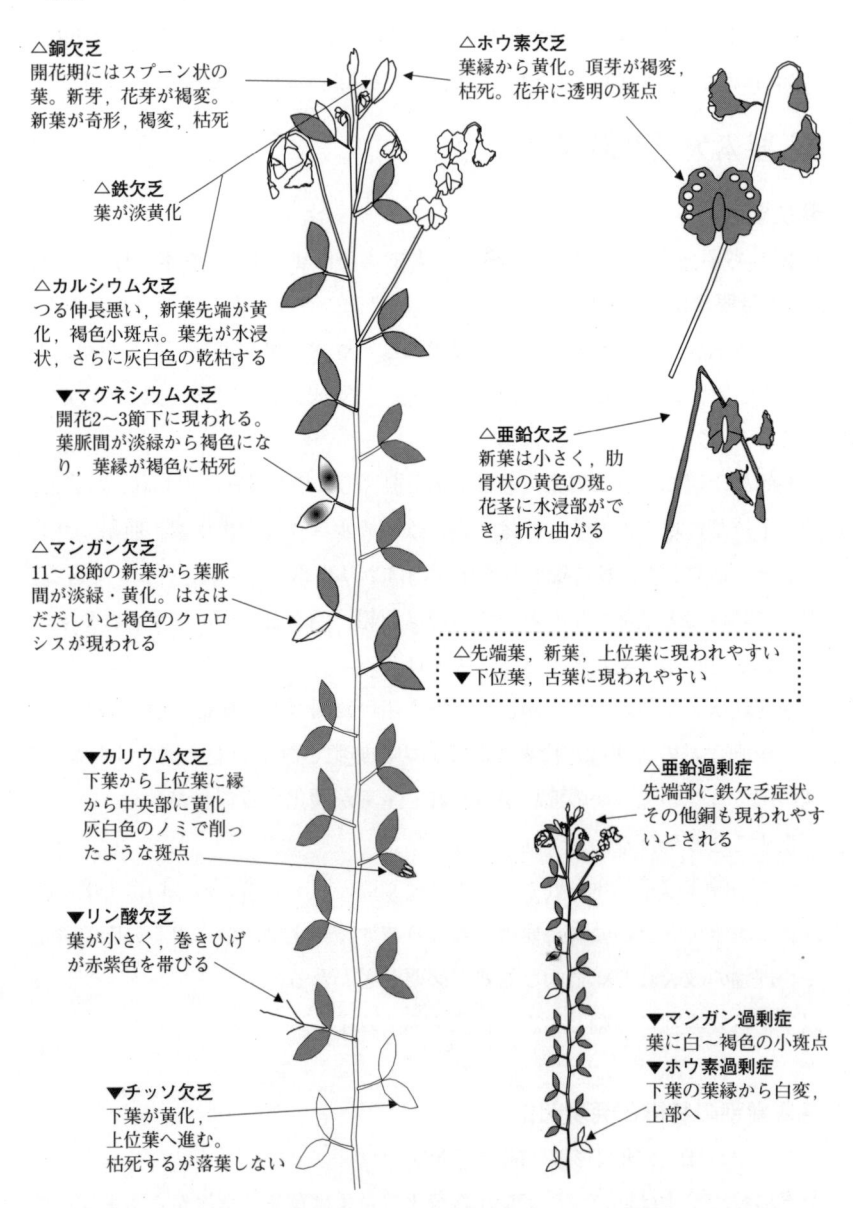

▼マンガン過剰症
葉に白〜褐色の小斑点
▼ホウ素過剰症
下葉の葉縁から白変、上部へ

▼チッソ欠乏
下葉が黄化、上位葉へ進む。枯死するが落葉しない

図5-4 スイートピーの要素欠乏（左）と過剰症（右下）の特徴と、発現しやすい部位

ない。顕著な場合はつるも枯死する。水耕実験では欠乏60日目以降に根粒菌が付着し，その後生育は回復し，花も着け始めたが，チッソを施用しないと十分に生育しない（池田，1990）。また，分枝（側枝）の発生が少なく，徒長し，花茎は長く，落蕾も多い（Post，1940）。

　過剰症状：草丈が伸びず，葉数は少なく，採花率が劣り，花茎が短く，着花数もやや少ない（小沢・下田，1958）。硝酸含量が高いとつるは硬化し，花茎は短く，落蕾は減少する。葉脈間が黄緑色となり枯死するが，落葉はしない。生育後期では古い葉の縁が内側に枯れ込む。苗の時期では高チッソと高塩類濃度だと葉が小さく，青緑色を呈し，節間は短く，根も障害を受ける（Post，1940）。

　◇**リン酸（P）：吸収形態　$H_2PO_4^-$，HPO_4^{2-}**

　欠乏症状：葉は小さく，光沢が悪く青緑色となり，巻きひげは赤紫色を帯びる。草丈は伸びず，分枝も少ない。顕著な場合は，茎は硬化し，茎葉も赤紫色（深青銅色）を帯び，葉先が枯れ込む。開花が遅れ花茎も短い（池田，1990）。根は白くふつうであるが，根粒が少ない。生育が阻害され，とくに着花数が少ない（Post，1940；小沢・下田，1958）。

　過剰症状：落蕾は少ないが収量は低下する。古い葉が縁から内側に壊死し，最後に葉脈に症状が現われ，完全に乾いてから落葉する。根は褐色で，分根は少ない。カリ欠乏症状と似ている（Post，1940）。近年，葉の黄化や周縁部から灰白色化する症状がみられ，リン酸過剰やカリ欠乏と推測されている。また，同様な症状は連棟ハウスの谷部分に雨漏りの水がたまった場所，ハウス内を耕うんした際，一部分を深耕してそこに停滞水が残ったために発生するなど，加湿による根の障害に起因する場合も多い。

　◇**カリウム（K）：吸収形態　K^+**

　欠乏症状：欠乏すると軟弱となり，症状は下葉から上位葉へ進む。下葉の縁から中央へ黄化していき，緑色の葉に灰白色のノミで削ったような斑点が現われ，この斑点がつながり，灰白色となり枯死する。黄化が上位葉に進み，激しくなると，開花期頃から茎に褐色の斑点が現われ，つるが枯死することがある

(池田，1990)。根の先端は正常で根粒が少ない。枯死葉は早く落葉する（Post, 1940；Laurie・Wagner, 1940)。近年，葉の黄化や周縁部から灰白色化する症状がみられ，土壌中にカリが存在するものの，他要素とのバランスでカリ欠乏症になると推測されている。

過剰症状：採花率の低下や着花数などの品質に影響する(小沢・下田, 1958)。茎頂部が矮化し，基部の分枝が促される。葉は黄緑色となり，葉脈は緑色のまま残る。落蕾は少ないものの，茎は短く，収量は少ない。チッソ過剰と同様に根の障害を受ける（Post, 1940)

◇カルシウム（Ca）：吸収形態　Ca^{2+}

土壌pH3.4以下では発芽後に枯死，pH5.0以下または7.8では生育不良で，花茎も短く，リン酸欠乏と類似の症状がみられる（Sakanishi, 1955)。

欠乏症状：つるの伸長が悪く，新葉の先端は黄化し始め，葉に細かい褐色斑が現われたり，内側に湾曲する葉もある。欠乏が進むと，新葉の葉先が水浸状となり，続いて灰白色に乾枯する。花は花首が水浸状になり，くびれて灰白色となり枯れる。はなはだしいものは花茎が伸びず，枯れる。欠乏すると根が短く，根の先端が枯死する（池田，1990)。また，末期症状は植物が完全に壊死し，葉はほとんど白くなる（Laurie・Wagner, 1940)。

過剰症状：過剰施肥のもとではpHが高くなり，カリ，ホウ素，マンガンなどの吸収が悪くなる。

◇マグネシウム（Mg）：吸収形態　Mg^{2+}

欠乏症状：生育初期はきわめて旺盛で，葉も大きく，茎も太く伸びがよい。開花期頃になると，下葉が黄化傾向を示すが，症状ははっきりしない。開花始め頃から，開花節よりも3〜4節下の葉に現われ，進むと下位葉（古葉）に現われる。欠乏症は初めに葉脈間に薄い緑色の部分ができ，やがて白から褐色になり，葉縁は褐色に枯死する（池田，1990)。葉脈間に壊死部分が生ずるものの，葉にしわ（皺）ができない（Laurie・Wagner, 1940)。

過剰症状：苦土石灰などの過剰施用ではpHが高くなると，ホウ素，マンガン，亜鉛欠乏などが発生しやすい。

第5章　土壌管理と連作障害対策

◇イオウ（S）：吸収形態　SO_4^{2-}

わが国では天然供給量が多く，とくに硫酸根肥料（硫酸アンモニウム，硫酸カリ，過リン燐酸石灰など）を施用していれば欠乏症状はおこりにくい。スイートピーに関しても欠乏，過剰の報告はみられない。

◇ホウ素（B）：吸収形態　BO_3^{3-}

欠乏症状：苗の生長が著しく抑えられ，8節葉位から黄化が始まり，葉がゆがんだり，つるがねじれてくる。黄化は葉縁から始まり，小黄斑点が現われることもある。欠乏が進むと，太い葉脈のみが鮮緑色に残り，葉は黄白色化する。顕著な場合は，頂芽が褐変，枯死し，葉に褐色の壊疽が現われる。さらに茎葉が枯死し，開花には至らない。根はひどく阻害される（池田，1990）。

旗弁と翼弁の周縁部に透明の斑点が春先に現われる。これは，作土層の下から掘りあげた無菌に近い土壌を使用したため，ホウ素含有量が0.4ppm以下であった。BM熔燐（60～120kg/10a）やホウ砂（1～5kg/10a），良質堆肥の投入で改善されている（井上，1981）。このように，ホウ素欠乏は開墾地や作土層より下層を用いた新植土壌で発生しやすいが，堆肥などの有機物が投入されて適切に施肥されている土壌では少ない。しかし，これは単に要素欠乏だけでなく，低温期に土壌を極端に乾燥させたり，土壌pHが高いなどの複合的な要因によっておこる場合が多い。

なお，花弁にシミが発生するものに灰色かび病がある。ホウ素欠乏は透明の斑点であるが，灰色かび病の場合は濁色の斑点となるので区別ができる（第6章148ページ，灰色かび病の項参照）。

過剰症状：スイートピーは不明であるが，マメ類ではホウ素が7～8ppmになると，子葉の葉縁に褐色の斑点が生じ，壊死する（高橋ら，1980）。

◇マンガン（Mn）：吸収形態　Mg^{2+}

欠乏症状：初期生育は順調で，11～18節位の新葉から欠乏症状が現われる。典型的な欠乏症は，葉脈間が淡緑となり（黄化），葉脈だけが鮮緑色に残る。葉を透かしてみると，葉脈が網目のようにみえる。はなはだしいと葉脈間に褐色のクロロシスが現われ，新葉は小さく，内側に湾曲し，つるの伸長は止まり，

茎に横の亀裂が生ずる。この頃には下葉にも欠乏が現われる（池田，1990）。

過剰症状：葉に小さな白〜褐色の小斑点が無数に生ずる（清水，1990）。最近，下位節の茎が褐色になり，葉脈は残るが，葉が黄から褐色の斑点，はなはだしい場合は葉の半分以上が黄褐色になり，葉縁部から褐色となり，壊死する症状がみられ，マンガン過剰症と推察されている。

◇銅（Cu）：吸収形態　Cu^+，Cu^{2+}

欠乏症状：初期から生育はやや不良，生育が進むにつれて葉は小型化し，開花期頃にはスプーンのように内側に湾曲した新葉が目立つ。この頃には，葉先から黄化が始まり，初めの花は花飛びとなり，主茎の伸びが悪く，側枝が多く発生する。欠乏が進むと，新芽，花芽とも褐変し，新葉は奇形になり，褐変し枯死する。銅欠乏症とMn，Ca，K欠乏症は類似しているので注意を要する（池田，1990）。また，銅施用の効果には種間差がみられ，苗の生育促進が著しい植物にスイートピーをあげている（池田，1992）。

過剰症状：スイートピーでは不明。エンドウでは工場排水（pH5.0，置換性の銅40ppm）により初期生育が止まる。葉色はチッソ欠乏に類似し，根粒は着かず，太く短く，先端は褐色で枯死した（高橋ら，1980）。

◇亜鉛（Zn）：吸収形態　Zn^{2+}

欠乏症状：初期生育は良好であるが，開花期頃から新葉に明瞭な欠乏症が現われる。葉全体が淡色化するなどの症状を経て，生長の盛んな新葉に黄色の斑入りができ，欠乏が進むと新葉は小さくなり，肋骨状の鮮明な黄色の斑入り（トラ葉）が現われた。この頃になるとつるの伸びが止まり，花は花茎の上部でくびれたようになって，水浸部から折れ曲がる（池田，1990）。開花中の花茎が折れる症状は，ホウ素欠乏同様に気温，湿度など環境条件との複合要因でおこると推察される。なお，スイートピーは亜鉛欠乏に対する耐性の強い植物である（加藤，1984）。

過剰症状：先端部に鉄欠乏症状が出て，生育が衰える（清水，1990）。

◇モリブデン（Mo）：吸収形態　MoO_4^{2-}

欠乏症状：開花期頃から症状が現われ，子づるの第1葉に目立ち，葉は小さ

く，全体として黄化し，葉脈は淡緑色に残る。花も小さく，花色も淡色化する。欠乏が進むと，葉縁が淡褐色となり枯れ込む（池田，1990）。また，モリブデン単用かホウ素を添加して土壌施用すると，種子の生産力が向上する（Kitaeva，1966）。

◇鉄（Fe）：吸収形態　Fe^{2+}，Fe^{3+}

欠乏症状：葉がやや淡黄色化するが，明らかな欠乏症は不明。なお，先端葉の葉色が淡緑～黄白色化する（清水，1990）ことが認められている。

◇塩素（Cl）：吸収形態　Cl^-

スイートピーでは不明であるが，欠乏すると葉がクロロシスとなり，青銅色の壊死に進展する。過剰では葉の周縁部が白化，枯死し，生育が抑制される。

◇ニッケル（Ni）：吸収形態　Ni^{3+}

スイートピーでは不明であるが，ダイズでは生育促進効果があるとされる。

◇ケイ素（Si）：吸収形態　SiO_4^{4-}

スイートピーでは不明であるが，イネでは珪化細胞が増加し，耐病性，耐虫性，耐倒伏性が増大するとされている。

第6章 病気害虫と防除のポイント

1 病気

種子に付着する病原菌類

スイートピー催芽時に通称ナットウ菌などによるとみられる腐敗種子の発生が問題となっている。これまで，スイートピー種子付着の菌類としては*Fusarium*, *Botrytis*, *Alternaria*, *Rhizopus*, *Clonostachys*が（*Taubenhaus*, 1914），さらに*Aspergillus*, *Chaetomium*, *Curvularia*, *Cylindrocarpon*, *Mucor*, *Penicillium*, *Rhizoctonia*, *Stachybotris*, *Stemphylium*, *Trichoderma*, *Sterilemycelium*が検出されている（El-Helalyら，1968）。このうち糸状菌（カビ）の*Fusarium oxysporum*と*Cylindrocarpon didymum*に病原性があるとされている。

一方，松浦ら（1998）は催芽時における種子腐敗には細菌が検出され，25株のうち7株に病原性があるとしている。腐敗防止には流水中で吸水させるか，あるいは，塩化カルシウム0.3％液5時間吸水の効果が高い。

実際におこる種子の腐敗は，貯蔵中の温度，浸種・吸水中の酸素濃度，カルシウム欠乏および病原性細菌などが関与するとしている。

風媒，虫媒伝染などの病害

◇うどんこ病（白渋病）　*Oidium sp.*, *Erysiphe pisi*

発生は葉，茎，巻きひげのほか，莢に白粉状斑点となって現われるが，はなはだしい場合は葉全体に白いカビとなり，黄化，落葉する。発病適温は22～24℃で，10～11月と3月の加温しない時期に多い。急激に冷気が入る条件で多発し，若い葉や組織の軟らかいところに発病しやすい。病葉上に形成される分生子が主に風によって周辺に広がる。チッソ過多，肥料切れ，日照不足など

のときに発病しやすい（粕山ら，2004；ほか）。本病は*Microsphaera alni*による（Pirone，1978）とされ，日本ではキバナレンリソウ（*L. pratensis*）が罹病する（白井，1917）。

◇灰色かび病　*Botrytis cinerea*，*Botrytis fuckeliana*

*B. cinerea*は2000年に大島で新たに確認されている。茎枯れ症状は，茎長が50～100cm程度に伸長した，比較的に軟弱な時期に発病する。最初は地ぎわか，やや上方の茎部が灰白色～灰褐色に変色して水浸状に腐敗し，茎罹病部の周囲の葉は白化し，落葉する。湿度が高いときは，葉，茎などの病斑上に灰色のカビを生じる。はなはだしい場合は株全体が萎凋し，生育不良となり枯死する。

また，花弁にシミ症状が12～3月頃に発生する。薄桃色や白色の花弁に，汚白色～淡褐色，水浸状，紡錘形～類円形，2～3mm大のシミ状の斑点となる。紫色などの濃色では色抜けの水浸状になる。本菌は5～30℃で発育し，20～25℃が適温である。昼夜の気温較差が激しい，曇天の気候が続くなどの環境条件が発生を助長する（堀江・栄森，2001）。

なお，灰色かび病の場合，病斑部は水浸状で，最後は濁色になる。輪状になる場合もみられる。一方，ホウ素欠乏による花弁のシミは，透明の斑点になるので，区別できる（図6-1）。罹病した植物残渣やほかの植物の灰色かび病が伝染源となり，分生子が風により飛散して伝播する。

◇褐斑病　*Ascochyta lathyri*

発生は葉，茎，莢で，初めは不規則な褐色の小斑点となって現われる。病勢が進むと病斑は大きくなり，中央部が灰白色の斑点となり，健全部との境が不鮮明で，黒褐色の小斑点がみられる。莢ではさまざまな大きさの不規則な青緑色の斑点を生じる。斑点が大きくなり，白色化し，表面に小斑黒点が生ずる。

発病適温は15～16℃から25～26℃とされ，4～10月に多く発生する。被害残渣が伝染源で，空気伝染（分生子の飛散）する。

開花期以降に，高温多湿で発生しやすい。密植，チッソ過剰で徒長，湿度が高い，葉上から散水，降雨があたる場所，被害残渣の土壌すき込みや罹病葉を

放置すると発生しやすい（森田，1968；Taubenhaus，1914；粕山ら，2004）。

◇炭疽病　*Glomerella cingulata*、*Colletotrichum gloeosporioides*

開花期頃から発生する。初めは軟らかい茎，葉に発病し，若い茎の先端が枯れ，しだいに生育した茎を侵し，被害部が萎れ，下方に移る。葉では褐色の円形や凹んだ病斑となり，後に不整形となる。発生がはなはだしいと茎葉は萎れ，枯死する。花茎は開花する前に萎れて，干からびる。莢は緑色を失い，皺がよる。露地栽培では開花期に発生し，茎，葉，花，莢に発生する（森田，1968；Forsberg，1959）。伝染源は罹病した植物残渣や種子で，分生子は雨滴伝染や虫媒伝染，子のう胞子は風媒伝染する。本菌は3～34℃で生育し，27～29℃でもっともよく生育する。15℃以上で曇雨天日が続くと多発生する。

本菌以外に *C. acutatum* Simmonds ex Simmonds と *C. truncatum* (Schweinitz) Andrus & Moore（マメ科植物のみ侵す）が報告されている（粕山ら，2004）。

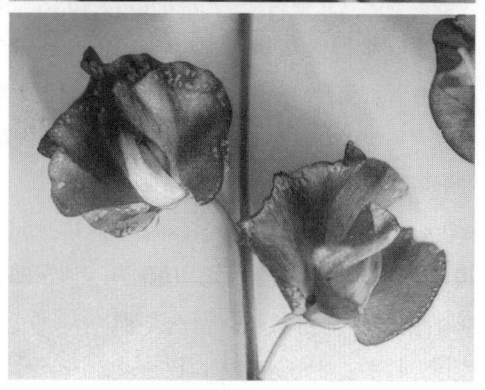

図6-1　花弁のシミの特徴
上段：灰色かび病。最初は水浸状でも汚れた斑点になる。輪状になることもある。
下段：左はホウ素欠乏による透明の斑点。旗弁の縁に発生する

◇ペスタロチア病　*Pestalotiopsis gracilis*

宿根スターチスに葉枯れ症状を伴う枯死株がみられ，ペスタロチア病菌であることが佐藤・澤本（1997）によって明らかにされた。この菌を有傷，無傷接種すると，スイートピーにも葉の表側に病斑がみられ，病原性が認められている。本菌は5～30℃まで生育し，15～30℃での生育が早く，25℃が生育適温とされる。伝染源は植物残渣で，風雨により飛散し伝染する（佐藤，2003）。

主として土壌伝染する病害

◇萎凋病（立枯病）　*Fusarium solani*，*Fusarium oxysporum*

発生は株全体で，根は黒褐色に腐敗し，茎の維管束が褐色になり，生育初期に侵された場合は早期に枯死する。一般に下葉から黄化し，上位の茎葉におよび株全体が萎れ，20～30cmで枯死する。開花初期から再発し，開花後期まで発病は続く。発病適温は *F. solani* が25～30℃，*F. oxysporum* が25℃で，*F. solani* は9～10月，*F. oxysporum* は10～11月と3～5月に多発する。罹病植物上に形成される分生子や菌糸細胞（厚壁胞子）で土壌中に長期間生存し（死滅には5～6年以上を要す），土壌伝染する（森田，1968；Forsberg，1959；粕山，1998，2004；米山，1991）。なお，立ち枯れをおこす主な病害の特徴については図6-2に掲載した。

◇黒根病　*Chalara elegans*

施設栽培では，定植1～2か月後の10月頃から生育不良になる。生育不良株の根は褐色ないし黒色に変色し，細根は腐敗，脱落している。被害のはなはだしい株は，草丈の伸長が止まり，徐々に枯れる。そのような株では地ぎわの茎まで黒色に変色している場合がある。病原菌は10～30℃で生育し，最適生育温度は20～25℃であるが，発病適温は17～23℃である。地温が20℃以上では被害は少ない。土壌酸度はpH7.0前後で，土壌水分は多いほど発病が多い。感染源は土壌中（2～3年生存），罹病植物残渣中の厚壁胞子（4～5年）で，罹病部に形成された内生分生子が主として水によって移動する（粕山ら，2004）。なお，Pirone（1978）は本菌を *Thielaviopsis basicola* としている。

第6章 病気害虫と防除のポイント

病害		根	茎	病勢・ほか	
モザイク病	立ち枯れをおこす病害	変色なし	変色なし	黄化し，萎凋病に似るが，萎れない	枯死しない
萎凋病		褐色	維管束の褐色ゆっくり，発病速い	下葉から黄化，萎凋する，株全体	枯死
半身萎凋病		褐色	維管束の褐色速い，発病遅い	下葉黄化，萎凋	すぐに枯死しない
疫病		褐色	茎変色なし	地ぎわ水浸状，軟化腐敗，立枯病より上部まで病勢進展	病勢の進展は早く，株は萎凋枯死
立枯病	苗立ち枯れ	甚：褐変	茎変色なし	地ぎわやや褐変，茎が軟化腐敗	本葉3～4枚，2～3週で発病，枯死する
腰折病		甚：褐変	茎変色なし	茎褐変，細く萎れる	本葉3～4枚，2～3週で発病，枯死する
黒根病	立ち枯れ	黒色	茎変色なし	生育不良	5～6週で発病，甚：徐々に枯れる
灰色かび病		花弁にシミ	茎に褐色斑点	多湿時に灰色のカビ	甚：株全体が萎凋し，枯死
菌核病			茎に灰褐色の病斑	カビは生じない。菌核を生じる	萎凋，枯死

図6-2 立ち枯れなどをおこす主な病害の特徴

そのほか根腐れをおこすものとして，*Phytophthora cactorum* チューリップやイチゴの疫病。葉に病斑は水浸状に拡大し，やがて中央部が白色から褐色になる。土壌伝染坪状に被害が拡大する15℃以上で発病，適温は25℃付近とされる。また，スイートピーの疫病は地ぎわが水浸状に褐変する。病勢の進展は早く，株は萎凋，枯死する（粕山ら，2004）。*Aphanomyces euteiches* 日本でインゲンアファノミセス根腐病が本菌とされる。さらに *Matotrichum omnivorum, Pellicularia filamentosa* もある。

◇腰折病　*Rhizoctonia solani*

発芽したばかりの小苗に発生する。特徴的には本葉が展開する頃に現われ，急に生育が止まり，萎凋して地ぎわ部より折れ曲がって倒伏，枯死する。苗は萎凋症状を呈し，衰弱し，倒伏する。はなはだしい場合は根群がなく，倒伏前に褐変する。生育が進んでから感染した場合は，黄化，萎凋する。肥料があると発病しやすい。

本菌はpH3.0～9.5の間で，23～30℃でよく発育し，13～15℃以下と40～42℃以上ではほとんど発育しない。伝染源は汚染した床土や圃場，被害残渣で，耐久体の菌核により伝染する（森田，1968；Forsberg，1959；河村ら，1976；Taubenhaus，1914）。

◇立枯病　*Pythium myriotylum*，立枯病　*Pythium aphanidermatum*

1998年に新たに宮崎で確認された菌である。播種直後から1か月にわたり発生し，生育不良，萎凋，立ち枯れなどの症状がみられる。激しい場合は，根が褐変，腐敗し，減少する。

P. myriotylum は5～40℃で生育し，適温は32～37℃，*P. aphanidermatum* は10～40℃で生育し，適温は30～35℃と両菌とも好高温性で，停滞，雨水や流水の浸入する水はけの悪い場所で多発しやすい（松浦・築尾，2004）。伝染源は汚染した用水・土壌，被害残渣で，耐久体の卵胞子により伝染する。

◇半身萎凋病　*Verticillium dahliae*

施設栽培では12月初旬から下葉が黄化し，生育が不良になる。株の根や茎を切断すると維管束が褐変して，萎凋する。茎の地ぎわ部が黒色の微小菌核で

覆われて，枯死する。病勢の進展が緩慢で，維管束と根が褐色に変色していれば本病の可能性が高い。

病原菌は5～30℃で生育し，発病適温は22～25℃である。感染して発病するまでに30日程度かかる。罹病に品種間差がある。伝染源は罹病植物上に形成される微小菌核で，土壌伝染性病害なので，植え付け前が防除適期である。種子伝染の可能性もある（粕山ら，2004）。

◇菌核病　*Sclerotinia sclerotiorum*［*Sclerotinia libertiana*］

茎部に発生し，地ぎわの茎が侵され，水浸状に変色した病斑ができて上下に拡大する。やがて茎葉は萎れて，枯死する。被害部は灰白色となって乾燥し，綿毛状のカビが消失して，菌核だけが残る。茎を割ると中空となっており，菌核が形成されている。本菌は0～30℃，最適15～24℃，感染発病は15～18℃が適する。土壌伝染する苗の病気で，換気不足，かん水過多，排水不良が助長する。先端が萎凋，葉が下垂し，苗が倒伏して枯死する（森田，1968；Taubenhaus，1914；河村ら，1976；吉井ら，1968）。

◇帯化病　*Rhodococcus fascians*，*Phytomonas fascians*，*Corynebacterium fascians*

茎は奇形になり，太く，短く，多汁質で未発育のシュートが地ぎわから何本も叢生する。この帯状のシュートは，1，2節から発生し，成株ではテングス症状に似る。正常な茎葉は緑であるが，部分的に明るい緑色を呈する。主茎は伸長し，枯れることはないが，叢生状態になるため開花は少ない（Forsberg，1959）。地ぎわ部の多数のシュートががんしゅ（癌腫）状になるが，不規則なコブ状の根頭がんしゅ（癌腫）病とは異なる。本菌は土壌伝染のほか，種子や穂木でも伝染するので，防除には土壌消毒，種子の温湯処理がある（小林・末次，1982）。

侵入が警戒される重要細菌病で，2006年現在検疫有害動植物となっている。したがって本病菌が発見されると，検査荷口のすべてが焼却措置となる。

◇条斑細菌病　*Erwinia herbicola*［*Bacillus lathyri*］

開花期頃に成株の地ぎわ近くと茎に，明～暗褐色の斑点と条斑が生ずる。茎

から葉柄，花，莢に広がり，茎と似た病徴がみられる。葉では丸い小さな斑点が現われ，葉全体に広がり，枯死するときは暗褐色である。ウイルスの症状にも似る（Forsberg, 1959）。本細菌の最適は24～35℃であり，0～12℃以下と37～45℃以上では発育しにくい。土壌，種子消毒を行なう。国内発生未詳である。

そのほかに，*Peronospora trifoliorum*（べと病，白いカビ）*Colletotrichum pisi*, *Isariopsis griseola, Phyllosticta orobella*, *Mycosphaerella pinodes*（黒斑病），*Ramularia deusta* var. *odorati*, *Ramularia deusta* var. *latifolia*, *Agrobacterium tumefaciens*, *Pseudomonas syringae* pv. *pisi*（エンドウつる枯細菌病）などが被害を及ぼすとされる（Pirone, 1978）。

ウイルス病

インゲン黄斑モザイクウイルス *Bean yellow mosaic virus*（BYMV），ソラマメ・ウイルト・ウイルス *Broad bean wilt virus*（BBWV）

アブラムシ類により伝搬される。葉に緑色濃淡または淡黄緑色のモザイクを生じ，葉縁の巻き込み，縮れて凹凸がみられ，奇形，小型になる（図6-4）。葉，葉柄，茎に黒褐色の斑点を生ずるものがある。花は小型で，花茎も短い，この場合はBBWVのことが多い。生長点付近から葉脈が黒褐色の壊疽をおこし，しだいに葉柄，茎と広がり，花に斑入りを生じ，枯死することもある。これらの症状はBYMVのことが多い。発病適温は15～25℃で，9～10月に被害が目立つ。株や側枝の先端の葉に，緑色濃淡または淡黄緑色のモザイクを生じ，株が萎縮する。萎凋病による生育不良株は一見すると本病と似ているが，萎凋病罹病株は株に生気がなく，根腐れをおこすので区別できる（河村ら，1976；粕山ら，2004）。

なお，2006年現在，スイートピーでは以下のウイルスが確認されている（出典：VIDEデータベース）。

Alfalfa mosaic alfamovirus, *Alsike clover vein mosaic virus*, *Arabis mosaic nepovirus*, *Bean leaf roll luteovirus*, *Bean yellow mosaic potyvirus*,

第6章 病気害虫と防除のポイント **155**

Beet curly top hybrigeminivirus, *Beet western yellows luteovirus*, *Broad bean mottle bromovirus*, *Broad bean necrosis furovirus*, *Broad bean stain comovirus*, *Broad bean wilt fabavirus*, *Carnation ringspot dianthovirus*, *Carrot thin leaf potyvirus*, *Cassia yellow blotch bromovirus*, *Cherry leaf roll nepovirus*, *Chicory yellow mottle nepovirus*, *Clover mild mosaic virus*, *Clover yellow mosaic potexvirus*, *Clover yellow vein potyvirus*, *Cymbidium ringspot tombusvirus*, *Desmodium yellow mottle tymovirus*, *Elm mottle ilarvirus*, *Faba bean necrotic yellows nanavirus*, *Glycine mottle (?) carmovirus*, *Hop mosaic carlavirus*, *Lettuce mosaic potyvirus*, *Milk vetch dwarf nanavirus*, *Muskmelon vein necrosis carlavirus*, *Okra mosaic tymovirus*, *Passiflora ringspot potyvirus*, *Passionfruit woodiness potyvirus*, *Pea early browning tobravirus*, *Pea enation mosaic enamovirus*, *Pea mild mosaic comovirus*, *Pea mosaic potyvirus*, *Pea seed-borne mosaic potyvirus*, *Pea stem necrosis virus*, *Pea streak carlavirus*, *Peanut clump furovirus*, *Peanut mottle potyvirus*, *Pelargonium line pattern (?) carmovirus*, *Poplar mosaic carlavirus*, *Red clover mottle comovirus*, *Red clover necrotic mosaic dianthovirus*, *Red clover vein mosaic carlavirus*, *Soybean mild mosaic virus*, *Soybean spherical virus*, *Soybean Z (?) potyvirus*, *Statice Y potyvirus*, *Sunflower ringspot (?) ilarvirus*, *Sweet potato mild mottle ipomovirus*, *Tobacco necrosis necrovirus*, *Tobacco rattle tobravirus*, *Tobacco ringspot nepovirus*, *Tomato spotted wilt tospovirus*, *Watermelon mosaic 2 potyvirus*, *Wisteria vein mosaic potyvirus*

2 害　虫

◇エンドウヒゲナガアブラムシ　*Acyrthosiphon pisum*

　体長2.5～3mm, 体は緑色か黄緑色である。葉裏のほか, 新芽, 花などにも寄生する。葉にモザイク症状を生じて奇形, 小型化させ, 花弁に斑入り症状が生じる。発生適温は20～25℃であるが, 播種直後はほかの植物上で繁殖をく

図6-3 スイートピー病害虫の見分け方
(『農業総覧 花卉病害虫診断防除編』より)

病気

〈花〉

初期は白色水浸状斑点。中央から全体に褐変。灰色カビが生じる

灰色かび病

〈葉・茎〉

花弁の付着や傷口により褐変、灰色カビが生じる

灰色かび病

円形か不整形の褐色病斑で中央部が灰白色

褐斑病

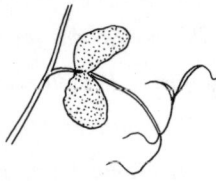

葉の表裏が粉をふりかけたようになる。莢、巻きひげにも発生

うどんこ病

茎・葉・花・莢に、褐色円形または不整形の斑点を生じる

炭疽病

葉に濃淡または淡黄のモザイク。葉縁が巻き込み奇形となる

モザイク病

〈葉〉

下葉から、縁のほうから黄化し、発育不良になる

半身萎凋病

根と導管が褐変する

株が黄化。晴天日に萎凋し、その後枯死する

導管・根・茎が褐変

萎凋病

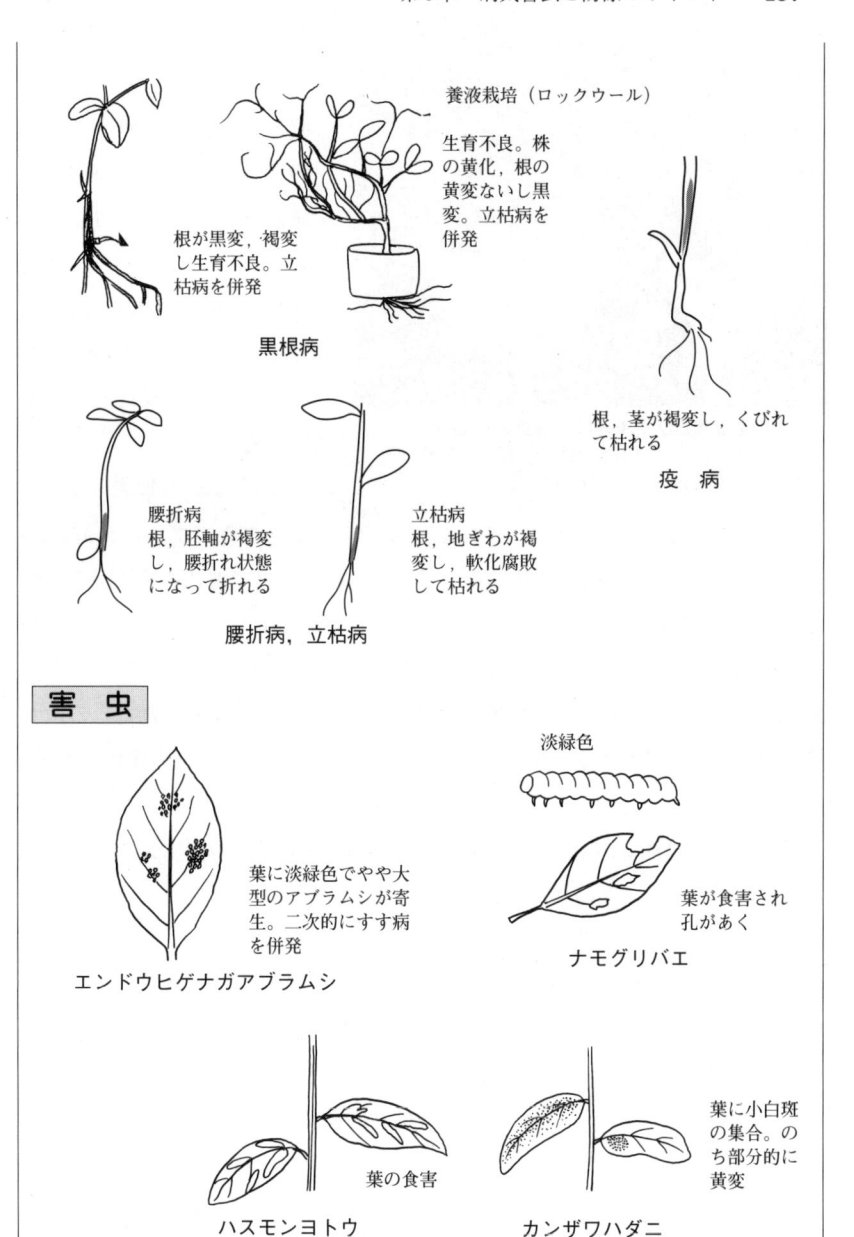

第6章 病気害虫と防除のポイント　**157**

養液栽培（ロックウール）

生育不良。株の黄化，根の黄変ないし黒変。立枯病を併発

根が黒変，褐変し生育不良。立枯病を併発

黒根病

根，茎が褐変し，くびれて枯れる

疫　病

腰折病
根，胚軸が褐変し，腰折れ状態になって折れる

立枯病
根，地ぎわが褐変し，軟化腐敗して枯れる

腰折病，立枯病

害　虫

淡緑色

葉に淡緑色でやや大型のアブラムシが寄生。二次的にすす病を併発

エンドウヒゲナガアブラムシ

葉が食害され孔があく

ナモグリバエ

葉の食害

ハスモンヨトウ

葉に小白斑の集合。のち部分的に黄変

カンザワハダニ

図6-4 ウイルスによる葉の小型化
左：ウイルス罹病葉．葉が変形，小型化，巻きひげが伸びない．右：健全葉

り返し，3月下旬以降に発生がみられる。とくに採種栽培では注意を要する。施設の開放部分から飛来し，施設の側面や入り口部分から発生がみられる（吉松，1998）。本アブラムシは淡緑色で，ワタアブラムシやモモアカアブラムシより大型である。

そのほかの被害として，モモアカアブラムシ *Myzus persicae*，体長1.8～2mm，体は赤，桃，黄，緑色など，混色や濃淡がみられる（河村ら，1976）。マメアブラムシ *Aphis craccivora* は，体長約1～1.5mmで幼虫は灰色，成虫は黒色で光沢がある。チューリップヒゲナガアブラムシ *Macrosiphum euphorbiae* は葉裏または花びらに長さ1～3mm，淡緑色の虫が集団で寄生して吸汁する。多発すると葉の枯れ上がりが早くなる（米山・木村，2000）。

防除は農薬以外に，アブラムシ類，アザミウマ類，チョウ目害虫などの侵入を防ぐため，ハウス開口部に防虫ネットを設置する（神奈川県）。

◇カンザワハダニ　*Tetranychus kanzawai*

体長は雌0.4mm，雄0.3mm内外で，夏型雌は暗赤色，休眠雌は朱色で，卵は無色透明から黄色みを帯び，幼虫は淡色である。発生適温は25～30℃で，8～10月に周辺雑草からの飛来して発生し，葉を食害する。露地栽培では9～10月，施設では，9～11月と3～5月，催芽時に多い。展開した葉が退緑したり，黄土色となる。葉の裏面に多くの赤いハダニとその卵がみえる。葉の一部は茶色となり枯れることはないが，全葉に及ぶと生育は抑制される（池田，1997；ほか）。アカダニ（ニセナミハダニ *Tetranychus cinnabarinus*）に似て

いるとされる。アメリカではナミハダニ *Tetranychus urticae* の害も認められている（Pirone, 1978）。

◇ハスモンヨトウ　*Spodoptera litura*

　成虫は15〜20mm，葉裏に産卵，幼虫は黄緑色で白い線が横腹にあり，頭部には二つの黒点がある（河村ら，1976）。発生適温は20〜25℃，施設栽培では9月に発生が集中する。はなはだしい場合は葉が暴食され，ときには花も食害されることもある（池田，1997）。

　農薬以外の防除は，フェロモントラップを利用した大量誘殺によってハスモンヨトウムシの密度を低下させる（神奈川県）。

◇ヨトウガ（ヨトウムシ）　*Mamestra brassicae*

　成虫は体長15〜20mmの中型のガ。卵はまんじゅう型の乳白色，ふ化前に青黒くなる。幼虫は淡緑色で，しだいに褐色を帯びる（河村ら，1976）。葉の一部が半透明になり，長さ1〜1.5mmの緑色のアオムシが葉の裏を浅く食害して，表皮のみを残す（米山・木村，2000）。

◇ナモグリバエ（エカキムシ）　*Chromatomyia horticola*

　発生適温は15〜20℃で，3〜5月に多く発生する。幼虫が葉の組織内に入り，トンネルを掘るように食い進み，ひも状の白色の曲がりくねった筋となって現われる。葉の中に潜る幼虫は乳白色のウジで，脚はなく，十分に生長すると3mm位になる。成虫は2.5mm前後の黒っぽいハエである。ヨトウガのふ化幼虫が葉の裏面を浅く食害すると，その部分が白色の筋状の斑紋となるが，葉裏を調べると必ず10mm前後のアオムシが多数みられることで区別できる（木村，1997；ほか）。

◇オンシツコナジラミ　*Trialeurodes vaporariorum*

　成虫は体長1〜1.5mm，全体が白色粉状のロウ物質で覆われ，白くみえる。成幼虫は新葉の葉裏を寄生して吸汁し，生育を妨げ，排泄物にすす病が発生することがある。20℃での卵から成虫までの期間は30日以内と短い。栽培終了時，日中にハウスを閉め切ったまま1〜2週間おき，室温を50℃近くまで上げることにより，斃死させることができる（福岡県病害虫防除所ホームページ，

2006；ほか)。低温期では活動停止し，スイートピーの暖房時期 (5℃) ではほとんど発生がみられない。

◇ネコブセンチュウ　*Meloidogyne spp. Meloidogyne incognita*

根に小さなコブができる。侵されると生育が劣り，黄色の病的な茎葉を呈することがある。重粘土よりも砂土で被害が大きい。地温10℃以上で活動を始め，卵は15℃以上でふ化し，1世代は夏で30日間以内，年間数世代を経過する。卵からふ化した幼虫は，土中を移動して根の生長点付近から根の中に侵入して定着し，口針からある種の汁液を出しコブをつくる（Taubenhaus，1914；福岡県病害虫防除所ホームページ，2006；Pirone，1978)。

◇ネギアザミウマ　*Thrips tabaci*

成虫は体長約1.5mmの細長い虫で，淡黄色または淡褐色，羽があり，棒状である。幼虫は体長1mmほどの細長い虫で，成虫に似た形をしているが，羽はない。成虫・幼虫は葉に寄生し，葉の表層をなめたり，吸汁して葉の組織を傷付け，被害部に小さい黄白点が現われる。被害がひどくなると葉全体が汚くなり，葉の緑色はほとんど失われるようになる。花き類の茎葉や花の中に棲み，害を与える（愛知県農総試ホームページ　あいち病害虫情報，2006)。

◇ミナミキイロアザミウマ　*Thrips palmi*

汁液により花弁にかすり症状，奇形，褐変，新芽に萎縮，褐変，ケロイド症状などが現われる。トマト黄化えそウイルス（TSWV）を伝搬し，芽の黄化，枯れこみ，茎の扁平化や空洞化を生じる。雌成虫は体長1.0〜1.1mm，体色は橙黄色。翅の縁毛が黒いため，翅をたたんだときに合わせ目が背中に黒い筋としてみえる。

雄は雌より小型で体色が薄い。卵は長径0.3mm程度のソラマメ型で半透明。ふ化直後の体色は薄い乳白色で目立たず，複眼は小さく赤色で，2齢幼虫になると体色がレモン色になる。前蛹時期以降は，体色がしだいに黄色みを増す。ふ化幼虫はすぐ新芽，葉などを加害し始める。2齢幼虫になると食害量が増加する。主に土中で蛹化するが，植物体の隙間からも蛹はみつかる。前蛹と蛹の時期は食害せずあまり動かない。

卵から成虫までの発育期間は15℃で34.2日，30℃で9.5日と高温ほど発育が速い。また，成虫の生存期間は15℃で45日，30℃で18日と低温で長い。

本種は熱帯地域が原産で，日本では南西諸島以外の露地で越冬は不可能である。九州以北では主に加温施設で越冬するが，一部は無加温施設でも越冬する。成虫は色彩反応を示し，近紫外線波長を吸収する白や青などに誘引される（愛知県農総試ホームページ　あいち病害虫情報，2006；大阪府病害虫防除所ホームページ，2006）。

◇タネバエ　*Hylemya platura*

成虫は体長5～6mm。幼虫は白～黄白色のウジで，体長7～8mm。発芽を始めた幼根，幼苗の地ぎわ部を食害する。有機質肥料を施用すると，成虫は誘引されて産卵が多くなる（河村ら，1976）。

◇ヒトリガ　*Arctia caja phaeosoma*

葉に大型の黒褐色のケムシが食害する。4～5月に大発生することがある。露地栽培に多い（上住・西村，1975）。

◇カブラヤガ　*Agrotis segetum*

発芽して間もない苗を地ぎわから食い切る。そのほかトビムシの一種が発芽直後の地ぎわ部にいて，白い小さいムシが食害して苗を傷める（上住・西村，1975）。

◇エンドウゾウムシ　*Bruchus pisorum*

成虫は体長5mm，帯黄黒褐色で，幼虫は体長6mm，黄白色をしている。エンドウの種実の害虫で，莢の上に産卵し，ふ化幼虫が実に入り，7月頃に蛹となる（河村ら，1976）

そのほか，アメリカでは以下の害虫があげられている（Pirone，1978）。メイガ科の一種*Udea rubigalis*で，日本にはクロモンキノメイガ*Udea testacea* (Butler) がいる。オカダンゴムシ*Armadillidium vulgare*，タマワラジムシ*Porcellio laevis*，ヤガ科タバコガ亜科の一種*Heliothis zea*（ヤガ科）に食害される。日本ではツメクサガ *Heliothis maritima adaucta* やトガリウスアカヤガ *Heliothis cruentana* が生息している。

宿根草のヒロハノレンリソウ（*L. latifolius*；宿根スイートピー）では，*Cladosporium herbarum*, *Erysiphepolygoni*, *Phyllosticta orobella*, *Ramularia deusta* などの被害がある（Washington州立大ホームページ）。

　なお，ここではスイートピーに発生，または発生のおそれがある病害虫を紹介したが，具体的な防除法は各県病害虫防除所などの関係機関に訊ねてほしい。資料としては，『農業総覧　花卉病害虫診断防除編』（農文協）の第2巻などが参考になる。

第7章 品種の特性と改良可能性

1 品種の分類

草型で

①矮性：草高が30cm程度で，鉢物，花壇向きの品種。'キューピッド'（Cupid），'パティオ'（Patio）など

②中間：草高が45〜60cmで，90cm位に伸長する品種も含まれ，花壇向きの品種。'ビジョー'（Bijour），'ニーハイ'（Knee-Hi），'ジェットセット'（Jet Set）

③高性：草高が1m以上になる花壇や切り花向きの品種。スイートピーでは矮性品種は少なく，冬咲き，春咲き，夏咲き系とも高性種がほとんどである。

開花期（高性種）で

高性種を8月下旬〜9月上旬に関東以西で播種し，自然日長下で冬期の夜温5℃前後で栽培した場合の開花期で分類すると，以下のようになる。なお，日本で育成された品種については後述する（「3 わが国における近年の品種改良」の項172ページ）。

◇冬咲き系

11〜12月に開花する品種群。日長依存性はきわめて小さく，種子春化によって開花が促進される。

少輪少花咲き（Early Spencer）：'アメリカンビューティー'（American Beauty 濃紅色），'ミセス・ダグラスマッカーサー'（Mrs. Douglas McArther サーモンピンク）

多花咲き（Early Multiflora Gigantea）：'茅ヶ崎11号'（濃桃色），'イース

ターパレード'（Easter Parade　白色），'ダイアナ'（Diana　淡ピンク），

切り花用市販品種：'ミランダ'（桃色），'エリザベス'（桃色），'エミリー'（濃桃色で中心が淡い色），'メアリー'（鮭肉色），'マリアン'（複色，旗弁が淡藤色，翼弁が輝桃色），'エレガンスホワイト'（白）。

市販品種からの選抜：'アーリーホワイト''アーリーピンク''サーモンピンク'

◇春咲き系

2～3月に開花する品種群。開花には相対的に日長よりも種子春化の影響が大きく，実用上は種子春化のみで開花が促進される。

'カスバートソン'（Cuthbertson）：1940年代以降に育成された品種群。黄色以外の各色がある。

'ロイヤル'（Royol）：1960年代以降に育成された花が大きく，花茎も長い品種群。'スカーレット'（緋赤色），'クリムソン'（紅赤色），'ローズ'（桃色），'ネイビーブルー'（濃青色），'サーモン'（鮭肉色），'ホワイト'（白），'ラベンダー'（藤色）

切り花用市販品種：花径が5cm以上の大輪であるスーパーシリーズがある。'スカーレット'（緋赤色），'ディープローズ'（濃桃紅色），'ローズ'（濃桃色），'サーモン'，'ラベンダー'，'ホワイト'。

市販品種からの選抜：'イースターパレード'（白），'ステラ'（白，淡黄），'ホワイトジャイアント'（白），'グレース'（紫），'ネオグレース'（紫），'セレステ'（紫）

◇夏咲き系

4～5月に開花する品種群。日長依存性が大きく，種子春化後に長日条件が必要，短日では花蕾が正常に発育しない。

'オールドスパイス'（Old Spice，芳香性17品種）をはじめ，イギリスには多数の品種が育成されている。

'マリオン'（紫），'エンジェルワン'（ピンク），'フローリック'（複色）

葉の形で

◇小葉1対タイプ

通常は小葉が1対，その先に4～5対程度の巻きひげを生ずる。まれに小葉1対目の巻きひげが小葉に変化し，小葉が2対となるが，巻きひげが優性とされる。ほとんどの品種は小葉が1対である。

◇複葉（Acacia-leaved）タイプ

巻きひげがすべて小葉に変化し，数対着生する。1800年代に育成されたが草勢が弱く，1970（昭和45）年以降に'スヌーピー'（Snoopea），'スーパースヌープ'（Super Snoop　春咲き）が育成された。これらを交配親に用いて育成された品種に，岡山農試育成の春咲き系'シンフォニー・チェリー'（鮮紫ピンク）と'シンフォニー・ホワイト'（白色）がある。市販の冬咲き系では'セレモニーピンク'（桃色），'セレモニーホワイト'（白色）がある。

2　望ましい切り花型質とは

従来の望ましい切り花型質は，花にボリューム感があり，切り花が長くて重く，花茎が太く，しっかりしていること，多く着蕾・開花し，小花の間隔が一定で，花が揃っていること，花弁が厚く完全に展開して大きく，シミや傷がなく，室内の人工光に映える花色ですっきりみえることや，香りがあることなどである。さらに，輸送性が高く，花がみずみずしく，本来の花色を長く保ち退色しないこと，花もちがよいことである。

しかし，輸送地帯では1花茎4花が望ましく，花蕾が多く着生していると輸送中の着色や品質保持に問題が生ずるとされる。必ずしも大輪多花咲きが必要ではない。小輪花でも花もちがよく，濃色でも花弁が傷みにくい，透明感のある切り花が好まれる時代が到来するかもしれない。また，落蕾しにくいものや，純黄色の切り花の作出も期待される。このように，嗜好性は時代とともに変化するので，従来の切り花とは異なった多様な形質を保持することが必要であろう。

花の構造，花弁の形

◇花の構造

スイートピーの小花は5枚の花弁をもち，旗弁が1枚，翼弁が2枚，舟弁が1枚で，これらの花弁の根本には，がくが5裂し，筒状（がく筒）になる。舟弁は先端が鉤状に曲がっており，舟弁の中に雄ずいが10本（9本は合着，1本は独立），雌ずいが1本がある（図7-1）。雌しべは子房の部分は直線で，先端は曲がり，柱頭のほうが雄しべよりも長い。子房は一室，一心皮性で，受粉後膨らんで莢になる。

このように雌しべも雄しべも舟弁で覆われているので自家受粉植物とされ，

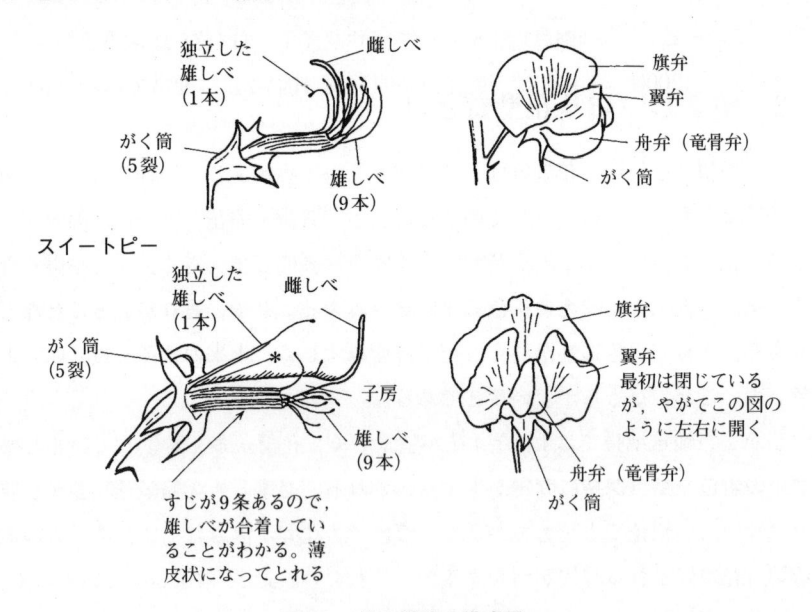

図7-1 花の構造の模式図
(『花の観察学入門』岡崎恵視・橋本健一・瀬戸口浩彰著. 1999. 培風館. 東京)
上段はヒロハノレンリソウ（宿根スイートピー）
下段はスイートピー

交雑はおこりにくいが，舟弁にミツバチ類が乗ると舟弁が下がり，花粉が付着し，他の花に受粉されることもある（181ページ）。

◇旗弁の形

旗弁の形から丸弁のフード，オープンと，波状弁のウェーブ花がある。

フード花：旗弁が前方に垂れて，花の大きさが小さくみえる。Pre-Spencerタイプに多くみられ，観賞価値は低い。極端な品種には，花弁が展開しないで漏斗状のキンギョソウ咲きがある。最近，特異な形が注目されつつある。また，旗弁に切れ込みのあるノッチ（Notch）があり，旗弁上部か側部に現われる。小花が小さくみえるが可愛らしさがある。

オープン花：旗弁が完全に展開し，花が大きくみえる。

ウェーブ花（波状弁）：旗弁の縁が波状（フリル）を呈し，観賞価値が高い。しかしあまり波状（ひだ）が多いと，醜く感じる。

◇翼弁の展開角度

Harrod（2000）によると，翼弁の展開角度（図7-2）は通常では約150度に開く（a）が，90度と三角形のような形（b），展開角度が極端に小さく，翼弁が下垂する（c）形もある。一般的に翼弁の展開角度は70～150度が観賞許容の範囲とされる。また，正面からみると翼弁全体が前方にやや傾き，縁がわずかに内側に向く品種が多いが，縁が外側（d）か内側にカールする（e）品種，先端が尖った翼弁（f），飛行機の翼のような形（g）もみられる。

◇環境と花弁の形

'茅ヶ崎11号'のように冬期の晴天時ではオープン花になるが，曇雨天が続くとフード花（通称：泣き花）になりやすい品種がある。落蕾をおこす曇天，低温，多湿の条件では，旗弁上部の縁が伸長・展開を停止して，矮小化したり，紙のように薄く矮小化した翼弁となることがある。

また，一般的に高温になると花径が小さくなるとともに，旗弁が反転して，後方に反りかえり，観賞性が低下する。

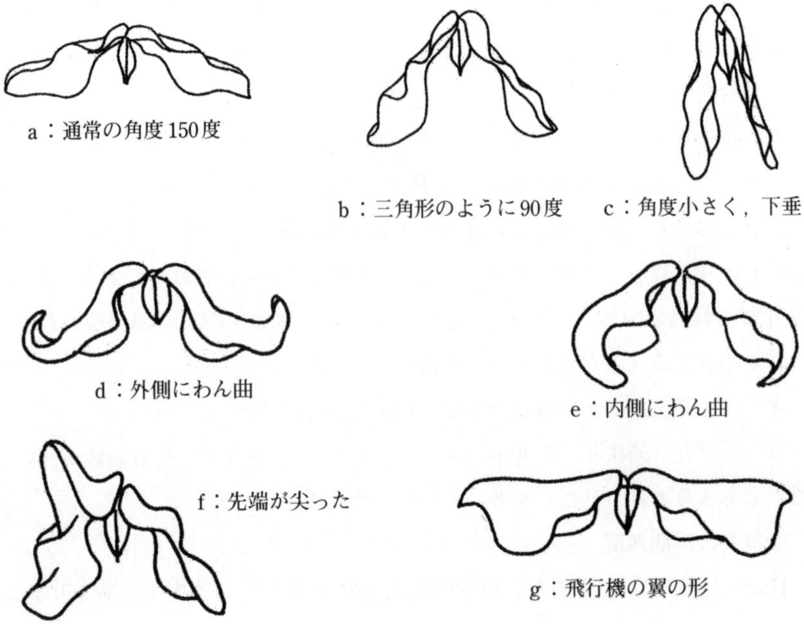

a：通常の角度 150 度
b：三角形のように 90 度
c：角度小さく，下垂
d：外側にわん曲
e：内側にわん曲
f：先端が尖った
g：飛行機の翼の形

図 7-2　翼弁の展開角度　　　　　　　　（Harrod, 2000）

花　色

　スイートピーは旗弁と翼弁が同一色の単色花で，赤，白，ピンク，紫色系および淡クリーム色が多く，純粋の黄色は作出されていない。
　一方，旗弁と翼弁の色が異なる複色花はガーデン用品種にみられたが，最近は切り花用に作出され，単色で異なるものや下地の色にグラデーションのあるものがある。花弁に縁取りができるピコティ（Picotee）タイプがあり，'ロージーフリル（Rosy Frills）' などがこれに属する。
　また，花弁に筋状の濃淡ができるものに 'アメリカ（America）' のようなフレーク（Flake），'ウィルトシャーリップル（Wiltshire Ripple）' のようなストライプ（Stripe），'ボーダーライン（Borderline）' のような吹きかけ（Streaked）と Flushed タイプがあるが，しかし斑紋の厳密な違いはわかりにくい。

芳香性

◇品種分化と芳香性

　スイートピーの花の香りは，野生種で強く，栽培種で弱く，現代の品種では少ない（奥西，1949：Buchans，1999）とされる。夏咲き系の3品種（Porter，1999），5品種（井上ら，2002）および冬咲き系の2品種（吉村・神島，1992）について花の香気成分を調査したところ，同一系統内の品種間では香気成分の差は比較的小さいことが明らかにされている。

　自生種，夏咲き系'プリマドンナ'（1896年に作出），春咲き系'ロイヤルローズ'（1960年代に作出）および冬咲き系'茅ヶ崎11号'（1960年代に育成）について，品種分化と香気成分の関係を調査した（井上ら，2002；井上・児玉，2002）ところによると，花の芳香は自生種や夏咲き系が強く，春咲き，冬咲きの品種が弱かった。ヘッドスペース法（球状捕集器の中に花を入れて香気を捕集）からの香気成分は自生種が86，'プリマドンナ'が108，'ロイヤルローズ'が90，'茅ヶ崎11号'が116成分で，ヘキサン抽出物からはそれぞれ39，49，58，32成分であった。ヘッドスペースから全品種に共通に認められる成分は57と多かったが，園芸3品種では自生種の87成分のうち11～18成分が消失し，新たに22～45成分が検出されている。

　①自生種に多く存在し，ほかの3品種では少なかったのは，3-Methyl-3-buten-1-ol，Heptanol，Citronellal，Benzaldehyde，Phenyl acetaldehyde，Isovaleric acid，Citronellol，Nerol，Benzyl alcohol，Methyl anthranilateであった。

　②自生種に少なく，ほかの3品種で多く存在した成分は，Methyl 2-methyl butyrate，Methyl hexanoate，Linanool，Geraniol，2,6-Dimethyl-3,7-octadiene-2,6-diol，2,6-Dimethyl-1,5,7-octatrien-3-ol，2,6-Dimethyl-1,7-octadiene-3,6-diolであった。各品種の香気の特徴と構成成分を表7-1に載せた。

　自生種ではPhenyl acetaldehydeや①に記載した成分や，表7-1に記載した化合物が香気に関わり，グリーンでやや動物的なにおいを有し，いくぶんスミレ

の香りである。すなわち，華やかさよりもグリーンやアニマリック（動物的）な香りが際だっている。

一方，春咲き'ロイヤルローズ'や'茅ヶ崎11号'ではLinaloolのようなフレッシュ感中心に，Geraniolなどに起因するローズ感，Methyl hexanoateなどに基づくフレッシュでフルーティな香りである。さらに，②や表7-1に記載した化合物が香気に関わり，全体として華やかな香りとなる。また'プリマドンナ'は自生種の主成分であるPhenyl acetaldehydeと'ロイヤルローズ'や'茅ヶ崎11号'の主成分であるLinaloolを多く含有し，組成的には自生種と'ロイヤルローズ'や'茅ヶ崎11号'の中間に位置する。

表7-1 スイートピー品種の香気の特徴と構成成分

品　種	香気と成分
自生種	他種と比べローズ感は少なく，グリーン感とやや動物的なにおいを伴ないういくぶんスミレを思わせる香り 〈Green〉　　　　Phenyl acetaldehyde 〈Animalic〉　　　Indole, Isovaleric acid (Civet like), Benzyl isovalerate 〈Violet〉　　　　Nonanal, Heptanol
Prima Donna	みずみずしいフレッシュ感とグリーン感を伴うローズ感のあるヒアシンスのような香り 〈Fresh〉　　　　Linalool, trans-β-Ocimene, Neryl acetate 〈Green〉　　　　Phenyl acet aldehyde, 3-methyl-2-butenal 〈Rosy〉　　　　Geraniol, 2-Phenyl ethanol, Phenyl ethyl acetate 〈Hyacinth like〉　Phenyl acetaldehyde, Indole, Methyl anthranilate
Royal Rose	弱いが，少しスパイシーでグリーン感のある，みずみずしい花の香り 〈Fresh Floral〉　　Linalool, Methyl benzoate, Acetophenone 〈Fresh Fruity〉　　Methyl hexanoate, Prenyl acetate 〈Spicy〉　　　　Methyl Salicylate (Medicinal Spicy)
茅ヶ崎11号	ヒアシンスとローズを掛け合わせたような香り 〈Hyacinth〉　　　3-Methyl-2-butenal, Phenyl acetaldehyde, Linalool, p-Tolyl aldehyde 〈Rosy〉　　　　Geraniol, Geranyl acetate, Methyl phenylacetate, Nerol Geranyl butyrate, Geranial, Neral, Nonanal (Aldehydic rosy violet)

このように自生種のもっていたグリーンやアニマリックな香りが，品種分化（改良）により徐々に消失して，フローラルで華やかな香りへと変化している。すなわち，若人がつける強い単純な香りから，みずみずしくも甘くソフトな香り，大人の香りが漂う感じに進化したといえよう。

芳香性を品種改良に取り入れるには，香りの強度と香りの質（香気成分の組成）の両面を検討する必要がある。

◇気温と芳香性

自生種および夏咲き系'プリマドンナ'を用い，夜温5℃と15℃で栽培したスイートピーの花弁について香気成分を比較した（曽田香料，2001分析，未発表）。

自生種の官能評価は夜温5℃が15℃に比べて，香りが強く，甘みやグリーン感のある香りで，15℃はフレッシュでグリーン感がある。香気成分はPhenyl acetaldehyde, Citronellol, Nerol, Nonanalとも15℃に比べて5℃で，3.1～4.1倍多く含有した。

夏咲き系'プリマドンナ'での官能評価は，やはり5℃が15℃に比べて香りが強く，ヒヤシンス感やグリーン感をもち，ローズ様である。15℃ではやわらかく，香りが弱い。香気成分はtrans-β-Ocimene, Phenyl acetaldehyde, Geraniol, 2-Phenylethyl alcohol, Indole, Methyl anthranilateのいずれも，15℃に比べて5℃で1.1～2.2倍多かった。

このように夜温が低いと香りが強く，香気成分も多く含有することから，芳香を保つには気温管理も重要なポイントとなることがわかる。

◇その他の*Lathyrus*植物の芳香性

L. tuberosus（キュウコンエンドウ）はスイートピーと異なり，バラのような甘い香りがする。ヘキサン抽出物では，Geraniol, trans,trans-Farnesol, Phenylethyl alcohol, trans-2-Octenol, Hexanal, trans-Cinnamyl alcohol, cis-3-Hexenolなどが多く，Benzyl alcohol, trans-2-Hexenol, 3-Hexanol, 2-Hexanol, Eugenol, trans-Cinnamaldehyde, linalool, Neralが含まれる（曽田香料，1999分析，未発表）。

その他に *L. belinensis*，*L. pubescens*，*L. nervosus* に芳香があるとされるが，その成分については不明である。

3 わが国における近年の品種改良

交雑育種の可能性

一般的に，開花期では遺伝的に夏咲きが，春咲き，冬咲きに対して優性，春咲き性は冬咲き性に対して優性を示す。草型，葉の形では高性が矮性に対して優性，巻きひげのある葉（普通葉）が巻きひげのない複葉に対して優性を示す。

これまでに育成された冬咲きおよび春咲き系品種は，栽培中の変異個体からの選抜や，冬咲き，春咲き，夏咲き系の品種との交配から作出されている（表7-2）。交配親には冬咲き系の'イースターパレード'（白），'アーリーホワイト'（白），'ダイアナ'（ピンク），'ミセス・ダグラスマッカーサー'などが多く用いられている。

◇単色花

冬咲き系品種：変異個体の選抜種ではピンク系の'シンデレラ''ユリカ'がある。交雑品種では，ピンク系は'シルキーピーチ''メアリー'，'バレンティナ'，'紀州1号'が，青色系は'ガラティア'，赤色系は'歌姫'，白系の'ローブデコルテ'，淡黄色系は'アルテミス'が作出されている。

春咲き系品種：冬咲きあるいは夏咲きとの交雑品種で，ピンク系では'シルキーチェリー''サニーピーチ''桜川'，青色系では'舞藤'，赤色系では'舞姫'がある。

◇複色花

冬咲き系品種：交雑品種は，旗弁がピンク系では'紀州2号''スイートルージュ''エミリー'，赤色系では'さむかわサン'，白色系では'紀のウェディングベル'，青色系では'湘南オリオン'が，変異個体の選抜種では'紀のあお'がある。

春咲き系品種：いずれも交雑品種で，旗弁がピンク系では'クリオネ''彩姫'，赤・紫色系では'逢初''式部'がある。これまで単色，複色花の赤・紫

第7章 品種の特性と改良可能性

表7-2 スイートピー，登録品種等の一覧（カッコ内は出願時品種名）
（2006年8月4日現在）

	品種名	花色	開花の早晩	交配	登録者	発表，登録	育成者
1	エミリー	縁が鮮紫ピンク，中心が白の覆輪	冬咲き	スーパーホワイト（春）×ロイヤルローズ（春）	サカタのタネ	1994年登録	森山昭
2	シンデレラ	淡ピンク	冬咲き	スージー（冬）の変異個体，選抜育成	小菅昭義	1995年登録	小菅昭義
3	ユリカ	淡紫ピンク	冬咲き	ダイアナ（冬）の変異個体，選抜育成	木下重信	1995年登録	木下重信
4	シルキー・ピーチ	淡黄ピンク	冬咲き	ミセス・ダグラスマッカーサー（冬）×イースターパレード（冬）	＊宮崎県未登録	1997年	柴田和美・八反田憲生・村田寿夫・郡司定雄・富永寛・高橋英生
5	メアリー	鮮ピンク	冬咲き	ダイアナ（冬）×アーリーギガンテア ピーチ（冬）	サカタのタネ	1998年登録	森山昭，中川雅博
6	セレモニーピンク	鮮紫ピンク	冬咲き	スーパースヌーピー（春）×ダイアナ（冬）	サカタのタネ	1998年登録	森山昭，中川雅博
7	ガラティア	明青紫色	冬咲き	スーパーミッドブルーから育成	サカタのタネ	1998年登録	森山昭，中川雅博
8	アルテミス（ルナ）	淡緑黄色	冬咲き	イースターパレード（冬）×ビュー（冬）	神奈川県	1998年登録	山元恭介
9	紀のあお（オーロラブルー）	旗弁翼弁が明青み紫色，舟弁が淡紫	冬咲き	エリノア（春）から選抜，育成	和歌山県	2000年登録	加藤一人，宮本芳城，藤岡唯志，花田裕美ほか6名
10	セレモニーラベンダー	鮮紫ピンク（複色）	冬咲き	スーパースヌーピー（春）×ダイアナ（冬）	サカタのタネ	2000年登録	中川雅博，小島仁司
11	バレンティナ（バレリーナ）	淡紫ピンク	冬咲き	プリンセスの枝変わり×育成系統	小菅昭義	2002年登録	小菅昭義
12	ローブデコルテ	黄白色	冬咲き	育成系統（冬）×育成系統（冬）	小菅昭義	2002年登録	小菅昭義

	品種名	花色	開花の早晩	交配	登録者	発表, 登録	育成者
13	さむかわサン（ルージュ）	旗弁が濃紅色, 翼弁が濃赤紫色	冬咲き	ダイアナ（冬）×スカーレット（冬）	小菅昭義	2002年登録	小菅昭義
14	紀のウェディングベル	旗弁が白色, 周縁部のみ濃紫ピンク, 翼弁が白色	冬咲き	アーリーホワイト（冬）×アメリカンビューティー（冬）	和歌山県	2004年出願公表中	花田裕美, 森泰, 中西敏
15	湘南オリオン	旗弁が浅青み紫, 翼弁が青紫（複色）	冬咲き	茅ヶ崎11号（冬）×パティオ（冬）	神奈川県	2004年登録	山元恭介, 柳下良美
16	紀州ピー1号（ブライダルピンク）	淡紫ピンク	冬咲き	ダイアナ（冬）×アーリーホワイト（冬）	和歌山県	2005年登録	花田裕美, 森泰, 宮本芳城, 小畑利光, 山本彩加
17	リップルラベンダー	黄白地に明紫の覆輪, 吹きかけ	冬咲き	育成系統（冬F4イースターパレード×ダイアナ）×ウィルトシェアリップル（夏）	神奈川県	2005年登録	山元恭介, 柳下良美
18	紀州ピー2号（キャンドルピンク）	旗弁が鮮紫ピンク, 翼弁が淡紫ピンク	冬咲き	アーリーホワイト（冬）×ミセス・ダグラスマッカーサー（冬）	和歌山県	2006年登録	花田裕美, 森泰, 宮本芳城, 小畑利光, 山本彩加
19	スイートルージュ	旗弁が鮮紫ピンク, 翼弁が紫ピンク	冬咲き	アーリーホワイト（冬）×アメリカンビューティー（冬）	和歌山県	2006年登録	花田裕美, 森泰, 宮本芳城, 小畑利光, 山本彩加
20	リップルピーチ	黄白地に明紫赤の覆輪, 吹きかけ	冬咲き	育成系統（冬ビュー選抜）×ライラックリップル（夏）	神奈川県	2006年登録	山元恭介, 柳下良美
21	リップルショコラ	黄白地に暗紫赤の覆輪, 吹きかけ	冬咲き	育成系統（冬イースターパレード×ダイアナ）×ウィルトシェアリップル（夏）	神奈川県	2006年登録	山元恭介, 柳下良美
22	歌姫	鮮赤紫色	冬咲き	ロイヤルネイビーブルー（春）×ダイアナ（冬）	宮崎県	2006年登録	八反田憲生, 中村薫, 日野宏俊, 柴田和美, 郡司定雄, 村田壽夫, 富永寛, 高橋英生

第7章 品種の特性と改良可能性

	品種名	花色	開花の早晩	交配	登録者	発表,登録	育成者
23	スイートスノー	黄白, 芳香強	冬咲き	プリンスエドワードオブヨーク (夏) ×イースターパレード (冬)	独立行政法人	出願中	山元恭介, 柳下良美
24	スイートピンク	旗弁が明紫赤, 翼弁が紫ピンクの複色, 芳香強	冬咲き	イースターパレード (冬) ×ロードネルソン	独立行政法人	出願中	山元恭介, 柳下良美
25	岡山農試ピー1号(シンフォニーチェリー)	鮮紫ピンク (複色)	春咲き	ロイヤルローズ (春) ×スーパースヌーピー (春)	岡山県	1995年登録	土居典秀, 鴻野信輔, 川合貴雄, 木本英照, 岡本康博, 藤井新太郎
26	岡山農試ピー2号(シンフォニーホワイト)	黄白色	春咲き	ロイヤルローズ (春) ×スーパースヌーピー (春)	岡山県	1995年登録	土居典秀, 鴻野信輔, 川合貴雄, 木本英照, 岡本康博, 藤井新太郎
27	シルキー・チェリー	淡紫ピンク	春咲き	ミセス・ダグラスマッカーサー (冬) ×イースターパレード (冬)	*宮崎県未登録	1998年	柴田和美・八反田憲生・村田寿夫・郡司定雄・富永寛・高橋英生
28	サニーピーチ	淡黄ピンク	春咲き	バンドエイド (夏) ×イースターパレード (冬)	宮崎県	2000年	富永寛, 日野宏俊, 郡司定雄, 村田壽夫, 柴田和美
29	クリオネ	旗弁, 翼弁がピンクの濃淡, 淡緑黄	春咲き	スーパーローズ (春) ×イースターパレード (冬)	原田典保	2005年登録	原田典保
30	逢初 (あいそめ)	鮮紫色 (複色)	春咲き	イースターパレード (冬) ×パーシースローアー (夏)	宮崎県	2006年登録	八反田憲生, 中村薫, 日野宏俊, 柴田和美, 郡司定雄, 村田壽夫, 富永寛
31	舞姫	鮮赤紫色	春咲き	(アニバーサリー (夏) ×スーパーローズ (春)) ×スーパーローズ	宮崎県	2006年登録	八反田憲生, 中村薫, 日野宏俊, 柴田和美, 郡司定雄, 村田壽夫, 富永寛, 高橋英生

	品種名	花色	開花の早晩	交配	登録者	発表，登録	育成者
32	式部	旗弁が赤紫，翼弁が明紫	春咲き	アーリーサーモンピンク（春）×ミセス・ダグラスマッカーサー（冬）	宮崎県	出願中	八反田憲生，中村薫，日野宏俊，郡司定雄，長友広明，村田壽夫，富永寛
33	舞藤	浅紫色	春咲き	イレインペイジ（夏）×セレステ（春）	宮崎県	出願中	八反田憲生，中村薫，日野宏俊，柴田和美，長友広明，郡司定雄，村田壽夫，富永寛，高橋英生
34	桜川	淡紫ピンク	春咲き	（アニバーサリー（夏）×スーパーローズ（春））×スーパーローズ	宮崎県	出願中	八反田憲生，中村薫，日野宏俊，柴田和美，長友広明，郡司定雄，村田壽夫，富永寛，高橋英生
35	彩姫（あやひめ）	淡紫ピンクに鮮紫ピンク縁取り	春咲き	（ステラ（春）×アプリコットスプライト（夏））×ステラ	宮崎県	出願中	八反田憲生，中村薫，日野宏俊，柴田和美，長友広明，郡司定雄，村田壽夫，富永寛，高橋英生

独立行政法人は，独立行政法人農業・食品産業技術総合研究機構を表わす

色系は優良形質が比較的に少なかったので，これらの品種をいかした生産，流通技術開発が期待される。

◇吹きかけ

いずれも夏咲きとの交雑で作出された冬咲き系品種で，リップルシリーズとして'ラベンダー'（明紫色の覆輪），'ピーチ'（明紫赤の覆輪），'ショコラ'（暗赤紫の覆輪）がある。イギリスで作出される夏咲き系品種に多い花色で，どちらかというと明るい場所で観賞すると見栄えがよい。

◇芳香性

夏咲きとの交雑で作出された冬咲き系品種で，黄白色の'スイートスノー'，明紫色複色の'スイートピンク'がある。'スイートスノー'はパウダリーな

甘さをもつ．'スイートピンク'はローズ的なフローラル感とヒヤシンス感，リーフ的なグリーン感を併せもつ（柳下，2005）．オープン花で全体的に小ぶりで，可愛い感じの花なので，芳香性と併せて新たな需要発掘が望まれる．

◇複葉タイプ（巻きひげなし）

巻きひげのない'スーパースヌーピー'との交雑で作出されている．冬咲き系品種では'セレモニーピンク''セレモニーラベンダー'がある．春咲き系品種では'岡山農試1号'（シンフォニーピンク：複色），'岡山農試2号'（シンフォニーホワイト：黄白色）があり，冬期の低温寡日照では花弁の縁の発色が劣るが，春になると本来の濃色となる（土居・鴻野，1996）．一般的に，低温では花弁の縁の発色が遅れることが多い．

品種分類に有効な遺伝子解析

形態的に異なる切り花用品種を，RAPD法で検出したDNA多型データに基づきUPGMA法で分析したところ，遺伝的差異のあることが認められた．これによりUPGMA法が，品種分類に有効であることが明らかにされた（花田，2003）．

切り花用品種では，'アーリーホワイト'（12月上旬開花），'リリー'（1月上旬），'イースターパレード'（12月上旬）が同一群（クラスター）に，'ミセス・ダグラスマッカーサー'（12月上旬），'アメリカンビューティー'（12月上旬），'サンブルー'（12月上旬）が同一群に，'グレース'（2月中旬），'セレステ'（1月下旬），'スージー'（2月下旬），'パール'（3月下旬）が同一群に属し，開花期の近い品種が遺伝的に近い関係にある．これらの切り花用品種と巻きひげのない矮性スイーピー4品種とは遺伝的に遠く，さらに夏咲きの'スイートメモリーパープル'とは遠い関係にある．

また，*Lathyrus*属の他種とスイートピーとの関係については，*L. hirsutus*と近縁関係があることが明らかにされている（Asmussen・Liston, 1998）．

種間交雑――花色，病気抵抗性に期待

スイートピー L. odoratus とほかの種類との交雑が行なわれ，L. cassius（鮮桃色）および L. hirsutus（鮮紫桃色）との交雑では種子が得られている。さらに，スイートピーには純黄色の品種がないので黄色系の種類との交雑もなされ，L. belinensis（旗弁が明橙赤色，翼弁が黄色）との交雑では個体が得られたが，L. annuus（明黄色），L. chloranthus（緑黄色）および L. chrysanthus（明黄色）との交雑では種子が得られなかった（Murray・Hammett, 1998）。同様に L. odoratus×L. sativus, L. odoratus×L. chlorantus, L. nervosus×L. odoratus, L. chlorantus×L. odoratus, L. tingitanus×L. odoratus とも結莢しなかった（神奈川園試, 1998）。

これらの黄色系の種類では，L. belinensis はカロチノイド（赤，オレンジ，黄色），フラボノイド（薄い黄色）およびアントシアニン（赤から青色）の色素を含む。これに対して，L. chloranthus はカロチノイド，L. chrysanthus はフラボノイドが主要な色素である。

スイートピー'ミセス・コリア'（Mrs. Collier クリーム色）× L. belinensis では，スイートピーの旗弁，翼弁にはフラボノールが多く，カロチノイドがわずかで，アントシアニンは含まれない（Hammett ら, 1994）。一方，L. belinensis は旗弁（明橙赤色）にフラボノールが少なく，カロチノイドが多く，アントシアニンも比較的多く含まれ，翼弁（黄色）にはフラボノールが多く，カロチノイドも多いが，アントシアニンは含まれない。この F_1 では交配親と異なった花色を示し，旗弁（ピンク）にはフラボノール，カロチノイドが少なく，アントシアニンが多い。翼弁（青色）にはフラボノールが多く，カロチノイド，アントシアニンが比較的少ない。

このように，F_1 ではスイートピーにないアントシアニン色素が旗弁，翼弁に含有されたことから，新しい花色の出現が期待される。

また，L. odoratus×L. belinensis はうどんこ病に抵抗性がある（Poulter ら, 2003）。これにうどんこ病菌を接種すると，感受性の高い株に比べて胞子が発

芽後に崩壊しやすく，また，接種してもクロロフィル蛍光値（環境ストレスの指標）は無接種株と同様に高い値を示すなどがわかっており，抵抗性があることが認められている。

レンリソウ属の種間交雑

レンリソウ属の他種では，*L. annuss*（明黄色）×*L. hierosolymitanus*（浅黄橙色），*L. cassius*（鮮桃色）×*L. belinensis*（旗弁が明橙赤色，翼弁が黄色），*L. cassius*（鮮桃色）×*L. hirsutus*（鮮紫桃色），*L. hirsutus*×*L. belinensis*，*L. chloranthus*（黄色）×*L. chrysanthus*（黄色）で種子が得られている。

L. sativus（淡青色）では*L. pseud-cicera*（淡黄橙色）との間で種子が得られたが，*L. cicera*（明黄橙色），*L. gorgoni*（黄橙色），*L. inconspicuus*（紫桃色），*L. marmoratus*（紅色），*L. nissolia*（明紅色），*L. stenophyllus*（ローズ色か，紫色を帯びた桃色）および*L. tingitanus*（濃桃色）との間では結莢しても種子が得られず，*L. angulatus*（紫〜青紫色），*L. annuus*，*L. aphaca*（黄色），*L. articulatus*（紅色）との間では結莢しなかった（Addis・Narayan, 2000）。

4 交配による品種育成法

交配方法

自家採種の方法については，第4章の「6 自家採種の方法と実際」の項で述べた。ここでは，交配による品種育成について述べる。

◇淡色系が交配も固定もしやすい

淡色系の育種には，白色花を片親にした交配で淡色花のF_1を得ることが実用的（山元，1993）とされ，その後代の固定も容易である。登録品種の交配親には，冬咲き系の'イースターパレード'（白），'アーリーホワイト'（白），'ダイアナ'（ピンク），'ミセス・ダグラスマッカーサー'（ピンク）などの比較的淡い色が交配親として用いられていることが多い。自家採種と同様，草勢が中程度の状態で，高温にならない天候の安定した時期に交配するのが望まし

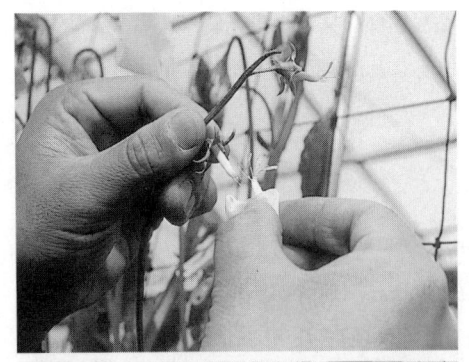

図7-3 交配方法
上段：交配，中段：交配前後の袋かけ
下段：貴重な品種の場合は莢が肥大したら，種子が飛散しないようにネットを被せる（中村薫氏原図）

い。

◇交配の手順

初めて交配を行なう場合は，花蕾の発達状態を把握するために，種子親（♀），花粉親（♂）とも，実際に交配する花蕾と同じステージの花蕾を別に確保しておくと交配作業が理解しやすい。

交配には，種子親，花粉親とも花蕾の発達が同じ程度の蕾を選ぶ。まず，種子親となる花蕾は除雄を行なう。理想は，1花茎のうち開葯前（蕾が色付く直前）の第2花蕾（小花）1個に制限する。第1花蕾に比べて第2花蕾は，開花速度がゆるやかで交配作業のタイミングを合わせやすい。しかし，交配の能率を上げるために1花茎2～4花着生させ，1～2花目の花蕾の発達（着色程度）に合わせて，同時にすべて除雄する場合もある。

除雄の方法は，花蕾から旗弁，翼弁を取り除き，舟弁を針で裂いてピンセットで雄ずいを除く。その際，萼に傷を

付けたり，取り除かないようにする。除雄後はパラフィン紙や薄い茶封筒などを被せる。

花粉親となる花蕾が着色（除雄した時期）してから

図7-4　ひと莢に入る種子数

開花までは，5～10日間を要し，交配は開花始めの段階で行なう。4月下旬の交配で受粉率が高いのは除雄3～4日後で100％，これが1～2日後と5日後では71％と低くなり，6日後では0％になる（山元，1994）。開花する前の葯が若いうちに交配したほうがよいということである。なお，交配時期が遅れると花蕾の発育も早くなるので，環境条件も考慮して交配日を決定する。

花粉は高温，乾燥に弱いので，交配作業は晴天の午前中に行なう。小花の舟弁をはずして雄ずいを露出させ，花粉が柱頭に着くように運び，受粉させる（図7-3）。あるいは，舟弁が少し下げると，花粉がたまるので，柱頭を近づけ受粉させる。受粉後はふたたび袋を被せる。受粉して3～5日後に子房が肥大してくるのを確認して，袋を取り除く。そのままだと，袋を被せたままで莢ができるので注意したい。受粉していなければ，1週間後には子房が落ちる。

◇受粉後40～50日で採種

受粉後，40～50日間で莢が黄化し，採種可能となる。完熟すると莢がねじれて種子が飛散しやすいので，貴重な個体はあらかじめ莢にネットを被せておく。交配した場合，種子は1莢に2～3粒しか収穫できないこともある（図7-4）。

交配して後代個体の品質が安定するのには最低3年から数年間要するので，個体の選抜能力と根気が必要な作業である。

訪花昆虫による交雑

スイートピーは自家受粉植物とされ，園芸品種は自家受粉袋を被せた条件で

も除雄なしの自然交配でも種子が得られる。しかし，除雄してもミツバチによって受粉し，種子が得られる（Brahimら，2001）。したがって，戸外の昆虫が活動する時期に交雑育種を行なうには，網室などの昆虫の飛来を防ぐ対策が必要となる。

そのほかの*Lathyrus*属の1年草では，*L. cicera*（明黄橙色）と*L. sativus*（淡青色）もミツバチが訪花し，種子が得られる。宿根草の*L. latifolius*（紅色）と*L. sylvestris*（紫を帯びた桃色）は，ミツバチやマルハナバチにより受粉が行なわれ，種子が得られる。とくに*L. latifolius*（ヒロハノレンリソウ）は甲虫目（マメゾウムシ類），ハチ目（ミツバチ，マルハナバチ，クマバチ類）とチョウ目の多くの昆虫が訪花する。*L. pratensis*もハチ目の昆虫が訪花するとされる。一方，1年草の*L. annuus*，*L. aphaca*，*L. articulatus*，*L. hirsutus*，*L. nissolia*，*L. ochrus*，*L. setifolius*，*L. tingitanus*および宿根草の*L. tuberosus*は，自家受粉のみで種子が得られる。

第8章 ヒロハノレンリソウ（宿根スイートピー）の栽培

1 生育の特性と営利栽培

自生地での開花習性

　ヒロハノレンリソウは，スイートピーと同じマメ科レンリソウ（*Lathyrus*）属に属するつる性植物である。学名は *Lathyrus latifolius*，和名をヒロハノレンリソウといい，宿根スイートピー（通称）として知られている。

　自生地は，中央・南ヨーロッパ，アルジェリア，モロッコであるが，アメリカなど多くの国で帰化植物となっている。本種は自家受粉のほかマルハナバチによる受粉も行なわれ，変異も多いが，地理的な条件と遺伝的な差異との相関はみられない（Godt・Hamrick, 1991）。

　自生地では雨期である冬期に発芽し，短日条件下では分枝をくり返し，叢生状態となり，長日になるにつれて，つるが伸長し，各分枝に発蕾して開花に至る。すなわち長日植物である。生育は旺盛であり，耐寒性もあり，茎と葉柄には広い翼があって小葉が1対着生し，その先は巻きひげになる。小葉は長さ5～10cm

図8-1　自生地のヒロハノレンリソウ
　　　　（*L.latifolius*）
イタリア・サンレモ郊外の標高450m付近で6月中旬に開花。日当たりのよい斜面に多く自生する

位の卵状披針形となり，はっきりした葉脈が4～5本みえる。

　イタリア・サンレモ周辺では標高200～1000m位まで自生し，5月上～中旬には標高500mまで，6月中旬には800m付近で開花がみられる（図8-1）。花色は紅紫色で紅色からやや赤紫色を帯びたものが多い。小花は2～3cmと小さいが，1花茎に5～15花着生する。最初に咲いた小花は最後の蕾が咲く頃まで開花しているので，同時に咲いたようにみえ，見栄えがよい。これに対し，1年草のスイートピーは園芸品種でも1花茎中の小花が同時に観賞できるのは4花までで，5花目が開花する頃には最初の花は萎れ始める。開花後は結莢し，莢は10cm位の長さになり，10～15個の種子が入る。

　わが国には，1882～1886（明治15～19）年頃に導入されたが，切り花生産の歴史は浅く，1989（平成元）年頃からである。

出荷のスタイル

◇花壇苗として

　夏までに播種すると，冬までの栄養生長期間が長くとれるので株が充実し，翌春には太い側枝が何本も発生して，花蕾をたくさん着ける。関東地方の戸外では，5月中旬から開花が始まり，曇雨天や高温が続くとその後の開花は少なくなる。10月頃まで断続的に開花がみられる。比較的強健な植物で，寒さには強く，北海道の札幌周辺でも越冬できる。ただし，排水不良な場所では湿害によって枯死することがある。3年目以降には，さらに株は大きくなり，放任すると1株で1m²以上占拠するので，垣根仕立てなどに適する。また，道路などの斜面に植えるのには好都合である。

◇切り花・切り枝として

　ヒロハノレンリソウは長日植物で，実用的には電照によって開花調節が行なわれ，切り花や切り枝で出荷される。

　営利生産では，種子を播種，育苗して定植するのが一般的であるが，優良個体から採穂し，挿し芽繁殖して，定植する方法がある（図8-2）。

　いずれの方法でも暖地では9月までに定植し，電照（16時間日長）により開

第8章　ヒロハノレンリソウ（宿根スイートピー）の栽培　**185**

| 5月 | 6 | 7 | 8 | 9 | 10 | 11 | 12 | 1 | 2 | 3 | 4 | 5 | 6 |

電照（16時間または暗期中断）

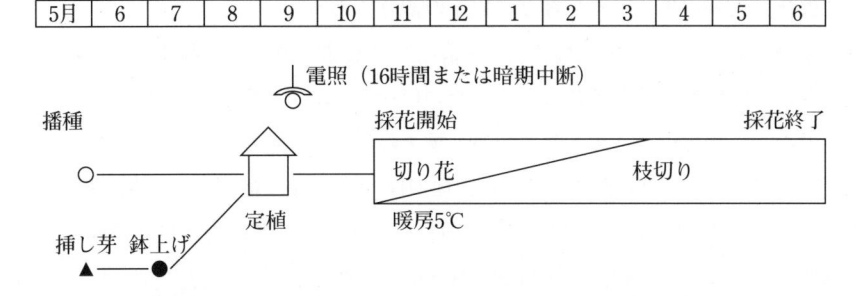

播種　　　　　　　　　　　採花開始　　　　　　　　　　採花終了
　　　　　　　　　　　　　　切り花　　　　枝切り
　　　　　　　定植　　暖房5℃
挿し芽　鉢上げ

図8-2　暖地におけるヒロハノレンリソウ（宿根スイートピー）冬期出荷の栽培概要

花を促進させ，11月から5月頃まで採花する。採花方法は，スイートピーと同様に開花したら花茎の基部で切り取る「切り花」と，開花節より2節程度下で切り取る「枝切り」がある。冬期は低温で草勢が強く，切り花も長い。枝切りすると1m以上に長くなることがあり，出荷作業も手間どる。そこで，冬期は切り花で出荷し，切り花が短くなったら，枝切りとして出荷するのが一般的である。しかし，栽培面積が多い場合や仕立て本数が多い場合は，開花初期から枝切りで出荷する。また，小葉が大きい個体は花茎も長く切り花向きだし，小葉が小さい個体は花茎が短く，節間も短く，枝切りに向きやすい。今後は，出荷方法に合致した個体選抜，育種も必要であろう。

　なお，乾燥には強い宿根草であるが，湿害に弱く，水田地帯では毎年植え替える必要がある。一方，水はけのよい施設では同一株を比較的に長く栽培できる。

2　栽培の実際

品種の選択

　日本で3品種が市販されているが，花色，花型，着花数，開花の早晩性，葉の形，大きさなどに変異が多い。ほとんどの個体は，つるが伸長する高性タイプであるが，節間が詰まる矮性タイプも出現する。このように多彩な形質を有するので，選抜もしくは交配を行なえば市場性の高い花に生長するだろう。

現在，支場に出ている品種とは以下の通りである。

'レッドパール（Red Pearl）'：紅紫色，自生地で多くみられる花色である。咲き始めは鮮やか花色であるが，しだいに赤みが消え，紫色に変色するのが欠点である。解決策が求められている。種子の色は濃い褐色。

'ピンクパール（Pink Pearl）'：白地の旗弁と翼弁に縦方向に桃色の細いストライプが入る。旗弁の周縁部では細かく入り，ときには編み目状にみえる。個体によってピンクの濃淡がある。種子の色は褐色。

'ホワイトパール（White Pearl）'：純白色。種子の色は乳白色で種皮が薄い。

播種

暖地で冬期に出荷するには5〜6月が播種適期になる。種皮が硬く，吸水性を高めるために濃硫酸に5分以上浸種する。こうすると発芽率が向上する（Koikeら，1998）。種皮の状態によってその処理時間は異なるが，実用的には種皮が薄い'ホワイトパール'で10分以内，'ピンクパール'が15分，'レッドパール'が20分程度となっている。

処理後は水洗いし，12時間以上吸水させ，種子が膨らんだら播種する。低温期ではそのまま播種するが，高温期はスイートピーと同様に20℃以下で2〜3日おいて催芽してから播種する。

吸水または催芽種子を2.5〜3号ポリ鉢に2〜3粒位を播種し，種子が隠れる程度に覆土する。用土は，草花の鉢物栽培に利用されるもので，排水良好なpHが5.8〜6.8位の用土を用いる。

挿し芽繁殖

市販種子を播種した場合は，花色や着花数，葉の形，開花の早晩性など多くの変異がみられる。あらかじめ優良個体を選抜し，増殖するには，挿し芽を行なう。栽培中の株には多数の側枝が出るので，これを挿し穂として利用する。挿し芽は4月から5月上旬の高温にならない時期に行なうのがよい。

挿し芽の条件としては，22℃付近が発根に適し，発根剤IBA（オキシベロン

主成分0.4％）16～40ppmに1時間浸漬するとよく発根する。また，2年生と7年生株では齢の影響は小さい（図8-3；小池ら，2002）。挿し穂は茎頂部から展開葉6節以内で採取した場合は，小葉を1，2節つけても，2節が若干早く発蕾するものの収量には影響ない（中村ら，2005）とされる。

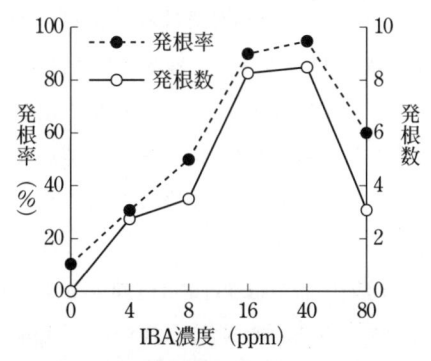

図8-3 IBA1時間処理が発根に及ぼす影響 （小池ら，2002から作図）

開花中の株では茎頂部から1m位の範囲の比較的に若い状態か，または側枝の未開花のものから採取し，茎頂部の軟弱な部位は除き，2節ごとに挿し穂を調整する。その際，発根剤IBAの瞬間処理か，水揚げを兼ねて浸漬する。

挿し芽の培地やその後の管理は，草花の一般の挿し芽に準ずる。挿し芽後30日で鉢上げができる状態になるので，20日過ぎたら順化を行なう。草花類の鉢物用土を用い，3号ポリ鉢に鉢上げする。育苗期間が長くなるときはそれよりやや大きめの鉢を用いる。

最初は側枝が1本伸長するので，定植作業が容易にできるように20～30cmで摘心する。追肥に固形肥料または液肥を施用し，生育促進をはかる。

定植，電照，誘引処理

圃場には定植前に十分かん水をしておく。実生苗および挿し芽苗ともに9月上旬から定植する。基肥はスイートピーに準ずるが，施肥量が多いと草勢が強くなり，落蕾や徒長を引きおこしやすい。少なめに施用するのがよい。畝間は120～150cm，栽培床（30cm）の中央に1条植えとし，株間は40～50cmとする。

誘引はスイートピーと同様にネットを張り（2条），定植後に発生した側枝

を両側（2条）に振り分ける。ネットの高さは，地上から180cm位を上段として110cm幅のネットを張る。マス目が大きいと，つるの先端部がその中に入って，作業性が悪くなる。1cm位の細かいマス目を用いる。

定植したら電照を開始する。電照が遅れると開花が遅れる。電照はキクやスイートピーの夏咲き系に準じて行なう。電照の方法は，夕方から点灯する日長延長法で16時間日長にするか，22時頃から3～4時間点灯する暗期中断とする。暗期中断では9月は3時間，冬期は4時間点灯する。キクなどでは毎日点灯しない方法も考案されているが，長期中断は悪影響がある。9月の電照開始後の10月に10日間停電したため，8節程度の花蕾が発育不全となる事例もあった。

自然日長下では側枝が多く発生して手入れが難しくなるが，電照すると側枝の発生は1株から3～10本程度に抑制され，作業性がよい。伸長した側枝を順次，両側のネットに振り分け，洗濯バサミで誘引する。

開花管理と収穫

9月上旬に電照を開始すると，11月上旬から開花が始まり，6月上旬まで採花できる。スイートピーと同様に，気温の高い時期は葉が小さく切り花が短い。気温の低下とともに葉が大きくなり，切り花も長くなる。

開花始めの段階は切り花も短いが，茎葉もやや軟弱なので，枝切りせずに切り花として採花し，栄養生長を抑えて株の充実をはかる。ただ，切り花だけ続けるとその茎は細くなりやすいので，早めに枝切りに切り替える。本格的な枝切りは3月頃から開始する。

ヒロハノレンリソウの開花時の草姿はスイートピーと大きく異なり，茎頂部と開花位置が離れ，下方に咲いてみえる（図8-4）。12月では茎頂部と，開花している花との間隔は40～60cm，5月でも30～40cmと大きい。これは外観の茎頂部と開花節との間の節数が，冬期で10～12節，4月で6節位と多いことが　因である。このため，枝切りすると長さが1m近くになる。一方，スイートピーでは開花中の4花目と茎頂部との間隔（天花間隔）は，冬期で5～

15cm程度で，3月下旬では5m以下と小さく，茎頂部と開花節との間の節数は冬期で7節，4月上旬で4〜5節と少ないので，茎頂部近くに咲いてみえる。

温度管理はスイートピーに準ずる。高温ほど節間が詰まり，コンパクトな草姿となり，枝切りに適する。

図8-4　茎頂部と開花位置の間隔

しかし，茎が細く，切り花品質が劣化しやすいこと，暖房費がかかることなどから，経済性を加味すると夜温5℃，昼温18〜23℃程度としたい。低温，日照不足で落蕾がおこりやすい。

ヒロハノレンリソウはスイートピーの夏咲き系よりも落蕾がおこりやすい。かん水をひかえて，落蕾防止をはかる。また，短日長ではアボーションがおこりやすいので，電照は継続的に行なう。また，排水不良の場所では湿害がおこりやすいので，排水対策を行なう。ダニやスリップスの発生による被害も多いので，注意を要する。

仕立て本数

5月播種，10月16日にガラス室内に30cm株間で定植し，16〜22時まで電照（16時間日長）して，1株の仕立て本数を2〜10本とし，収量，切り花品質との関係を検討した（図8-5；小池ら，2001）。1株当たりの収量は仕立て本数が多いほど増加するが，花茎長が短く，着花数が少なくなる。とくに1株6本以上で顕著に現われる。切り花品質を考慮すると，仕立て本数は2〜4本が適当である。これは，ネット上に15〜7.5cm間隔に誘引することになる。これらのことから，1株当たりの仕立て本数は定植時の株間によって異なるが，つるを誘引する間隔はおおむね10cm位が妥当とみられる。スイートピーは収穫

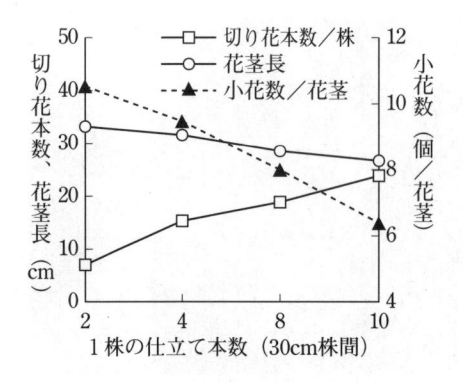

図8-5 仕立て本数が収量、花茎長、小花数に及ぼす影響
（小池ら，2001から作図）
切り花本数は1/10で表示

終了時まで仕立て本数が同じだが，ヒロハノレンリソウでは切り花のみの採花と枝切りとが同一栽培床に存在し，仕立て本数は時期的に変動する。

枝切りした場合は，次の側枝を伸ばして誘引し，採花をくり返す。したがって，採花時につるとつるの間隔は10cm程度でよいことになる。しかし，切り花のみ採花する場合は，10cm間隔で仕立てると葉の相互遮蔽などの影響により，光合成量が低下して落蕾がおこりやすい。

据え置き栽培

採花した株は刈り込みを行なうことで再生でき，切り花を収穫できる。これを据え置き栽培という。刈り込みの時期としては，6月では8月に再開花して早過ぎる。8月上旬に刈り込むと10～11月に開花が始まり，出荷できる。開花の少ない冬期は採花を休止して，翌春から再開花させると，4年間の据え置きが可能（宇田，1997）とされる。

ヒロハノレンリソウは比較的乾燥には強いが，加湿に弱い。そのため据え置き栽培は，台地の排水良好な地域に限られる。好適な環境では長期間の採花が可能であり，12年間も据え置き栽培している例が和歌山にある。逆に，水田地帯で水稲の作付けが始まると施設内土壌の水分が多く，湿害を受けて枯死することが多い。こうしたところでは毎年の植え替えが必要である。また，据え置き栽培では，採花後期の6月頃からダニやスリップスが発生しやすいので，防除もポイントとなる。

現在，各地でさまざまな方法で据え置き栽培が行なわれている。以下に特徴

図8-6　株の状態
左：新植，右：10年生株，地ぎわ部が肥大

的な栽培法をあげる。

◇暖地の電照，加温栽培

　6月に播種，9月に定植，電照し，夜温を5℃前後に維持し，11～6月まで採花する。採花中止後ただちに採花枝は2～3節残して，地ぎわから切り取り，さらに8月中旬に伸びてきた側枝の刈り込みを行なう。このあと，9月以降に新しい側枝が伸長した段階で電照を開始して，11月頃から翌年6月まで採花する。冬期の夜温は5℃位とする。

◇寒地（北海道）の電照，加温栽培

　4～5月に播種，8月に定植する。夜温を5℃前後に維持し，5～7月まで採花し，夏は採花を休止する。採花中に地ぎわから伸びてきた芽を順次整理し，充実した側枝を伸ばす。電照（暗期中断）を開始し，9月中旬～10月下旬に再採花するが，11月以降は日照不足で開花は少なく，凍らない程度の低温で管理し，株を養成する。本格的な採花は4月上旬～7月中旬に行なう。3年目以降は夏期のみ採花を中止し，電照も打ち切る。それ以外の期間は電照して，順次，採花と芽の整理を行なう。10年間位栽培すると，毎年刈り込みをした地ぎわ部が3cm以上に肥大する（図8-6）。

◇暖地の自然日長，無加温栽培

　9月頃に挿し芽または播種し，2月頃に定植して自然日長で無加温で栽培す

る。5～6月から採花を開始し，11月まで収穫する。12月に株の整理を行ない，2月に弱い側枝も整理して，強いしっかりした側枝を伸長させる。側枝の整理，誘引をくり返しながら，5月から採花を行なう。この方法だと冬期は休止するので，春先に太いしっかりした側枝（シュート）が発生する。

つるの誘引，つる下げ

巻きひげの切り取り，つるの誘引などはスイートピーに準じる。切り花のみを採花している時期は，つる下げを行なう。

開花している花と茎頂部との間隔は12月が40～60cmと大きく，開花節から茎頂部まで10～12節ほどあるので，低い位置に下げると花茎が曲がりやすく，また茎が硬いので折れやすい。スイートピーに比べて，高めに茎頂部を誘引する必要がある。

採種の実際

スイートピーと同様に採種したい優良個体に標識を付けておく。スイートピーに比べて落蕾しやすいので，日射量が多く，晴天が続く4月下旬から誘引用のネットを振動させ，受粉させる。40～50日位で莢が肥大して黄化してくるので，収穫する。草勢が良好ならば，5節分の花茎に着生した小花が莢に肥大する。1花茎で10莢，1莢当たり10粒位種子が入る。

3　開花調節技術

14時間以上の日長で開花促進

ヒロハノレンリソウは長日植物で，8～12時間の短日条件では開花しない。開花は，14時間以上の日長で促進され，日長延長による16時間日長あるいは暗期中断でさらに促進される。スイートピーのような種子春化の効果はないが，播種後3か月以上経過した苗を5℃環境下に8週間置いたあとに最低気温15℃，16時間日長で栽培すると開花が促進される。（図8-7；Inoueら，1994：小池ら，2000，2002）。

短日条件下では地ぎわから発生したシュートがある程度伸びると生長を停止し、また新しいシュートが発生し、分枝をくり返す。一方、長日条件では夏咲き系スイートピーと同様に開花が促進され、分枝や側枝の発生が抑えられるので、管理上も省力的になる。

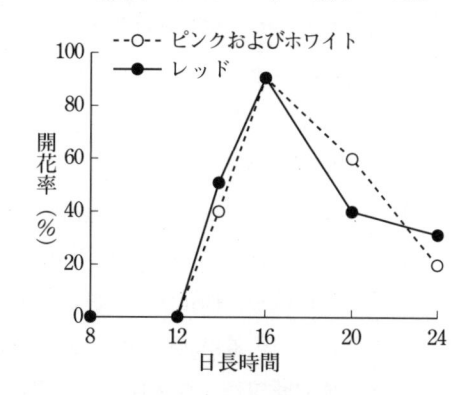

図8-7 日長が開花に及ぼす影響
（小池ら，2000から作図）

電照栽培の播種は5～6月頃が適当

電照栽培における播種期と開花との関係について調べた。

その結果、1～7月の播種のうち、8月の定植時に草丈が大きかったのは1月播種で54cm、節数は13節、側枝の節数は4.7節で、逆に、7月播種では草丈11.7cm、節数3.7節、側枝の節数は2.5節と、播種時期が遅くなるにつれて小さくなった。これを整枝した後に長日（16時間日長）下で栽培すると、1番花の開花日は1月播種で11月19日、4月播種で11月30日、7月播種が12月22日と播種期が遅くなるにつれて遅れ、切り花品質も劣った。ただし、1番花の着花節位はどの播種期も30～31節と、著しい差はみられなかった（小池ら，2004）とされる。

また、播種時期（5～7月）と苗の冷蔵期間（0，30，50日）とを種々組み合わせ、8月29日に定植、電照栽培したところ、播種期が早いほど生育が旺盛であった。しかし、発蕾日はいずれも10月26日～31日と著しい差はみられなかった。発蕾節位は、6～7月播種が14.7～15節と低く、5月播種では若干高節位となり、発蕾株率は6月播種の無冷蔵のみ100％であった。年内の収量は、5月播種30日間苗冷蔵が多かった（日野・村田，2003）とされている。ただし、苗冷蔵の効果は判然とせず、定植時までの株の充実程度が収量に影響したとみられる。

これらのことから，早く播種するほど開花は早いが，着花節位はほぼ変わらず，低節位で開花することはない。つるの管理労力には影響せず，逆に播種期が早いと定植までの管理労力を要することなどから，関東以西での播種適期は5～6月となろう。播種後は高温ストレスを回避させ，育苗期の肥培管理を適切に行なって株の充実をはかり，秋冷の頃の9月に定植する。

定植後に電照（16時間日長，暗期中断）を開始して開花を促進させ，11月頃から開花，連続的に採花する。最初の開花が遅れると，冬期の日照不足で徒長を引きおこし，花蕾が発育不全・アボーションになりやすい。

なお，冬期の暖房は，経済性および切り花品質を考慮すると5～8℃設定が望ましい。

4 切り花の品質保持法

STS剤処理

枝切り出荷では，茎頂部から開花節まで12月では10節以上，4月では6節位に花蕾が着生している。枝切りした切り花を，開花節から5節分の花蕾のみ調整して，品質保持剤STS（0.4mM）の処理時間と品質保持日数について検討した（井上ら，2005）。

品質保持日数はSTS処理0時間（水道水）では短く，3～6時間で最大となり，処理時間が長くなると短縮傾向を示した。無処理はどの開花節でも4.1～10.6日と短いのに対して，STS3～6時間処理は1節目では8.4日と短いものの，3～5節では15～15.8日と顕著に延長した（図8-8）。このように，STS（0.4mM）3～6時間処理によって，上位節ほど品質保持効果が高いことを示している。これは，スイートピー切り花（花蕾と花茎のみ）のSTS0.4mM1時間処理と比べると長い。枝切りでは花蕾が数節以上着生し，葉も着生していることから，吸水時間を長くしないと上位節の品質保持効果が劣る。

採花時期が遅いほど品質は低下

STS処理した枝切りの切り花'レッドパール'についての井上ら（2005）の

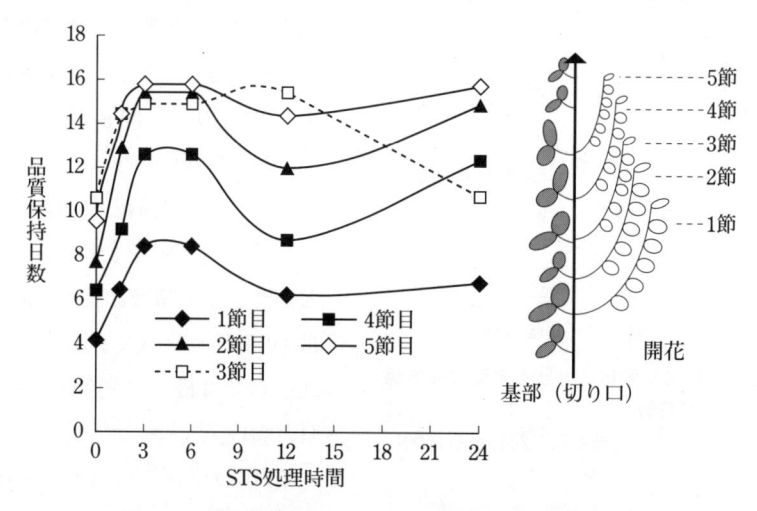

第8章　ヒロハノレンリソウ（宿根スイートピー）の栽培　**195**

図8-8　STS処理時間が，枝切りの切り花の品質保持日数に及ぼす影響

結果をもとに，採花時期と切り花品質の関係を図8-9に示した。

　品質保持日数は3月採花がもっとも長く，時期が遅くなるほど短く，6月採花では明らかに短い。品質保持日数を開花節位ごとにみると，3月採花では枝切りの切り口に近い1節目は5.5日と短いものの，上位節ほど長く，5節では12.3日と最長となっている。これに対して，5～6月では3～2節が

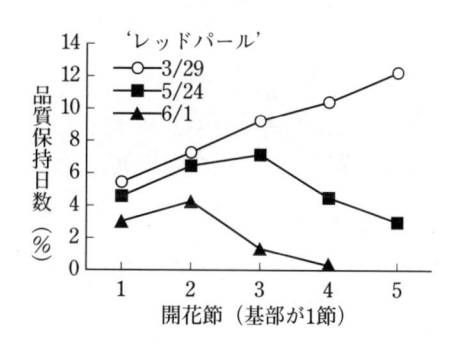

図8-9　枝切りの切り花の採花時期と品質保持日数
（井上ら，2005から作図）

7.5～4.2日でピークを示したが，これは3月採花の1節目の品質保持日数と同程度に過ぎず，上位節では短くなっている。すなわち，5月下旬以降では観賞性の高い開花節は2～3節分のみで，その上位節は観賞性が低いか，消失する。

　また，STS処理した枝切りの切り花'レッドパール'を6月12日（九州）と

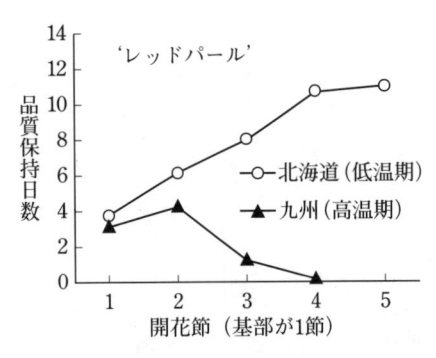

図8-10 6月中旬における産地と品質保持日数

（井上ら，2005から作図）

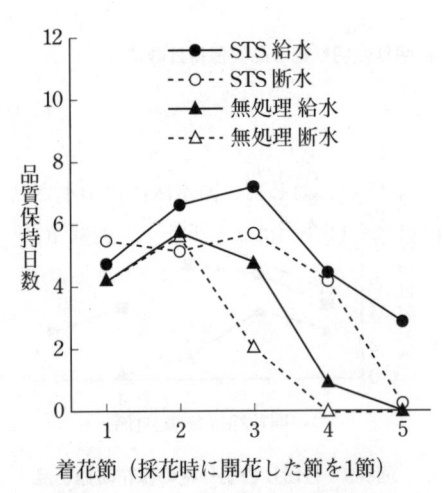

図8-11 STSおよび給水の有無が品質保持日数に及ぼす影響

6月14日（北海道）に常時給水状態で輸送し，調査した結果をとりまとめたのが，図8-10である。切り花品質保持日数は，北海道産では前述の3月採花と同様なパターンを示し，開花1節目が3.7日と短く，上位節ほど長く，5節では10.9日となっている。一方，九州産では最長の2節目でも4.3日と短い。

これらのことは，スイートピーと同様に低温期に栽培したものは切り花品質保持日数が長く，高温期ほど短くなることを示している。観賞性の高い出荷時期の目安は，関東以西で5月下旬までとなろう。なお，イベントなどの装飾に短期間利用される場合はこの限りでなく，最近は夏期でも一定の需要が見込まれている。

大事な常時給水と糖補給

品質保持日数は，断水によって短くなるとされる。STS処理および処理後の給水の有無についてみると，STS処理によって品質保持日数は長くなるが，STS処理の有無にかかわらず，断水すると品質保持日数が短くなる（図8-11）。

この常時給水区の吸水量は採花直後は35mlと多く，その後はゆるやかに低

第8章　ヒロハノレンリソウ（宿根スイートピー）の栽培　**197**

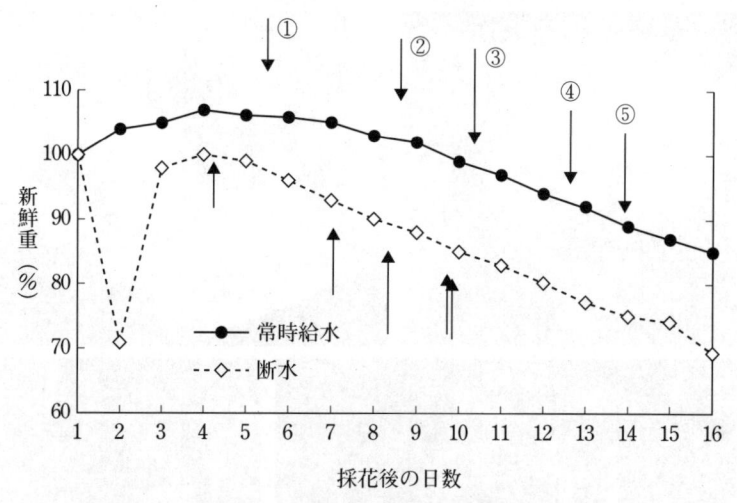

図8-12　STS処理後の断水の有無と新鮮重（3月28日採花）
丸数字は開花節，矢印はその節の品質保持日数を示す

下し，10日以降はほぼ20mlで推移した。これに対して，断水区は再給水させると常時給水区並みに吸水するが，4日以降はほぼ10mlと少ない。新鮮重は，常時給水区ではゆるやかに増加し，10日目以降に採花時の新鮮重よりも低下した。一方，断水区は断水によって70％まで減少し，再給水後に採花時と同等に回復するものの，6日目以降はほぼ直線的に減少し，16日目には70％まで減少した（図8-12）。

また，STS処理した枝切りの切り花を常時給水状態で輸送し，ショ糖および8－ヒドロキシキノリン硫酸塩（HQS）200mg/lを添加した試験では，ショ糖5％2日間処理，ショ糖5％2日間処理にHQS添加，ショ糖2％2日間処理とショ糖2％2日間処理にHQS添加で品質保持日数が長く，抗菌剤の効果がみられる。

ヒロハノレンリソウの品質保持については不明な点も多いが，現在までのところ次のように考えられる。

枝切りの切り花では，葉が数節以上着生し，1花茎に10～15個着生の花蕾

図8-13　出荷前の状態
上段：切り花，下段：枝切り

が4～5本あることから，吸水に時間を要し，STS0.4mMに3～6時間浸ける。処理濃度は浸漬時間や室温との関係で決定する。出荷形態によっては低濃度で長時間となることがある。STS処理後は連続給水とし，輸送する。給水素材には多糖類のエコゼリー，ジェランガムなどの資材がある。消費段階では糖質の補給（ショ糖2～5％2日間処理）と抗菌剤の併用が望ましい。また，吸水促進（界面活性）剤の利用方法も課題である。

結束，出荷

　前述したように採花時期によって品質保持日数が異なるので，気温が上昇するにつれて早い段階で採花する。

　切り花の採花は，主に冬期の中心に行ない，1花茎で小花が70％開花した段階で行なう。スイートピーと同様に50本を1束にして，100本を箱に入れる。

　枝切りでは，冬は2節目が満開，春は1節目が満開の状態，5月からは1節目が70％開花した状態で採花する。枝切りでは10本を1束にして，1束を1箱に入れる。地域によっては5本束を2束入れる。冬期では切り口から茎頂部まで長くなり，箱に収納できない場合は，茎頂部を切り取る（図8-13）。

第9章 スイートピーの仲間レンリソウ属植物

　スイートピーの仲間レンリソウ（*Lathyrus*）属は，1年草と宿根草合わせて153種ある（表9-1；Kupicha, 1983）。そのあとに *L. belinensis* が発見されている。日本では庭園や鉢物での観賞用あるいは切り花生産に用いられるのは，前述の1年草のスイートピー（*L. odoratus*）と宿根草のヒロハノレンリソウ（*L. latifolius*）がほとんどで，その他の植物の利用は少ない。
　ここでは，著者が実際に栽培した経験のある植物のうち，園芸的に利用価値の見込まれるものや，遺伝資源として利用可能な種類などを中心に紹介したい。
　なお，表9-1の学名のうしろに記載したカッコ内の数字は，以下の本文で述べる項目を記載した。すなわち，
　(1) つる性または高性植物：花壇，垣根および切り花，(2) 矮性植物：花壇および鉢もの，(3) 芳香のある種，(4) 穀物・飼料作・緑肥としても利用されている種，(5) 閉鎖花をつくる1年草：環境教材，(6) 特徴的な草姿，形態の植物，(7) 日本での自生種と帰化植物，(8) その他，である。

1　つる性または高性植物：花壇，垣根および切り花

1年草

①*L. annuus* L.

　ポルトガル，フランス，イタリア（標高0～1500m），ギリシア，トルコ（標高0～2000m），ブルガリアなど地中海地帯の痩せ地や道端に自生するつる性1年草で，草丈は40～150cmになる（図9-1）。1対の披針形（葉長5～15cm，葉幅0.5～1.5cm）と巻きひげがある。関東地方では5月上～中旬に開花する。1花序1～3花咲き，花径は1.5cm位，花色は明黄色で，旗弁には橙色から赤みを帯びたストライプが入る。花は小さく，花柄は5cm以上と長いが，さら

表9-1 **Lathyrus**属植物の分類（Kupicha, 1983）と本章で掲載した植物

種名	掲載項目	種名	掲載項目
1.*Orobus*			
<Old World members>		<New World members>	
L.alpestris	(2)	L.arizonicus	
L.aureus	(2)	L.bijugatus	
L.davidii	(7)	L.brachycalyx	
L.dielsianus		L.delnorticus	
L.dominianus		L.eucosmus	
L.emodii		L.graminifolius	
L.frolovii		L.hitchcockianus	
L.gmelinii		L.holochlorus	
L.humilis		L.jepsonii	
L.incurvus		L.laetiflorus	
L.japonicus	(7)	L.lanszwertii	
L.komarovii		L.leucanthus	
L.krylovii		L.littoralis	
L.laevigatus		L.nevadensis	
L.libani		L.ochroleucus	
L.linifolius	(2)	L.parvifolius	
L.niger	(2)	L.pauciflorus	
L.occidentalis		L.polymorphus	
L.palustris	(7)	L.polyphyllus	
L.pisiformis	(1)	L.rigidus	
L.quinquenervius	(7)	L.splendens	(8)
L.transsilvanicus	(8)	L.sulphureus	(6)
L.vaniotii		L.torreyi	
L.venetus	(8)	L.tracyi	
L.vernus	(2)	L.venosus	
L.wilsonii		L.vestitus	
—		L.whitei	
—		L.zionis	
2.*Lathyrostylis*			
L.armenus		L.karsianus	
L.atropatanus		L.ledebouri	
L.bauhinii		L.nivalis	
L.boissieri		L.pallescens	(6)
L.brachypterus		L.pancicii	
L.cilicicus		L.pannonicus	
L.cyaneus		L.satdaghensis	
L.digitatus		L.spathulatus	
L.elongatus		L.tukhtensis	
L.filiformis	(8)	L.variabilis	

第9章　スイートピーの仲間レンリソウ属植物　**203**

種名	掲載項目	種名	掲載項目
3.*Lathyrus*			
L.amphicarpos	(5)	*L.cirrhosus*	(8)
L.annuus	(1)	*L.gorgoni*	(2)
L.basalticus	(2)	*L.grandiflorus*	(8)
L.blepharicarpus	(2)	*L.heterophyllus*	(8)
L.cassius	(1)	*L.hierosolymitanus*	(2)
L.chloranthus	(1)	*L.hirsutus*	(4)
L.chrysanthus	(2)	*L.hirticarpus*	(2)
L.cicera	(4)	*L.latifolius*	(1), (7)
L.ciliolatus	(5)	*L.lentiformis*	
L.lycicus		*L.stenophyllus*	
L.marmoratus	(2)	*L.sylvestris*	(4)
L.mulkak		*L.tingitanus*	(4)
L.odoratus	(3)	*L.trachycarpus*	
L.phaselitanus		*L.tremolsianus*	
L.pseudo-cicera	(2)	*L.tuberosus*	(3), (6)
L.rotundifolius	(1)	*L.undulatus*	(8)
L.sativus	(4)	**L.belinensis*	(3) 1987年発見
4.*Orobon*			
L.roseus	(8)	—	
5.*Pratensis*			
L.binatus		*L.laxiflorus*	(2)
L.czeczottianus		*L.layardii*	
L.hallersteinii		*L.pratensis*	(4), (7)
6.*Aphaca*			
L.aphaca	(6), (7)	*L.stenolobus*	
7.*Clymenum*			
L.clymenum	(4), (7)	*L.ochrus*	(6), (7)
L.gloeospermus	(5)		
8.*Orobastrum*			
L.setifolius	(2)	—	
9.*Viciopsis*			
L.saxatilis		—	
10.*Linearicarpus*			
L.angulatus	(2)	*L.tauricola*	
L.hygrophilus		*L.vinealis*	(6)
L.inconspicuus	(6), (7)	*L.woronowii*	
L.sphaericus	(2)		—

種名	掲載項目	種名	掲載項目
11.*Nissolia*			
L.nissolia	(6)	—	
12.*Neurolobus*			
L.neurolobus	(2)	—	
13.*Notolathyrus*			
L.berterianus		*L.nervosus*	(3), (6)
L.cabrerianus		*L.nigrivalvis*	
L.campestris		*L.paraguayensis*	
L.hasslerianus		*L.paranensis*	(1)
L.hookeri		*L.parodii*	
L.linearifolius		*L.pubescens*	(3)
L.lomanus		*L.pusillus*	
L.longipes		*L.subandinus*	
L.macropus		*L.subulatus*	
L.macrostachys		*L.tomentosus*	
L.magellanicus		*L.tropicalandinus*	
L.multiceps		—	

本章での掲載植物の項目 (1) つる性または高性植物:花壇, 垣根および切り花, (2) 矮性植物:花壇および鉢物, (3) 芳香のある種, (4) 穀物, 飼料作, 緑肥としても利用されている種, (5) 閉鎖花をつくる1年草:環境教材, (6) 特徴的な草姿, 形態の植物, (7) 日本での自生種と帰化植物, (8) その他
＊印は新種で, *Lathyrus* に区分した

に葉は長い。莢は3〜8cmの長さで編み目状となり, 7〜8個の種子が入る。2n＝14。本種と *L. hierosolymitanus* との交雑が可能。

②*L. cassius* Boiss.

キプロス, パレスチナ, 南・東トルコ, 北イラク, 北イランの松林, 灌木, 未開墾地に自生するつる性1年草。つるは30〜60cm, 栽培するとさらに伸長する。小葉は1対, 葉長3〜6cm, 葉幅0.5cmで分岐した巻きひげを生ずる。関東地方では5月上〜中旬に開花する。1花序1〜2花, 花径は1.3cm程度で, 鮮やかな桃色で, 同色の濃い色のストライプが入る。遠くでみるとカスミソウに似た草姿となる。莢は3cm位の長さで, 5〜7個入る。本種と *L. belinensis*（黄色）, *L. hirsutus*（紫桃色）および *L. odoratus*（スイートピー）の3種と交雑可能。

③*L. chloran-thus* Boiss.

インド，イラク，中央アジア，南東トルコ（標高1500～1800m）の小川の土手や灌木，斜面，小麦畑の縁などに自生するつる性1年草。草丈は70cm程度，栽培すると1m以上に伸長する。小葉は1対，葉長2～6cm，葉幅1.5cm程度で葉脈が3本入り，やや灰緑色を呈し，有毛である。関東地方では5月下旬～6月上旬で，もっとも遅咲きの1年草である。花柄は7cm前後に1～2花咲き，尖った形で花径1.5cm，緑黄色で，他の種にない花色である。莢は有毛で，5～9個のざらついた種子が入る。本種と *L. chrysanthus*（黄色・矮性）との交雑可能。

図9-1 イタリア・シシリー島の自生地（5月上旬）
L.annuus, L.aphaca, L.clymenum, L.ochrus，スイートピーなどが日当たりのよい草原に自生している

宿根草

④*L. latifolius* L.（ヒロハノレンリソウ）

ヨーロッパ（イタリアでは標高0～1200m）に自生し，アメリカなどに帰化しているつる性宿根草（詳細は第8章に記載）。垣根，道路法面，切り花などに用いる。若芽，若莢を湯通ししたあと，調理してご飯に入れるという（マメ科資源植物便覧，1989）。$2n = 14$。

⑤*L. paranensis* Burkart

アルゼンチン，ブラジル，ウルグアイに自生するつる性1年草。草丈は30～100cm，ブラジルでは湛水状態や多湿の場所で生育し，夏に繁茂する。小葉は1対で葉長6～12cm，葉幅0.7～0.9cmと細長く，その先に分岐した巻きひ

げを生ずる。関東地方では，5月上〜中旬に開花する。花柄は10cm以上の長さで，1花柄に3〜9花着生し，花色は青みを帯びた薄紫色で，旗弁は縦長で，濃いめのストライプが入る。莢は6〜8cmの長さで，十数個の種子が入る。耐寒性に乏しい。$2n = 14$。

⑥ *L. pisiformis* L.

チェコ，スロバキア，ハンガリー，ポーランド，ロシア，シベリアの森林やその縁に自生するつる性宿根草。直立し，50〜100cmになる。茎に翼があり，小葉は3〜5対，葉長2〜6cm，葉幅1〜3cmで葉脈があり，托葉も大きく，長さ2〜5cm，幅1〜2cmとなる。関東地方では，5月中旬開花する。花柄は葉長よりも短く，花径1.5cm以内の小花が8〜15花着く。花色は赤みを帯びた紫色である。莢は4〜5cmの長さで，10〜20個の種子が入る。$2n = 14$。

⑦ *L. rotundifolius* Willd.

コーカサス，クリミア，北イラン，北イラク，トルコ（標高500m）の灌木地帯，草地，まれに北側の斜面に自生するつる性宿根草。草丈は50〜150cm，茎に細い翼があり，小葉は1対，葉長2.5〜6cm，葉幅2〜4cmの長楕円形で，その先に分岐した巻きひげを生ずる。関東地方では4月中〜下旬に開花する。スイートピーのように10cm以上に伸びた花柄に花径1.5〜2cmの小花が3〜10個，煉瓦色を帯びた桃色（濃桃色）で，さらに濃い色のストライプが入る。遠くでみると鮮やかな赤色にみえる。莢は5cm程度の細長い形で，10個位の種子が入る。コンクリート上に置いた鉢植えで開花したが，翌年枯死した。日陰地ではよく発育し，小石の多い傾斜地や堤防などに適するという（井上・石井，1983）。$2n = 14$。

2 矮性植物：花壇および鉢もの

1年草

⑧ *L. angulatus* L.

ポルトガル，スペイン，イタリア，ギリシア，フランスなど地中海，南ヨーロッパで，草地斜面や砂質土壌に自生する1年草である。草丈30〜50cm，小

葉は1対，先端は分岐した巻きひげとなる。関東地方では4月下旬～5月上旬に開花する。小葉よりも長い花柄（2～7cm）に1花，まれに2花着生し，紫から青紫色の花色。莢は細長く（2.5～4.5cm），6～8個のざらつき角張った種子が入る。

⑨ *L. basalticus* Rech. f.

地面を這うように伸びる矮性の1年草。小葉が1対着生し，先端に巻きひげを生ずる。関東地方では，3月下旬～4月上旬に開花する。明橙赤色，花径が1.5cm位の花が5cmの花柄に1花咲く。莢は有毛で2cm程度の長さで，種子が2～3個入る。

⑩ *L. blepharicarpus* Boiss.

キプロスを含むトルコ（標高100m）など地中海東部地域で，礫のある丘の斜面や松林の外などに自生する矮性種の1年草。横に這うように伸び，1対の小葉があり，巻きひげは発蕾する頃から発生する。関東地方では，4月上～中旬に開花する。花柄3cmと短く，1花咲き，1.6cm位の明赤色（テラコッタ色）で，同色の濃いめのストライプが入る。莢には斑点が生じ，翼が2裂になる。

⑪ *L. chrysanthus* Boiss.

レバノン，シリア，南東トルコ（標高600m）の未開墾地に自生する矮性の1年草。草丈は30cm程度，葉は有毛で，葉長5cm，葉幅1cmが1対着生し，巻きひげを生ずる。関東地方では4月下旬～5月上旬に開花する。花柄8cm位に，2～4花咲き，花径1cmで鮮やかな明黄色の花色である。莢は有毛で，6～10個の種子が入る。

⑫ *L. gorgoni* Parl.

地中海のサルディニア，シシリー島，トルコの一部（0～1100m）に自生するつる性1年草。つるは20～60cmとなり，小葉は1対，葉長3～7cm，葉幅0.8cmで，その先に分岐した巻きひげが生ずる。関東地方では，4月中～下旬に開花する。約6cmの花柄に1花咲き，明橙色で花径は1.5cm程度である。莢は2.5～5cmの長さで，種子は5～8個入る。本種と *L. sativus* （淡青色，白）との交雑では結莢するが，種子が得られていない。

⑬ *L. hierosolymitanus* Boiss.

ギリシアからエジプト，リビア，トルコ（標高300〜800m）などの地中海東部に自生する1年草。約3cmの花柄に1花着く。花径は1.4cm程度の大きさで，旗弁は浅黄橙色に同系色の濃い編み目が入る。莢には種子が6〜10個入る。本種と*L. annuus*（黄色）との交雑可能。

⑭ *L. hirticarpus* Mattalaia & Heyn

イスラエルに自生する矮性1年草。小葉が1対，その先に巻きひげを生ずる。関東地方では，3月下旬〜4月上旬に開花する。4.5cmの花柄に1花着き，花径1.5cm程度，明橙赤色で，同系色のストライプが旗弁に入る。莢は3〜4cmで，数個の種子が入る。

⑮ *L. marmoratus* Boiss. & Blanche

エジプトの一部，イスラエル，イラク，ヨルダン，トルコ（0〜100m）に自生する1年草。地ぎわから分枝し，茎は細く，小葉は1対，その先に分岐した巻きひげを生ずる。関東地方では，4月上〜下旬に開花する。2.7cmの花柄に，花径1.2cmの赤色の小花を1花着ける。莢は5〜6cmの長さに，数個の種子が入る。本種と*L. sativus*（淡青色，白）との交雑では結莢するが，種子が得られていない。

⑯ *L. pseudo-cicera* Pampan

エジプトの一部，イスラエル（テル・アラッド，ネゲブ高地），イラン，イラク，トルコ（標高100〜500m），ヨルダンなどの乾燥地に自生する矮性1年草。草丈10〜20cmで，茎は扁平で，小葉は細長く1対あり，その先に分岐した巻きひげを生ずる。関東地方では4月下旬に開花する。3.5cmの長さの花柄に，花径1.5cmの小花が1個着く。花色は淡黄橙色で，赤橙色の濃いめのストライプが入る。莢は6cm位の長さに，数個の種子が入る。本種と*L. sativus*（淡青色，白）との交雑可能。

⑰ *L. setifolius* L.

南ヨーロッパ，イタリア（標高0〜1200m）などの東部地中海地域，カナリー島，アルジェリア，トルコ（60〜100m），モロッコの岩場の斜面，落葉樹

林，牧草地に自生するつる性1年草。草丈は30〜80cm，地ぎわから分枝し，茎は細く，わずかに翼があり，小葉は1対，葉長2.5〜7.5cm，葉幅0.1〜0.3cmと細長く，その先に分岐した巻きひげを生ずる。関東地方では，4〜5月に開花する。花柄は葉長よりも短く，花径1cm位の小花が1個着く。花色は，赤みを帯びた橙色（オレンジ色）で，濃いめのストライプが入り，遠くでは赤色にみえる。莢は2〜3cmの長さで，2〜3個の種子が入る。2n＝14。

⑱ L. sphaericus Retz.

南ヨーロッパから北西フランス（イタリア標高0〜1200m，トルコ125〜350m），デンマーク，南スウェーデン，北・西アフリカ，西・中央アジア，ヒマラヤの松林，野原，道端，丘陵などに自生する1年草。20〜70cmで，地ぎわから分枝し，茎には翼がなく，小葉は1対，葉長2〜8cm，葉幅0.5cm程度と細長く，葉脈があり，その先に分岐しない巻きひげを生ずる。関東地方では，4月中旬〜5月上旬に開花する。2cmの花柄に，花径0.7cmの小さい花が1個着く。花色は煉瓦色を帯びた紅色で，濃いめのストライプが入る。莢は5〜7cmの長さで，6〜14個の小さい種子が入る。2n＝14。

つるなしの宿根草

⑲ L. alpestris (Waldst. & Kit.) Kit.

バルカン半島のアルバニア，ギリシア，ブルガリア，セルビア・モンテネグロ（旧ユーゴスラビア）で，山林地帯に自生する宿根草。草丈が15〜60cm程度の宿根草のつるなし矮性種。葉長2〜5cm，葉幅0.5〜1cmの細長い，無毛あるいは軟毛の葉が2〜3対着生し，その先端は巻きひげがない。関東地方では4月上旬に開花する。1花序に2〜6花着生し，赤紫色，花径は1.5cm位と小さい。結莢すると10個以上の種子が入る。耐暑性はなさそうである。

⑳ L. aureus (Steven) Brandza

ギリシア，ブルガリア，黒海周辺の2000mまでの森林，灌木地帯で自生する宿根草。草丈は80cm程度，茎には翼がなく，卵状の葉長5〜10cm，葉幅25〜50cmの小葉が3〜6対着生し，巻きひげはない。関東地方では4月中〜

下旬に開花する。葉よりも短い花柄に2cm位の黄褐色の花が20個咲く。

㉑ *L. laxiflorus* (Desf.) Kuntze

ヨーロッパから南イタリア（標高1000～1500m），ギリシア，南西ロシア，トルコ（標高50～910m），シリア，北イランなどの森林，灌木，日陰の道端に自生する宿根草。茎は20～50cm，小葉は1対，1～4cmの長さで，巻きひげはない。関東地方では4月下旬～5月上旬に開花する。1花柄に2～6花着生し，花径1.5～2cmで，旗弁が青紫色で，翼弁が淡い色の複色花である。莢は3cm程度で，5～8個の種子が入る。関東の平坦地では，夏越しが難しい。$2n = 14$。

㉒ *L. linifolius* (Reichard) Bassler ＝ *L. montanus* Bernh.

イギリスを含むヨーロッパとアルジェリア，森林，灌木，荒れ地，山の草地に自生する矮性宿根草（図9-2）。草丈は15～20cm，小葉は2～4対，葉長1～5cm，葉幅0.2～1.6cmで，先端は分岐しない巻きひげがある。関東地方では，3月下旬～4月上旬に開花する。3～5cmの花柄に，花径1.5cmの小花が2～6花着き，赤紫色から青色に変わる。莢は3～4cmで，4～10個の種子が入る。*L. montanus* は同種であるが，筆者が導入したものは，*L. linifolius* では小葉の幅が細く，*L. montanus* では幅が広く，葉長がやや短い感じがする。$2n = 14$。

図9-2　*L.montanus*の自生地
（イタリア・サンレモ郊外，5月上旬）
上段：落葉樹の下の道端付近に多くみられる。下段：開花状態

㉓ *L. niger* (L.) Bernh.
（セイヨウエビラフジ）

ヨーロッパ，コーカサス，シリア，イタリア（標高0〜1000m），北アフリカの林地，灌木，日陰の場所に自生する宿根草。直立し，15〜90cmになる。小葉は3〜6対程度着生し，葉長1〜3cm，葉幅1cm位で，巻きひげはない。関東地方で

図9-3 *L.vernus*（ツルナシレンリソウ）の開花状態

は4月下旬〜5月上旬に開花する。数cm以上に伸びた花柄に，花径1.5cmの小花芽4〜10個着き，紫色から青色に変わる。莢は3.5〜6cm，6〜10個の種子が入る。2n＝14。

㉔ *L. vernus* (L.) Bernh.（ツルナシレンリソウ）

東，南，西部を除く大部分のヨーロッパ（イタリア標高500〜1800m，ギリシアを含む），コーカサス，トルコなどの森林，灌木，カシ類の林やセイヨウブナ林など，石灰質土壌に多く自生する矮性宿根草（図9-3）。茎は直立し，30〜50cm位で，茎には翼がなく，小葉は2〜4対，葉長3〜7cm，葉幅1〜3cmで，巻きひげがない。Spring Peaと呼ばれるように，本属では開花の早い種類で，関東地方では3月下旬に開花する。−20℃まで生存するが，葉が展開しないうちに開花することもあり，花が霜害を受けることもある。1花柄に3〜10個着き，最初は青みを帯びた紫色，濃桃色であるが，青色に変色する。これはアントシアニン色素による。そのほかに桃色，桃色と白色の複色，青色などの花色もある。莢は4〜5cmの長さで，8〜14個の種子が入る。コンパクトな草姿で，花壇の縁などに適する。2n＝14。

矮性宿根草

㉕ *L. neurolobus* Boiss. & Heldr.

地中海クレタ島の低湿地や小川の周辺，森林，湿気のある岩地帯（50〜300m）などに自生する矮性の宿根草。草丈は15〜50cm，小葉は1対，葉長1cm，葉幅0.2〜0.3cmと小さく，幼苗期は巻きひげがないが，成葉では分岐しない巻きひげが生ずる。匍匐性で，冬期は芝生のようにみえ，春先に茎が伸長し，関東地方では4月上旬〜5月上旬に開花する。短い花柄に1〜2花着生し，花径は0.6〜1cm，青色から青みがかった薄紫色を呈する。莢は2〜3cmで，3〜6個入る。2n＝14。

3　芳香のある種

つる性1年草

㉖ *L. odoratus* L.

イタリア南部とシシリー島（標高0〜600m）に自生し，現在は中央，南ヨーロッパに野生化している。詳細は，第2章「生育の特徴と発育相」を参照。関東地方では，5月上〜中旬に開花する。2n＝14。

㉗ *L. belinensis* Maxted & Gloyder

1987年にトルコ最南部で，標高560mの石灰岩の岩場斜面に生育しているのが発見された新種。つる性1年草で，自生地では0.5〜2m位まで伸長する。茎には翼があり，小葉は1対，葉長が1.5〜6.5cm，葉幅が0.7〜3cmの楕円形か倒披針形で，その先に分岐した巻きひげを生ずる。

著者の記憶では，関東地方では5月中旬に開花する。花柄に3〜5花着生する。*L. annuus* に似ているが，旗弁はやや縦長で2〜2.6cmと大きく，明るい橙赤色でやや編み目状に濃いストライプが入る。翼弁と舟弁は黄色で，翼弁は舟弁よりやや大きい程度で，舟弁側に巻き込む。花に強い芳香があるが，明らかにスイートピーとは異なる。莢は波状に凹凸ができ，ほかの種と異なり，莢がねじれて種子が飛散することはない。

本種はKupicha（1983）の分類では*Lathyrus section*に属し，生育特性がスイートピーと比較的に類似しているとされ，本種とスイートピーとの交雑種が作出されている。

つる性宿根草

㉘ *L. tuberosus* L.（キュウコンエンドウ）

花は小さいが，バラに似た香り「6　特徴的な草姿，形態の植物」。2n＝14。

㉙ *L. pubescens* Hook. & Arn.

アルゼンチン，ボリビア，ブラジル，チリ，パラグアイ，ウルグアイに自生するつる性宿根草。よく分枝し，2m位まで伸びる。茎には翼があり，葉長2～8cm，葉幅1～2cmの細長い小葉は1～2対，その先にスイートピーのように分岐した巻きひげが生ずる。10cm以上に伸びる花柄に，花径2cm前後の小花が5～15個が密集して着く。花色は藤色で美しい。莢は6～7cmの長さで，7～9個の種子が入る。耐寒性に乏しい。かすかな芳香があるとされるが，栽培中には強い印象はなかった。2n＝14。

㉚ *L. nervosus* Lam.

アルゼンチン，ブラジル，コロンビア，チリ，エクアドル，ウルグアイの裸地や灌木に自生するつる性宿根草。つるは1m以上に伸長する。茎は翼がなく，無毛で硬く，小葉は1対が無柄で茎に着生し，葉長2.5～5.5cm，葉幅1～3cmとなり，巻きひげは硬く，10cm位伸びた先で分岐する。托葉は長さ2～4.5cm，幅1～2.5cmと大きく，葉のよ

図9-4　*L.nervosus*の開花状態

うに葉脈がみられる。ブラジルでは晩春～初夏（8～12月）に開花する（図9-4）。関東地方の戸外では4月中～下旬に開花するが，施設内では2～3月から開花する。7～12cmの花柄に，3～10花着生，花径2.5cmで青色から青みがかった薄紫色を呈する。

花には芳香はあるが，スイートピーのような甘い香りでなく，マツタケの吸い物の香りと評されることもある。莢は5～7cmの長さで，6～9個の種子が入り，黒い斑点がある角ばった種子である。小葉，大きい托葉と花の着生状態とのバランスが絶妙で観賞性が高く，切り花にすると日もちがよい。－10℃まで生存できるが，夏は冷涼な自然光下か，遮光下に置く（Phillips・Rix, 1991）とされ，関東地方では露地での夏越しは可能であるが，施設内での夏越しは未知数である。$2n = 14$。

4　穀物・飼料作・緑肥としても利用されている種

つる性1年草

㉛ *L. cicera* L.

ポルトガルから，イタリア（0～100m），ギリシアなどの地中海地域，イラク，トルコ（標高1～600m），イランなどの草地に自生するつる性1年草。つるは20～100cmに伸長，小葉は原則として1対，その先に分岐する巻きひげを生ずる。関東地方では4月中旬～5月上旬に開花する。7cm位の花柄に1花咲き，花径1.5cmで，明黄橙色の花色である。莢は2～4cmの長さで，2～6個の滑らかな種子が入る。種子には毒成分を含むが，スペイン，イタリア，フランスで食用にされる（マメ科資源植物便覧）。$2n = 14$。本種と*L. sativus*（淡青色，白）との交雑では結莢するが，種子が得られていない。

㉜ *L. clymenum* L.

ポルトガル，イタリア（標高0～1100m），フランス，ギリシアなどの地中海地域に自生するつる性1年草。つるは30～100cmに伸びる。茎には強い翼があり，羽状複葉の小葉が着生する。幼苗期は小葉が1枚，次に1対となり，しだいに増加し，開花期では3対の小葉とその先に巻きひげを生ずる。成葉で

は葉長6cm，葉幅1cm位の細長い小葉が着生する。関東地方では5月中旬に開花する。6cmの花柄に花径1.5cmの旗弁が紅色で，翼弁が紫からライラック色の複色花を1〜5花着生する。莢は3〜6cmの長さで，5〜6個の種子が入る。L. articulatus は同一種とされるが，小葉が細く，花柄は小葉よりも長く，花色は旗弁が紅色（crimson）で，翼弁が白またはピンクがある。ヨーロッパ南部では飼料用に栽培される（マメ科資源植物便覧）。2n＝14。

㉝ *L. hirsutus* L.

アルバニア，フランス，イタリア（標高0〜1350m），トルコ（200〜350m）など中央，南ヨーロッパに自生するつる性1年草。つるは20〜120cmと高性で，小葉は1対，葉長1.5〜8cm，葉幅0.3〜2cmで，その先に巻きひげとなる。関東地方では，4月上旬〜5月下旬に開花する。8.5cmの花柄に，花径1.2cmの小さな花が1〜4花着き，花弁は鮮紫桃色，翼弁はやや淡い複色である。莢は2〜5cmの長さで，5〜10個の種子が入る。K. Hammett博士（ニュージーランド）によると，草勢の異なるチュニジア（矮性），エジプト，ロシア，フランスの系統があるとされ，これらの種と夏咲きスイートピーを交配し，落蕾に強いスイートピーが作出されている。

本種は牧草および緑肥として利用されるが，*Lathyrus*属の種子には葉酸，シアン化水素，マルトース，パントテン酸，ケルシトリン酸，サポニンを含むとされる（Duke, 1986）。2n＝14, 28。本種と *L. belinensis*（黄色），*L. cassius*（桃色）および *L. odoratus*（スイートピー）の3種との交雑が可能。

㉞ *L. sativus* L.（ガラスマメ）

原産地は不明。飼料用作物として，中央，南（イタリア，標高0〜600m）・東ヨーロッパ，トルコ（標高20〜1100m），西アジア，北アフリカなどに野生化しているつる性1年草。30〜90cm位になり，幅広い翼があり，小葉は1対，葉長2〜10cm，葉幅0.5〜1cmと細長く，その先に分岐した巻きひげを生ずる。托葉は葉幅の1.5倍位の大きさになる。関東地方では4月〜5月上旬に開花する。5〜6cmの花柄に花径2cmの小花を1個着ける。花色は水色（青色）で，やや濃いめのストライプが入る。そのほかに，旗弁が濃いピン

図9-5 *L.sativus* の種子

クの複色花，旗弁が白，翼弁の縁が青と赤に，舟弁がやや青みが残った複色花もある。莢は4～7cm位の長さになり，3～5個の種子が入る。種子は本属の中では大きく，くさび状で，乳白色をしている。すぐに吸水して膨らむ（図9-5）。

ヨーロッパでは古くから飼料にされてきた。種子にタンパク質が豊富に含まれるので食用にされるが，常食すると両下肢が麻痺し，歩行困難（ラチリズム lathyrism）となる。これはβ-N-オキサリルアミノ-l-アラニン（BOAA）による中毒で，アミノ酸の一種で，興奮毒とされる。

ラチリズムに類似したものに，骨ラチリズム，血管ラチリズムがある。スイートピーに含まれるβ-ミノプロピオニトルや，β，β'-イミノジプロピオニトリル（IDPN）によって脊髄の変形，変形性関節症，解離性動脈瘤などをおこす。家畜がスイートピーを食べると骨ラチリズム症状を呈する（内藤，1991）。$2n=14$。

本種と*L. pseudo-cicera*（淡黄橙色）との交雑では種子が得られたが，*L. cicera*（明黄橙色），*L. gorgoni*（黄橙色），*L. inconspicuus*（紫桃色），*L. marmoratus*（紅色），*L. nissolia*（明紅色），*L. stenophyllus*（ローズ色か紫色を帯びた桃色）および*L. tingitanus*（濃桃色）の7種では結莢するが，種子が得られていない。

㉟ *L. tingitanus* L.（ジットクマメ，ハットクマメ）

イベリア半島の南，東部（ポルトガル，スペイン），イタリア（標高0～600m），サルディニア島，モロッコなどの明るい森，灌木，小石のある斜面，低山の斜面，平原に自生するつる性1年草。草丈は120cm以上にも達することがあり，茎には翼があり，小葉は1対，葉長2～8cm，葉幅0.5～1.8cmで，そ

の先に分岐した長い巻きひげを生ずる。関東地方では，5月上旬に開花する。12cm以上の花柄に，花径3cmの小花が1〜3個着く。花色は赤紫から濃桃色を呈し，旗弁には濃いめのストライプが入り，鮮やかな桃色にみえる。好適環境では開花期間が長い。莢は6〜10cmで波状に起伏があり，6〜8個の種子が入る。なお，旗弁の中央が紅〜紫の濃い色の'ロゼウス（Roseus）'がある。環境適応性が大きく，飼料や緑肥として用いられる。2n＝14。本種と *L. sativus*（淡青色，白）との交雑では結莢するが，種子が得られていない。

宿根草

㊱ *L. pratensis* L.（キバナレンリソウ）

ヨーロッパ（イタリアでは標高0〜2000m），トルコからヒマラヤ，ミャンマー，モンゴル，ロシア，エチオピア，モロッコなどの草地，灌木，川縁に自生する矮性の宿根草。滋賀県伊吹山の山頂付近にみられる。織田信長が薬草園をつくらせ，帰化植物になったとされる。

茎は細く，4〜5稜あり，20〜120cm位になる。小葉は1対，葉長1〜3cm，葉幅数mmで，その先に巻きひげを生じ，托葉も小葉と同じ位の大きさになる。関東地方では，5月下旬〜6月上旬に開花する。花柄は小葉よりも長く，黄色で花径1.5cmほどの小花が3〜10個着く。莢は3〜4cmの長さで，3〜8個の種子が入る。冷涼地を好み，関東地方では茎葉が繁茂しても開花しにくい。なお，葉の煎じ液は咳止め，気管支炎などの薬用，飼料，牧草に利用される（マメ科資源植物便覧）。2n＝14, 28。

㊲ *L. sylvestris* L.

最南，最北を除く大部分のヨーロッパ（イタリアでは標高0〜1500m），モロッコなどの森林，灌木およびその周囲に自生するつる性宿根草。草丈60〜200cm位となる強健種で，ヒロハノレンリソウ（*L. latifolius*）と同様な生育特性を示すが，茎葉は細い。茎には翼があり，小葉は1対，葉長5〜15cm，葉幅0.5〜2cmで，3本の葉脈があり，その先に分岐した巻きひげを生ずる。著者の記憶では本属のなかでは遅咲きの種類で，関東地方では6〜7月に開花

する。花壇などでは地ぎわから分枝し，茎葉は1m²以上を覆い尽くし，一斉に開花する。

花柄は葉よりも長く（10cm以上），花径1.5～2cmの小花が3～12個着く。花色は紫を帯びた桃色で，旗弁に濃いめのストライプが入る。莢は4～7cmの長さで，10～15個の種子が入る。茎葉は家畜の飼料とされる（マメ科資源植物便覧）。$2n = 14$。

5 閉鎖花をつくる1年草：環境教材

花といえばバラのように蕾がほころび，花弁が展開して開花する花を思い浮かべるが，この花を「開放花」という。これに対して，蕾のままで花弁が開くことなく自家受粉し，結実する花を「閉鎖花」といい，地上の閉鎖花にはスミレ，地中ではヤブマメなどが知られている。

*Lathyrus*属植物のうち，地上または地中に閉鎖花がみられるのは3種類である。

地上に閉鎖花

㊳ *L. gloeospermus* Warb. & Eig.

イスラエル，ヨルダンに自生するつる性1年草。茎には翼があり，羽状複葉であるが，幼苗期は小葉が1対，しだいに小葉数がふえ，着蕾期には3対となり，その先に巻きひげが生ずる。関東地方で，着蕾して着色するのは5月上旬で，茎と葉柄の間に発蕾する。花柄は伸びず，花弁が淡い緑色を帯びた黄色の閉鎖花となる（図9-6）。すぐに莢が発達し，細長く，丸みを帯び，縫合線に平行に何本かの翼をもち，中

図9-6 *L.gloeospermus*の閉鎖花

に数個の種子が入る。

地上に開放花と地中に閉鎖花

㊴ *L. amphicarpos* L.

南西スペイン，ポルトガル，シシリー島（標高0〜600m），クレタ島，ギリシア，アルジェリア，モロッコなどの乾燥した石の多い場所に自生する。地面を這うように伸びる1年草矮性種。茎にはわずかに翼があり，小葉は1対，葉長0.5〜3cm，葉幅0.1〜0.5cmと小さく，生育初期は巻きひげはないが，発蕾する頃に発生する。

関東地方では4月下旬〜5月に開花する。地上には花径1.2cm位の明紅色の開放花が1花序1花咲く。莢は縫合線側に2本の翼があり，2〜4個の滑らかな種子が入る。一方，地中に伸びたシュートの節に，やや紫を帯びた白色の小さい閉鎖花（数mm）が着生する（図9-7）。莢には1〜2個の種子が入る。種子数は地上の閉鎖果のほうが多いが，種子の大きさは地中の閉鎖果が大きい。

㊵ *L. ciliolatus* Sam. ex Rech. f.

レバノン，西・南部シリア，

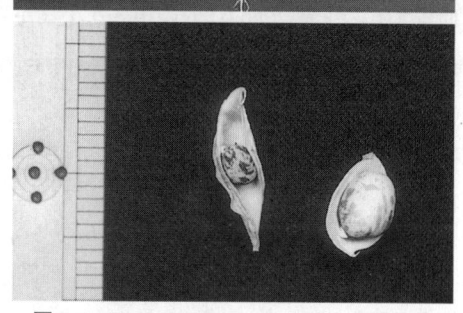

図9-7 *L.amphicarpos* の地上の開放花と地中の閉鎖花
上段：地上の開放花は多く開花，結実する。地中の閉鎖花は少ない
下段：果実。左の地上果は小さく，右の地中果は大きい

イスラエルの高山部分（標高1800mまで），ゴラン付近高原，ユダ・サマリア丘陵などで，年間降水量が200〜400mm，岩石や礫のある排水のよい地帯で自生する矮性1年草。地面を這うように生育し，小葉は1対，その先に分岐しない巻きひげを生ずる。関東地方では地上の開放花は4月中旬に開花する。花柄4.7cmに，花径1cm位の花が1花のみ着生する。

花色は赤みがかったオレンジ色，同系色のやや濃いめのストライプが入り，編み目状にみえる。莢は2〜3cmで，2〜4個の種子が入る。閉鎖花は，地中に伸びたシュートに着蕾して数mmの大きさになり，淡いオレンジピンクを呈し，莢は1〜2cmの長さで，開放果よりも大きい種子が1〜2個入る。2n＝14。

6　特徴的な草姿，形態の植物

托葉や葉柄が葉のように大きい

㊶ *L. aphaca* L.（タクヨウレンリソウ）

イギリス，南・西部ヨーロッパ（イタリアでは標高0〜1500m），ポルトガルからトルコ（標高0〜2000m），アルジェリアの地中海沿岸国，ネパール，アフガニスタンなど，砂礫土壌の乾いた場所や道端に自生すりつる性1年草。地ぎわから分枝し，茎は細く翼がなく，通常40〜50cmであるが，1m以上に伸長する。生育初期は1対の小さな小葉が着くが，生長すると小葉は消失し，巻きひげのみが1本伸びる。その代わり，托葉が発達し，卵状で4〜5cmの長さが1対，まるで葉のようにみえる（図9-8）。

関東地方では，5月上旬に開花する。4〜5cmに伸びた花柄に黄色の花が1花，まれに2花着くが，花径は1cm以下と小さい。莢

図9-8　*L. aphaca*の開花状態，托葉が葉のように大きい

は2～3cm，4～5個の滑らかな光沢のある種子が入る。繁殖力は旺盛で，本州から九州に帰化している。若くて未熟な種子を食用にするが，成熟したものは麻痺させ，頭痛を引きおこす（マメ科資源植物便覧）。2n＝14。

㊷ *L. nervosus* Lam.

図9-9 *L.ochrus* の開花状態。葉柄が葉のように大きく発達，先端に巻きひげ

葉と托葉と花のバランスがよい宿根草（「3　芳香のある種」の項に掲載）。

㊸ *L. ochrus* (L.) DC.（ヒゲレンリソウ）

エジプトを除く地中海地域（イタリアでは標高0～1000m）とポルトガルの休閑地，草地，森林の周囲，道端に自生するつる性1年草。つるは1m位まで伸び，茎には広い翼がある。下位葉はイネ科植物のように小葉も巻きひげもない。中位葉になると，小葉はないものの葉柄が小葉のように大きく，その先に巻きひげが2～3本分岐する。上位葉は広い葉柄に1対の長楕円形の小葉，長さ1.5～3.5cm，幅0.6～2cmに，分岐した巻きひげが生ずる（図9-9）。関東地方では4月上～中旬に開花する。2.5cmの花柄に，花径1.4cm位の淡い黄色の小花が1花着く。莢は4～6cmの長さで，4～7個の種子が入る。飼料および食用にするとされる。2n＝14。

イネ科植物のように直立する1年草

㊹ *L. nissolia* L.

イギリス，ポルトガル，ルーマニアなどの西・中央・南ヨーロッパ（イタリアでは標高0～1600m），西アジア，北アフリカの草地や低木地に自生する1年草（トルコ100～910m）。初めてみるとムギ類かと思えるような草姿，20～

80cmの草丈で，地ぎわから分枝して直立する。茎には翼がなく，巻きひげも小葉もない。葉はイネ科植物のように細長く，葉長5～10cm，葉幅5mm位で5本の葉脈が走る（図9-10）。関東地方では，5月中旬に開花する。花柄は葉長と同程度に長く，明紅色の小花が1～2花着き，花径0.6cmと小さい。明桃色や白色の個体もみられる。莢は3～6cmの長さになり，11～20個の小さな丸い種子が入る。2n＝14。

図9-10　*L.nissolia*の結実状態。イネ科のように直立している

㊺ *L. vinealis* Boiss. & Noë

トルコ，イラク，イランに自生する1年草。*L. nissolia*に似て，地ぎわから分枝して直立する。茎には翼がなく，巻きひげも小葉もない。葉はイネ科のように細長く，葉脈が走る。関東地方では，5月上～中旬に開花する。花柄は葉長よりも短く，旗弁が鮮紫桃色で，翼弁は淡色の複色花が1花着き，花径0.7cmと小さい。莢は5cm位の長さで，12個程度の小さい種子が入る。

㊻ *L. inconspicuus* L.（スズメノレンリソウ）

アルバニア，ブルガリア，フランス，ギリシア，イタリア（標高0～800m），トルコ（60～1600m）など地中海地域の低木や岩石が多い場所に自生する矮性1年草。草丈10～30cm，小葉は1対，葉長2～4cm，葉幅0.3mm位と細長く，巻きひげはみられない。1.2cmの花柄に花径0.6cmの小さい花が1花着生する。花色は，旗弁が鮮紫桃色でストライプが入り，翼弁は同系色の淡い色の複色花である。莢は3～6cmの長さで，5～14個の小さな種子が入る。2n＝14。本種と*L. sativus*（淡青色，白）との交雑では結莢するが，種子が得られ

ていない。

㊼ *L. pallescens* (M. Bieb.) K.Koch

　南東ヨーロッパからハンガリー，東ロシアに自生する1年草。地ぎわから分枝し，叢生状態となる。茎には翼がなく，小葉が1対，その先に短い分岐しない巻きひげを生ずる。関東地方では4月下旬～5月上旬に開花する。短い花柄に，花径0.6cmの小さい花が1個着生する。花色は紫を帯びた桃色で，同系色の濃いめのストライプが入る。莢は5cm位で細長く，10個以上の種子が入る。

イモをつくる

㊽ *L. tuberosus* L.（キュウコンエンドウ）

　最北，最南を除く大部分のヨーロッパ（イタリアでは標高0～1200m），イラン，イラク，中央アジア，トルコ（標高1～960m）などの草地の土手，川辺の草地，草原などに自生するつる性宿根草。草丈は30～120cm位になり，茎には翼がなく，小葉は1対，葉長1.5～4.5cm，葉幅0.5～1.5cmで，その先に分岐した巻きひげを生ずる。関東地方では，5月中旬に開花する。10cm以上の花柄に，花径1.2～2cmの小花が2～7個着く。花色は紫色を帯びた桃色で，バラに似た芳香がある。（第7章　2／芳香性の項169ページ）*Lathyrus*属のうち，強い良質の芳香が認められるのはスイートピーと本種の2種のみである。莢は2～4cmの長さで，3～6個の種子が入る。また，播種すると比較的早い段階で地下茎が伸びて途中に塊茎をつくる（図9-11）。塊茎はほぼ4年で

図9-11　*L.tuberosus*の生育状態

成熟し，外側は黒ずんで硬く，内部は白く，貯蔵デンプンと糖類を含んでいる。煮て食べるほか，炒ってコーヒーの代用，下痢止め，豚の飼料になるとされる（井上，1998）。2n＝14，16。

花柄が一方向に着生，伸びる

㊾ *L. sulphureus* Brewer ex Gray

図9-12 *L.sulphreus* の開花状態。花柄（花茎）が一方向に伸びる

南西オレゴン，北カルフォルニアなど，アメリカの藪の斜面や明るい森に自生するつる性宿根草。草丈60〜90cm，小葉は6〜12対，2〜6cmの長さになり，その先に巻きひげを生ずる。托葉は小葉位に大きい。筆者の記憶では関東地方で4〜5月に開花する。スイートピーは葉が互生なので，葉柄の基部側に花柄が伸びる。本種の葉も互生であるものの，花柄は茎に対して一方向に伸びる傾向がある（図9-12）。この性質がスイートピーに導入できれば，採花など管理作業が楽になる。10cm以上に伸びた花柄に，花径1.3cm位の小花が10〜30個着く。花色はイタチササゲと同様に，最初は薄い黄色であるが，しだいに淡黄褐色から鈍い橙色に変わる。莢は4〜7.5cm位の長さである。2n＝14。

7　日本での自生種と帰化植物

自生植物

㊿ *L. davidii* Hance（イタチササゲ）

北海道，本州，九州のほか朝鮮，中国の山地の草原，林縁に自生する宿根草。和名のイタチササゲは，咲き終わりが褐色になりイタチに似ていることに由来する。茎は直立して1m以上になり，*Lathyrus* 属では大株になる種類である。

小葉は2～4対，卵形または楕円状卵形で，葉長3～8cm，葉幅2～4cm位で，先端は巻きひげとなる。関東地方では，6月上～中旬に開花する。花の着き方は*L. aureus*に似る。1.5cm位の小花が10～30個着生し，咲き始めは清楚な淡黄緑色であるが，しだいに褐色に変化する。莢は10cmの長さに，10～15個の種子が入る。

なお，若芽，若莢，花などは湯通しして調理，種子は煮るか，焼くかして食用にする。薬用，飼料や緑肥にもする（マメ科資源植物便覧）。2n＝14。

(51) *L. japonicus* Willd.＝*L. martimus* (L.) Bigel（ハマエンドウ）

日本のほぼ全域，アジア北部，ヨーロッパ北部，アメリカ北部の浜辺に自生する矮性の宿根草。茎は海岸の砂上を這うように伸び，先端部が立ち上がる。小葉は3～6対あり，先端は巻きひげになる。また，托葉も小葉と同じように大きい。関東地方では3月下旬～5月に開花する。7cmの花柄に，花径1.5cm位の小花が6～10花着き，紫紅色から青紫色に変わる。莢は5cm，4～7個の種子が入る。なお，馬の飼料や砂地改良のほか，若芽や若莢を食用にする（牧野，1982）。2n＝14，28，56。

(52) *L. palustris* L. var. *pilosus* ledeb.（エゾノレンリソウ，ヒメレンリソウ）

北海道，対馬，中国北東部，アラスカなどの湿った草原に自生する宿根草。若干つる性を示し，50～60cmに伸長する。茎には翼があり，小葉は3～5対，葉長3～4cmで，その先に分岐する巻きひげを生ずる。類似種のレンリソウは巻きひげが分岐しないで1本なので，区別できる。関東地方では，5月中旬に開花する。3～4cm程度の花柄に，紅紫色の小花を数個着ける。莢は4cm位の長さになる。飼料用や利尿剤，煎液が腫れ物に効果あるというが，本属は神経毒を含むものもあるので，利用にあたっては注意が必要である（原色薬用図鑑，1994）。2n＝14。

(53) *L. quinquenervius* (Maq.) Litv.（レンリソウ）

本州，九州，朝鮮，中国，シベリアなどの川岸，土手，田のあぜのような湿った草地に自生する宿根草。近年は，河川の改修などで都市近郊ではみられなくなっている。直立して40～80cm位になり，茎にはわずかな翼があり，小葉

は1～3対程度，葉長5～6cm，葉幅0.5cmで葉脈があり，V字型に着生し，その先は分岐しない巻きひげを生ずる。近縁種のエゾノレンリソウとは巻きひげの分岐の有無で区別できる。関東地方では，5～6月に開花する。花色は紫～紫紅色で，10～15cmの花柄に花径1.5cmの小花を4～8個着ける。莢は3～5cmの長さになる。種子のほか，横に伸びる地下茎でもふえる。

若い茎葉や莢は湯通しして食用のほか，飼料や緑肥にもする。全草の煎液は血糖を下げる効果があるが，服用には注意を要する（マメ科資源植物便覧，原色薬用図鑑）。2n＝14。

帰化植物

L. aphaca（タクヨウレンリソウ），*L. pratensis*（キバナレンリソウ）のほか，*L. ochrus*，*L. clymenum*，*L. latifolius*，*L. inconspicuus* も帰化植物となっている（岡山大野生生物研ホームページ，2006）。

8　その他

著者には栽培経験がほとんどないが，ヨーロッパなどで比較的よく紹介されている宿根草。

㊴ *L. cirrhosus* Ser.

ピレネーとセベンヌ（フランス），スペインの痩せた土壌，半乾燥地の岩石，山の平地の雑木に自生するつる性宿根草。草丈は120cm，茎には翼があり，細長い小葉が2～3対，分岐した巻きひげを生ずる。栽培したが，開花は確認していない。ヨーロッパでは7～8月に開花する。花径1.2～1.7cm，桃色の小花が花柄に4～10個着生する。2n＝14。

㊵ *L. filiformis* (L am.) Gay

スペイン東部，フランス南部，イタリア北部，アルジェリア，モロッコの石灰岩の岩場，森林の空き地など石灰質の土壌に自生する宿根草。草丈15～50cm，小葉は2～4対で細長く，巻きひげがない。ヨーロッパでは4～6月に開花する。花柄に4～10個の紫色の小花が着く。花壇の縁の植栽に向くとさ

㊺ *L. grandiflorus* Sieth. & Smith.

南部バルカン,南部イタリア,シシリー島などの山の日陰に自生するつる性宿根草。草丈は150cm位で,茎には翼がなく,小葉は1対,その先に巻きひげを生ずる。ヨーロッパでは5～6月に開花する。花柄に1～4花着生し,花色は旗弁の中央部と翼弁が深紅紫色で,そのほかの旗弁部と舟弁が桃色で,わずかに芳香がある。2n＝14。

㊼ *L. heterophyllus* L.

南西・中央ヨーロッパ,中央スウェーデンに自生するつる性宿根草。*L. latifolius* と *L. sylvestris* の中間の草姿となり,同様な生育習性をもつ。草丈は120cm位で,茎には幅広の翼があり,下位葉は未発達であるが,上位葉では2～3対の小葉が着生する。花径1.5～2cmのバラ色小花が4～8個着く。2n＝14

㊽ *L. roseus* Steven

クリミア,コーカサス,トルコ北部・東部,イラン北部の森林,灌木,日陰の土手などに自生するつるなし宿根草。株は40～70cm程度に直立し,茎には翼がなく,小葉は1対で巻きひげがない。ヨーロッパでは5～6月に開花する。花色は明桃色,花径1.2～2cmの小花が花柄に1～5花着生する。排水の良好な土壌で,日なたか,やや日陰に向き,軽い土壌では地中に匍匐茎が形成されるという。

㊾ *L. splendens* Kellog

メキシコ,カルフォルニアの低木のやぶ,丘の斜面に自生するつる性宿根草。つるは1～2mになり,3mに達することもあるらしい。茎には翼がなく,小葉は6～8対で,その先に分岐した巻きひげを生ずる。ヨーロッパでは4～6月に開花する。花径2.5～3.5cm,深紅色で,花柄に4～12個の小花が着生する。旗弁は長く,後方に反転し,舟弁が長く,翼弁は舟弁よりも短い。耐寒性に乏しい。2n＝14。

⑥⓪ *L. transsilvanicus* (Sprengel) Fritch. = L. *luteus* (L.) Pterm

チェコ，スロバキア，ハンガリー，ルーマニア，ロシア西部に自生する。*L. aureus*に似た草姿であるが，2～4対の小葉がある。ヨーロッパでは5～6月に開花する。小花は黄色で，花径が2～2.5cmである。2n＝14。

⑥① *L. undulatus* Boiss.

東部・西部トルコの落葉樹林，道端などに自生するつる性宿根草。*L. rotundifolius*に似ているが，小葉が葉長3～7cm，葉幅1.6～3.5cmと細長く，縁が波状を呈している。ヨーロッパでは6～7月に開花する。花柄に5～10個の小花が着生する。

⑥② *L. venetus* (Miller) Wohlf.

ヨーロッパ南部，イタリアからコルシカ，中央ロシア，北トルコにかけて，森林や牧草地に自生する宿根草。*L. vernus*に似た草姿となるが，小葉が細い。播種したが，開花に至らず枯死したため，詳細は不明であるが，ヨーロッパでは5～6月に開花する。花柄に赤みを帯びた紫の小花が6～30個着く。耐寒性は強く，－20℃まで越冬できる。2n＝14。

9 レンリソウ属植物の生育開花特性

*Lathyrus*属植物の開花は，1年草のスイートピーや宿根草のヒロハノレンリソウ（通称，宿根スイートピー）の開花生態から推測すると，低温，長日あるいはその両方で開花が促進される。一般的には自然条件下で，早春（3月下旬～4月上旬）に開花する植物は低温で，夏（6月頃）に開花する植物は長日で促進され，その中間の植物では，低温と長日で開花が促進されると考えられている。

関東地方での開花期を参考に推測すると，*L. vernus*は3月下旬～開花し，日長の影響を受けない春化植物，スイートピーの自生種および夏咲き系品種は5月上旬に開花し，低温と長日で開花が促進される種子春化型の長日植物，ヒロハノレンリソウは5月下旬以降に開花し，低温の影響を受けるものの相対的に日長の影響が強い長日植物，*L. sylvestris*は6～7月に開花し，日長の影響

第9章　スイートピーの仲間レンリソウ属植物　**229**

| 3月 | 4 | 5 | 6 | 7 |

開花に対する春化・長日の影響

開花期（関東地方）

L.vernus
（ツルナシレンリソウ）
春化型

スイートピー
春化型の
長日植物

L.sylvestris
長日型

イタチササゲ

ヒロハノレンリソウ
（宿根スイートピー）

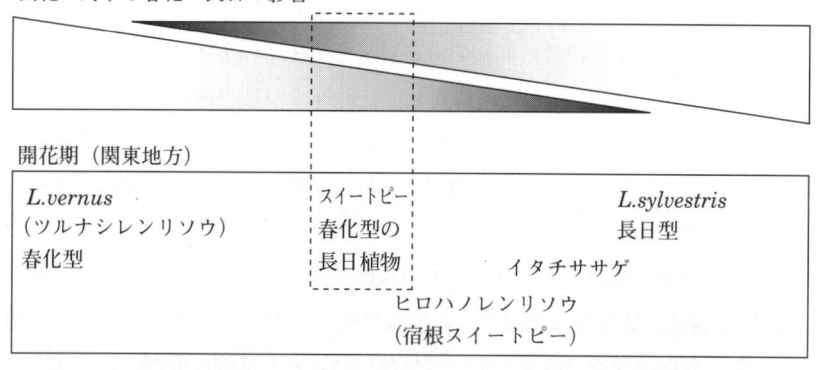

図9-13　*Lathyrus*属植物の戸外における開花期と開花に対する春化と日長の影響（推測，模式図）
　　　スイートピーは自生種（夏咲き系）

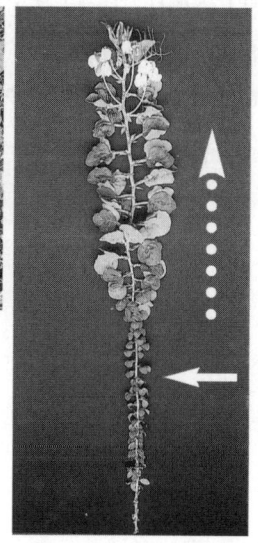

長日長

低温
短日長
高温

図9-14　スイートピー夏咲き系'キューピッド'の生育開花状態
　　　（9月上旬播種，自然日長）
　　　左：戸外プランター放任栽培
　　　右：1本仕立て，側芽は除去，ガラス室・冬期夜温5℃

が強い長日植物であると推測される（図9-13）。その他の種類については関東地方における開花期を目安に，開花に対する低温と日長の影響を推測して，それぞれの栽培の参考にしていただきたい。

　つる性で種子春化型の長日植物である夏咲き系スイートピーの生育開花特性を，図9-14に示した。9月上旬に播種して，戸外でつるや側枝の整理をしないで放任栽培した場合は，秋から冬期にかけての短日条件下で分枝をくり返し（図左），匍匐状態となる。低温に遭遇後に長日条件になると，一斉につるが立ち上がり，開花する。

　一方，同時期に播種し，主枝を1本のみ伸長させ，夜温5℃でガラス室栽培すると（図右），播種後は高温で，その後に短日となるため葉が小さく，節間は詰まる。冬期の低温に遭遇して，長日条件になると節間は伸び，葉が大きくなり，やがて開花に至る。

　このように，長日反応を示すつる性の種類は，1年草でも宿根草でも短日条件では節間が詰まり，分枝をくり返す。ヒロハノレンリソウのように，短日条件では分枝した側枝が伸長してもある節数で生長を停止し，また分枝，側枝の伸長，停止をくり返す植物もある。いずれの植物も長日条件下では伸長を続け，節間が伸び，葉が大きくなり，やがて開花に至る習性がある。

スイートピーおよびその仲間に関する情報

スイートピーに関する情報，種苗会社などを掲載した。〇印は掲載した協会，会社などの名称でホームページが閲覧できるもの。●は不明のもの。

①品種登録に関する情報

〇農林水産省ホームページ参照。品種登録の願書，その他の書類の入手は，
〒100-8950　東京都千代田区霞が関1-2-1
農林水産省生産局種苗課　審査室　審査運営班　TEL03-3502-8111

②スイートピーと*Lathyrus*属に関する情報

〇National Sweet Pea Society　イギリス。150ページ程度の会員機関誌あり。誰でも会員になれる。
会員事務局 Roger Parsons 氏　Primrose Cottage, Clayton Lane, Bracklesham Bay, Chichester, W Sussex PO20 8JQ

③種子の入手先，種苗会社

〇サカタのタネ　〒224-0041　神奈川県横浜市都筑区仲町台2-7-1
〇タキイ種苗　〒600-8686　京都府京都市下京区梅小路通猪熊東入

イギリス

- ● RJ Bolton and Son : Bolton's Garden Centre, Wisbech, PE13 2ZS.
- ● S & N Brackley : 117 Winslow Road ,Wingrave, Aylesbu7, Bueks, HP22 4QB.
- 〇 Eagle Nursery : Broadmoor Lane Stowe-by-Chartley, Stafford, ST18 OLD.
- ● Peter Grayson 34 : Glenthorne Close Brampton, Chesterfield, Derbyshire, S40 3AR.
- 〇 Kings Seeds : Monks Farm, Pantlings Lane, Coggesha11 Road, Kelvedon, Essex, CO5 9PG.

- ○ Kerton Sweet Peas : North Farm Cottage, 14 Bristol Road, Pawlett, Bridgwater, Somerset, TA6 4RT.
- ○ Matthewman's Sweet Peas : 14 Chariot Way Thorpe Audlin, Pontefract, West Yorkshire, WF8 3EZ.
- ○ Owls Acre Sweet Peas : Owl's Acre, Kellett Gate, Low Fulney, Spalding, Lincolnshire, PE12 6EJ.
- ● Diane Sewell : 'Overdene' ,81 Willingham Road, Over,Cambridge, CB4 5PF.
- ○ Seeds-by-Size :45 Crouchfield Boxmoor, Hemel Hempstead, Hertfordshire, HP1 1PA.
- ○ Unwins Seeds : Histon, Cambridge, CB4 9SE.
- ● F.A.Woodcock : Lawn Road Nurseries, Walmer, Deal,Kent, CT14 7ND.
- ○ Chiltern Seeds : Bortree Stile Ulverston, Cumbria, LA12 7PB.
- ○ Dobies Seeds : Long Road, Paignton, Devon,TQ4 7SX.
- ○ D.T.Brown and Co : Station Road Poulton-le-Fylde, Lancashire, FY6 7HX.
- ○ Mr Fothergill's Seeds : Gazeley Road, Kentford, Newmarket, Suffolk, CB8 7QB.
- ○ Plants of Distinction : Abacus House, Station Yard, Needham Market, Suffolk,IP6 8AS.
- ○ Suttons Seeds : Woodview Road, Paignton, Devon, TQ4 7NG.
- ○ Thompson & Morgan Seeds : Poplar Lane, Ipswich, IP8 3BU.

アメリカ, カナダ

- ○ Enchanting Sweet Peas : 244 Florence Avenue, Sebastopol, California 95472. USA.
- ○ Sweet Pea Gardens : 614 Surry Road, Surry, Maine 04684. USA.
- ○ Fragrant Garden Nursery : P. O. Box 4246, Brookings, OR 97415. CANADA

参 考 文 献

第1章

半田 貴．2003．花の生産費とコスト低減．農耕と園芸．58（11）：162—165．誠文堂新光社．

井上知昭．1981．湘南のスイートピー．1—248．湘南温室組合．神奈川県寒川町．

井上知昭．1994．スイートピー栽培条件，生産性，流行をよみ，経営戦略にあった品種選択を．はなとみどり．1（10）：58—60．農村文化社

井上知昭．1996．わが国の花き生産の現状と動向・スイートピー．農業および園芸．71（1）：195—200．養賢堂．東京．

内藤重之・稲本勝彦・今西弘子・今西英雄・砂川朋枝．2002．アンケートによる花きの消費者ニーズの解析．花の消費拡大検討委員会．

大川 清．1995．花卉のライフサイクルと育種の役割．花卉園芸総論．32—34．養賢堂．東京．

第2章

樋口春三．1993．発育相の形態・生理・生態．農業技術大系花卉編．1：9—20．農文協．東京．

井上知昭・小池安比古・三浦泰昌・樋口春三・佐々木久章．2000．スイートピーの自生地における生育開花と系統ならびに品種分化．日農教誌．31（2）：67—74．

井上知昭．2002．夏咲き，春咲きおよび冬咲き系スイートピーの開花に及ぼす種子春化と日長の影響．園学雑．71（1）：127—132．

Unwin, C. W. J. 1952. sweet peas : Their history, development and culture. Heffer and Sons. Cambridge.

第3章

秋田重成．1988．炭水化物の動態．作物の生態生理．173—220．文永堂出版．東京．

Bernier, G. ,Kinet, J. M. and Sachs, R. M. 1981. The physiology of flowering. Vol. 1 : 149.

CRC Press. Boca Raton. Florida.

Chujo, H. 1966. Difference in vernalization effect in wheat under various temperatures. Proc. Crop Sci. Soc. Japan. 35：177—186.

土居典秀・鴻野信輔．1990．スイートピーの低温処理による春化法．岡山農試研報．8：9—17.

土居典秀．1989．スイートピー冷蔵促成栽培の摘蕾による生育開花調整技術．蔬菜．39（5）：36-37. 岡山県経済農業組合連合会．

土居典秀．1991．春咲きスイートピーの良品生産技術．農耕と園芸 46（2）：142—146.

札埜高志・林　孝洋・谷澤　進．1997．スイートピーにおける花序の発達特性と落蕾および花序のアボーションとの関係．園学雑．66別2：548—549.

札埜高志・林　孝洋・矢澤　進．2001．スイートピーの開花期における光合成産物の分配．園学雑．70：102—107.

日野宏俊・郡司定雄・富永　寛．1999．スイートピー栽培技術　採種時期の検討．平成11年度　宮崎総農試　花き試験成績書：99—100.

市村一雄．2000．切り花の鮮度保持．筑波書房．東京．

井上知昭．1981．スイートピーの生産体系改善に関する調査．神奈川県寒川町温室部会・スイートピー研究会．

井上知昭・井上喜雄・鈴木昌一・樋口春三．1986．スイートピーの開花早晩性と日長反応性．園学要旨．昭61春：352—353.

井上知昭・樋口春三．1988．気温並びに地温がスイートピーの生育開花に及ぼす影響．園学要旨．昭63秋：444—445.

井上知昭・樋口春三．1990．栽植密度とかん水量がスイートピー切花の収量・品質に及ぼす影響．園学雑．59別2：610—611.

井上知昭．1993．生長・開花調節の大系・スイートピー型．農業技術大系花卉編．1：351—355. 農文協．東京．

井上知昭．1993．施設栽培の施肥，栄養・生殖生長同時進行型・スイートピー型．農業技術大系花卉編．2：305—308. 農文協．東京．

井上知昭．1994．スイートピー技術の基本と実際．農業技術大系花卉編．8：119
　　─126．農文協．東京．

Inoue, T.,Y. Koike, H. Higuchi and Y. Miura. 1998. Effects of light intensity with fluorescent lamps on growth, flowering and yield in sweet pea. Suppl. J. Japan. Soc. Hort. Sci. 67(1): 265.

井上知昭・小池安比古・杉山祥世・高橋　貴・三浦泰昌・鈴木重俊．2000．矮性スイートピー品種の開花の早晩性，施肥量ならびに光強度が生育開花に及ぼす影響．園学雑．69別2：468.

井上知昭．2001．スイートピー（Lathyrus odoratus）の成長・分化に対する春化と光周期依存性の系統間差違に関する研究．東京農業大学学位論文．

井上知昭・三浦泰昌・小池安比古・鈴木重俊・西本　誠・杉山祥世・照井進介．2001．晴天時の遮光がスイートピーの開花，光合成特性ならびに切り花の品質保持期間に及ぼす影響．農業生産技術管理学会．8別1：7─8.

井上知昭・鈴木重俊・小池安比古・杉山祥世・三浦泰昌・五十嵐大造・鈴木邦彦．2002．人工光における光強度がスイートピーの落らいに及ぼす影響．園学雑．71別2：423.

井上知昭・小池安比古・鈴木重俊・狩谷　弘・大木一之・照井進介・五十嵐大造・鈴木邦彦．2002．スイートピーの切り花形質ならびに品質保持期間に及ぼす施肥量および夜温の影響．農業生産技術管理学会．9別1：1─2.

井上知昭・佐藤裕司・照井進介・鈴木邦彦・五十嵐大造・植松　齋．2003．栽培時期並びに夜温がスイートピー'パティオ'の生育と光合成特性に及ぼす影響．日農教誌．34別：111─114.

井上知昭・内田愛恵・高橋久光・五十嵐大造・鈴木邦彦・永岡総一郎・半谷　繁．2005．スイートピーにおける切り花長，葉面積，草姿（通称・天花間隔）と花弁糖度との関係．熱帯農業．49別2：51─52

井上知昭・柳島美恵子・五十嵐大造・鈴木邦彦・柳下良美・中村　薫．2005．スイートピー切り花の花弁糖度とつる下げとの関係．園芸学会．74別2：502.

井上知昭・前村紳也・五十嵐大造・鈴木邦彦．2006．スイートピー鉢植え植物の摘

蕾・摘葉・つる下げおよび枝切り切り花の摘蕾・断水・糖補給と光合成との関係．農業生産技術管理学会．13別1：3—4．

石原愛也．1987．バーナリゼーション．940—943．農学大事典．養賢堂．東京．

小西国義．1988．小西国義・今西英雄・五井正憲編　花卉の開花調節．7—32．養賢堂．東京．

玖村敦彦．1988．果実・種子の形成，発育．作物の生態生理．269—312．文永堂出版．東京．

三浦泰昌．1973．スイートピーの落らい防止試験．1．しゃ光ならびに摘葉処理が落らいに及ぼす影響　2．光合成の日変化について．神奈川園試．昭和47年度花卉試験成績書：49—54．

三浦泰昌．1974．スイートピーの落らい防止試験．昼夜の温度変化が落らいにおよぼす影響について．神奈川園試．昭和48年度花卉試験成績書：53—54．

宮崎総農試．1995．スイートピーの促成栽培技術　土壌水分と落蕾　平成5年度宮崎総農試　花卉試験成績書：33—34．

並河　治・三浦泰昌．1974．スイートピーの落らい防止試験　落らいの原因と経過について．神奈川園試研報　22：109—115．

長崎裕司・川嶋浩樹・野中瑞生．2002．傾斜地作業の快適・軽労化と周年安定生産をめざした平張型傾斜ハウスの導入．農業および園芸．77（9）：1006—1010．養賢堂．東京．

Nightingale, G. T. and Farnham, R. B. 1936 Effects of nutrient concentration on anatomy, metabolism, and bud abscission of sweet pea. Botanical Gazette. 97:447—517.

大分温熱花研．1993．スイートピー，CO_2施用による落蕾防止効果．大分温熱研平成3年度花卉試験成績書：19—20．

大川　清・石原義啓・兵藤　宏・狩野　敦．1991．スイートピーの落らいに及ぼすエチレンの影響．園学雑．60：405—408．

大久保　敬．1995．温度と生物反応．生物環境調節ハンドブック．124—129．

岡山農試．1991．スイートピー，落蕾発生要因の解明．岡山農試　平成2年度花卉試験成績書：16—17．

小沢　博・下田幸男．1958．温室スイートピーの肥料に関する試験　神奈川農試園芸分場研報．6：63―68．

Pjatickaja, L. I. 1976. Goroshek Dushistyi (Sweet pea). NAYKA p.77 ［Russian］．

Post, K. 1942. Effect of daylength and temperature on growth and flowering of some florist crops. Cornell Univ. Agr. Exp. Sta. Bull. 787:1―70.

Purvis, O. N. and Gregory, F. G. 1952. Studies in vernalization. XII. The reversibility by high temperature of the vernalized condition in Petkus winter rye. Annals of Botany, 16:1―21.

Purvis, O. N. 1961. The physiological analysis of vernalization. Encyclopedia of plant physiology. 16:76―122.

斎藤　隆．1992．栄養．園芸学概論．156―175．文永堂出版．東京．

Shulgin, L. A. 1970. 内嶋善兵衛訳．太陽光と植物：25―38．東大出版会．

Smith, J. E.. 1935. Abscission of sweet pea flower buds. Jour. Amer. Soc. Hort. 33:663―668.

杉田浩一・三浦猛夫・黒木正晶．2000．スイートピー栽培の作畦栽培と不作畦栽培の比較　九州農業研究．62：60．

Thomas B.and D. Vince-Prue. 1997. Photoperiodism in plants. Academic Press. London.

宇田　明・小山佳彦．1993．栽植密度および耕土の深さが収量と品質に及ぼす影響．兵庫淡路農技セ．平成3年度花卉試験成績書：40―41

宇田　明．1994．スイートピーの育苗温度が生育，開花に及ぼす影響．兵庫淡路農技セ．平成5年度花卉試験成績書：51―52．

宇田　明・山中正仁．1997．スイートピー採種株の潅水・施肥が種子重と次代の生育に及ぼす影響．園学雑．67別2：585．

Wareing, P. F. and I. D. J. Phillips. 1983. 古谷雅樹監訳．植物の成長と分化（下）．311―342．学会出版センター．東京．

山元恭介．1990．スイートピーのつぼみ切り収穫に関する試験．神奈川園試．40：35―43．

第4章

浜田　豊．1990．スイートピー*Lathyrus odoratus* L.の品質評価に関する研究．切花の量的形質および質的形質が品質評価に与える要因の解析．東京農試研報．22：53―72．

日野宏俊・郡司定雄．2001．スイートピーの栽培技術（1）採種時期．宮崎総農試．平成12年度花卉試験成績書：7．

日野宏俊・郡司定雄・村田和夫．2002．スイートピーの栽培技術（1）マルチ資材．宮崎総農試．平成12年度花卉試験成績書：13―14．

兵庫農試．1942．スイートピーの摘葉に関する試験．兵庫農試・宝塚分場．昭和17年度業務功程．129―130．

Ichimura, K. and T. Hiraya. 1999. Effect of silver thiosulfate complex (STS) in combination with sucrose on the vase life of cut sweet pea flowers. J. Japan. Soc. Hort. Sci. 68:23―27.

市村一雄・清水弘子・平谷敏彦・久松　完．2002．カーネーション，デルフィニウムおよびスイートピー切り花の品質保持に及ぼす1―メチルシクロプロペン（1―MCP）の影響（英文）花き研究所研報．2：1―8．

井上知昭．1994．スイートピー栽培の基礎．農業技術大系花卉編．8：109―113．農文協．東京．

井上知昭・佐藤裕司・照井進介・鈴木邦彦・五十嵐大造・植松齋．2003．栽培時期並びに夜温がスイートピー'パティオ'の生育と光合成特性に及ぼす影響．日本農業教育学会誌．34別：111―114．

井上知昭・曽我綾香・吉田　誠・坂　賢忠・五十嵐大造・鈴木邦彦・肥土邦彦．2004．スイートピー切り花の糖度計利用による花弁の糖度と品質保持期間との関係．園学雑．73別2：480．

井上知昭・高野裕一・藤平彰弘・石井修三・甲斐克明・諸富愛子．2004．糖度計利用によるスイートピー切り花の品種別花弁糖度と品質保持期間の関係．園学雑．73別2：220．

井上知昭・内田愛恵・高橋久光・五十嵐大造・鈴木邦彦・永岡総一郎・半谷　繁．2005．*Lathyrus*属植物の品質保持に関する研究―スイートピーにおける切り花長，

葉面積，草姿（通称・天花間隔）と花弁糖度との関係．熱帯農業．49別2：51—52．

井上知昭・恵智正宏・日野宏俊・荘山敦史・鈴木邦彦・肥土邦彦・五十嵐大造．2005．スイートピー切り花の糖度と品質保持との関係．熱帯農業．49別1：59—60．

井上知昭・柳島美恵子・五十嵐大造・鈴木邦彦・柳下良美・中村　薫．2005．スイートピー切り花の花弁糖度とつる下げとの関係．園学雑．74別2：502．

井上知昭・坂　賢忠・日野宏俊・西森竜一・甲斐克明・諸富愛子・荘山敦史．2005．スイートピー切り花の花茎長と花弁糖度との関係．園学雑．74別2：240．

石原義啓・大川　清・兵藤　宏．1991．スイートピー切り花の老化とエチレン生成．園学雑．60（1）：141—147．

神奈川県園試．1970．スイートピーの種子自給対策試験　神奈川園試　昭和44年度花卉試験成績書：7—8．

片山悦郎．2001．糖度計を使った生育診断法．農業技術大系土壌肥料編4：319—325．農文協．東京．

松浦正視．1955．スイートピーの耐寒性について．園芸学会雑誌．23（4）：269—272．

松浦　明．1998．催芽時におけるスイートピー種子腐敗の発生原因とその防除．今月の農業．42（9）：62—66．

中島　拓・後藤丹十郎・久保康隆・土居典秀．2006．スイートピーの落蕾防止における1-Methlylcyclopropene（1-MCP）の効果．園学雑．75別2：347．

新堀二千男．1996．低温処理による鮮度保持技術．農業技術大系花卉編．4：149—158．農文協．東京．

Smith, N. G. 1969. Factors affecting fruit-setting and seed production in Spencer sweet peas, Lathyus odoratus L. Fruit-setting as affected by nutrients and the osmotic concentration of the rooting medium. J. hort. Sci. 44:57—67.

宇田　明．1988．スイートピーに対するSTS処理の実際．農耕と園芸．43（10）：120—121．誠文堂新光社．

宇田　明．1994．反射マルチが生育開花に及ぼす影響．兵庫淡路農技セ．平成4年度試験成績書：33—34．

宇田　明．1996．STS溶液による切り花の品質保持期間延長に関する研究．兵庫農技セ．特別研報21．

宇田　明・山中正仁．1997．スイートピー採種株の潅水・施肥が種子重と次代の生育に及ぼす影響．園学雑．66別2：585．

山元恭介．1991．スイートピーの種子重と生育，開花（1）初期成育，収量，品質への影響　神奈川園試　平成2年度花卉試験成績書：24

山元恭介．1994．スイートピーの反射マルチ栽培．神奈川園試．平成4年度花卉試験成績書：16—17．

湯地洋介．2001．スイートピーの早期採花のための技術開発．Ⅲスイートピー種子保存期間中の高温が発芽に及ぼす影響．宮崎県立農業大学校専攻科　卒業論文集．

湯本弘子・市村一雄．2006．スイートピー切り花の旗弁が閉じる現象におけるエチレン感受性の関与．園学雑．75別1：246．

第5章

平谷敏彦・神谷勝己・中谷まゆみ．2002．底流循環型毛管水耕によるスイートピーの早期切り花栽培．平成13年度関東東海北陸研究成果情報．90—91

細谷　毅．1995．細谷　毅・三浦泰昌編．花卉の栄養特性と土壌の化学的条件．花卉の栄養生理と施肥．19—47．農文協．東京．

池田幸広・渡辺和彦．1983．草花の要素欠乏および過剰症に関する試験　スイートピーの要素欠乏症．兵庫農試．昭和57年度花卉試験成績．

池田幸広．1989．1990．草花の要素欠乏・過剰症②，③，④，⑤，⑥．農耕と園芸．44（10）：144—147．（12）：146—149．45（2）：142—145．（4）：144—148．（5）：152—155．

池田幸広．1992．鉢ものとポット苗（系統と養分吸収特性）．農業技術大系花卉編．2：234—236．

池田幸広．1992．プラグ苗（成型苗）の配合土と養水分管理．農業技術大系花卉編．

2：428—10～428—23．農文協．東京．

井上知昭．1995．スイートピー．花卉の栄養生理と施肥．196—203．農文協．東京．

井上知昭・三浦泰昌・五十嵐大造・小池安比古・岩本恒男・仲田恵理・平野博文・宇野　真・平栗富一．2001．学校でスイートピー栽培実験のための被覆肥料を利用した簡易水耕法について．日農教誌．32別：29—32．

神奈川県農業振興課．2004．神奈川県作物別肥料施用基準（15訂版）．神奈川県環境部農業振興課編．

加藤俊博．1984．微量要素（診断の基本）．農業技術大系土壌施肥編．4：144—150．農文協．東京．

Kitaeva, L. A. 1966. The application of microelements for increasing seed productivity in sweet peas. [Russian] Bjull. Glav. Bot. Sada, 1966, 61：93—7.

木村　覚・渡部尚久．2000．養液栽培におけるスイートピーの養水分吸収と養液の最適イオン濃度．神奈川農総研研報．141：9—14．

古藤　実・竹下純則・小沢　博．1970．温室スイートピーの施肥改善に関する試験（第1報）神奈川園試研報．18：136—144

Laurie, A. and Wagner, A. 1940. Deficiency symptoms of greenhouse flowering crops. Ohio Agricultural Experiment Station, Bull. 611.

小沢　博・下田幸男．1958．温室スイートピーの肥料に関する試験　神奈川農試園芸分場研報．6：63—68．

Post, K. 1940. Effects of mineral-nutrient deficiencies and excesses upon the vegetative growth and flowering of sweet peas. Cornell Univ. Agr. Exp. Sta. Bull. 745:3—27.

Sakanishi, Y. 1955. Studies on the growth and flower production of sweet peas and tulips at various ph values. Bull. Univ. Osaka. Pref., ser. B.5：19—25.

清水　武．1990．原色要素障害診断事典．農文協．東京．

高橋栄一・吉野　実・前田正男．1980．作物の要素欠乏・過剰症．農文協．東京．

山元恭介．1996．スイートピーのロックウール栽培．農耕と園芸．51（8）：182—184．

山中正仁．2001．スイートピー養液土耕の試行．施設園芸．43（11）：36—40．温

室研究社．静岡．

吉羽雅昭・麻生昇平・細谷　健．1982．花き作物の栄養生理．培養液の硝酸態窒素とアンモニア態窒素の濃度比率が花きの生育と無機養分吸収に及ぼす影響．農学集報．26（1）：68—81．

第6章

El-Helaly, A. F., Assawah, M.W., and Tarabeih, A.M. 1968. Seed-Borne fungi in certain ornamental plants and their pathogenic propensities Ⅲ. Mycoflora of Sweet-pea seed. Phytopath. Medit. 1968, 7:99—101.〔bibl.4〕

Forsberg, J. L. 1959. Sweet pea diseases. Ill. St. Flor. Ass. Bull. 159:4—6.

堀江博道・栄森弘己．2001．スイートピー灰色カビ病（新称）．関東東山病害虫研究会会報．48：61—64．

河村貞之助・野村健一・小室康雄．1976．原色図説　花と花木の病害虫．博友社．東京．

小林敏郎・末次哲雄．1982．侵入が警戒される重要細菌病．植物防疫．36（8）：349—354．

松浦　明・築尾嘉章．2004．Pythium aphanidermatum と P. myriotylum によるスイートピー立ち枯れ病．今月の農薬．9月号：34—37．

松浦　明・田村逸美・三浦猛夫．1998．催芽時における種子腐敗の発生原因とその防除．九病虫研会報．44：34—37．

森田　儔．1968．花の病害虫と新防除．誠文堂新光社．東京．

粕山新二・吉松英明・池田二三高・木村　裕．1997，1998，2004．農業総覧　花卉病害虫診断防除編　第2巻．草花②．1・2年草，宿根草．農文協．東京．

Pirone, P. P. 1978. Diseases and Pest of Ornamental Plants 5Th Ed. The Newyork Botanical Garden. John Wiley & Sons, Newyork.

佐藤俊次．2003．宿根スターチスペスタロチア病菌の性質（1）．九病虫研会報49：61—65．

Taubenhaus, J. J. 1914. The diseases of sweet pea. Delaware Agr. Exp. Sta. Bull. 106:1—

93.

上住　泰・西村十郎.1975.原色　花の病害虫.農文協.東京.

米山伸吾.1991.農業総覧　病害虫防除資材編　第8巻　花卉・花木.農文協.東京.

米山伸吾・木村　裕.2000.家庭園芸　草花の病気と害虫—見分け方と防ぎ方.農文協.東京.

吉井　甫.1968.作物病害図編改訂版　養賢堂.東京.

第7章

Addis, G. and R. K. J. Narayan. 2000. Interspecific hybridization of Lathyrus sativus (Guaya) with wild Lathyrus species and embryo rescue. African Crop Science Journal. 8(2)129—136.

Asmussen, A. C. and A. Liston, 1998. Chloroplast DNA characters, phylogeny, and classification of Lathyrus (Fabaceae). Amer. Jour. of Botany. 85(3):387—401.

Brahim, N. B., D. Combes and M. Marrkchi, 2001. Autogamy and allogamy in genus Lathyrus. Lathyrus Lathyrism Newsletter. 2:21—26.

Buchans, U. 1999. Sweet smell of success. The garden. 124:86—89.

土居典秀・鴻野信輔.1996.春咲きスイートピー新品種'シンフォニー・チェリー''シンフォニー・ホワイト'の育成.岡山農試研報.14：41—47.

Hammett, K. R. W., B. G. Murray, K. R. Markham and A. I. C. Hallett. 1994. Interspecific hybridization between Lathyrus odoratus and L. belinensis. Int. J. Plant Sci. 155(6):763—771.

花田裕美・森　泰.2003.スイートピー新品種'ブライダル・ピンク'の育成経過と特性.和歌山農林水技セ研報.4：43—50.

花田裕美・森　泰.2003.スイートピー新品種'紀州ピー1号'（通称'ブライダルピンク'）の育成経過と特性.園学雑.72別2：429.

花田裕美.2003.スイートピーにおけるDNA多型による分類法とDNAマーカーによる巻きひげ性選抜法の開発.和歌山県農林水産総技セ.6：1—92.

花田裕美．2004．スイートピー新品種'紀州ピー2号（通称 キャンドル・ピンク）'と'スイートルージュ'の育成経過および特性．和歌山農林水技セ研報．5：75―81．

Harrod, S. 2000. The mechanism of malformation. National Sweet Pea Society Centenary Celebration 1900―2000. 90―105.

日野宏俊・柴田和美・村田寿夫・富永 寛．2000．スイートピー新品種'試交3号'の育成．園学雑．69別2：412．

井上知昭・児玉達哉・中西秀夫・辻 弘之・三浦泰昌・小池安比古・鈴木重俊．2002．スイートピーの花の香気成分の品種間差．東京農大農学集報．46（4）：241―249．

井上知昭・児玉達哉．2002．スイートピーの花の香り．香料．213：113―123．

伊東秋夫・井上知昭・高木 誠・山口 隆・山元恭介．1991．スイートピー平成2年度種苗特性分類調査報告書．日本種苗協会．

Murray, B. G. and K. R. W. Hammett. 1998. New sweet pea (Lathyrus odoratus) cultivars via interspecific hybridization with wild species. Acta Hort. 454:115―118.

中村 薫・日野宏俊・柴田和美・郡司定雄・村田寿夫・富永 寛・八反田憲生．2003．スイートピー新品種'宮崎試交4号'の育成．園学雑．72別2：431．

中村 薫・日野宏俊・柴田和美・郡司定雄・村田寿夫・富永 寛・高橋英生・八反田憲生．2004．スイートピー新品種'歌姫'の育成．園学雑．73別2：447．

中村 薫・日野宏俊・柴田和美・郡司定雄・村田寿夫・富永 寛・八反田憲生．2004．スイートピー新品種'舞姫'の育成．園学雑．73別1：308．

中村 薫・日野宏俊・郡司定雄・村田寿夫・富永 寛・八反田憲生．2005．スイートピー新品種'式部の育成'．園学雑．74別2：484．

岡崎恵視・橋本健一・瀬戸口浩彰．1999．花の観察学入門．培風館．東京．

奥西平曹．1949．花香科学．厳翠堂書店．東京．

Porter, A. E. A., D. W. Griffiths, G. W. Robertson and R. Sexton. 1999. Floral volatiles of sweet pea Lathyrus odoratus. Phytochemistry 51:211―214.

Poulter, R., L. Harvey and D. J. Burrit. 2003. Qualitative resistance to powder mildew in hybrid sweet peas. Euphytica. 133:349―358.

山元恭介．1993．スイートピーの育種に関する研究　第1報　品種間の交配による F_1, F_2及びF_3の諸形質．神奈川園試研報．43：83―90.

山元恭介．1993．スイートピーの育種，交配方法．平成4年度試験成績書（花き・観賞樹）．神奈川園試　53―54.

柳下良美．2004．冬咲き性スイートピー「リップルシリーズ」の育成．農業および園芸．79：1072―1075.

柳下良美・山元恭介．2004．スイートピー新品種'湘南オリオン'．神奈川農総研報．145：15―19.

柳下良美．2005．早咲き芳香性スイートピーの育成．神奈川農技セ．平成16年度花卉・観賞樹試験成績書：19―22.

柳下良美・山元恭介．2005．冬咲き性スイートピー'リップルシリーズ'の育成．園学雑．74別2：214.

吉村政紀・神島敏可．1992．スイートピーの香気成分．第36回香料テルペンおよび精油化学に関する討論会講演集．16―17.

第8章

Godt, M. J. W. and J. L. Hamrick. 1991. Genetic variation in Lathyrus latifolius (Leguminosae). Amercan Journal of Botany. 78(9):1163―1171.

服部大輔・曽我綾香・柳下良美・肥土邦彦・井上知昭・五十嵐大造・鈴木邦彦．2005．*Lathyrus*属の品質保持に関する研究―ヒロハノレンリソウ切り花におけるSTS，糖処理ならびに摘葉処理が品質保持に及ぼす影響．熱帯農業．49別1：59―60.

日野宏俊・村田寿夫．2003．宿根スイートピーの年内出荷の作型．宮崎県総合農業試験場．平成13年度花卉試験成績書：76―77.

Inoue, T., Koike,Y. and Higuchi, H. 1994. Effects of photoperiod and vernalization on the flowering of Lathyrus latifolius. XIVth Internatiuonal horticultural congress. 189.

井上知昭．1997．スイートピーの仲間％宿根草ヒロハノレンリソウ．TELLUS.

395：14—15. 東京農業大学社会通信教育部.

井上知昭・長谷部結・小塩海平・五十嵐大造・鈴木邦彦. 2005. *Lathyrus* 属の品質保持に関する研究—ヒロハノレンリソウ切り花における STS および糖処理が品質保持に及ぼす影響. 熱帯農業. 49別2：49—50.

Koike, Y., T. Inoue and H. Higuchi. 1998. The effects of concentrated sulfuric acid treatment on the seed germination of Lathyrus latifolius. Combined proceedings international plant propagators' society. 47:673—675.

小池安比古・井上知昭・鈴木重俊・樋口春三. 2000. 宿根スイートピーの開花に及ぼす日長の影響. 園学雑. 69 (6)：770—772.

小池安比古・井上知昭・鈴木重俊. 2001. 宿根スイートピーのシュートの仕立て本数が開花に及ぼす影響. 農業生産技術管理学会. 8 (1)：33—35.

小池安比古・中島聡・曽田明裕・井上知昭・鈴木重俊. 2002. 宿根スイートピー挿し芽繁殖時における諸条件が発根と活着後のシュートの生長に及ぼす影響. 農業生産技術管理学会 9 (1)：23—27.

小池安比古・新戸勝也・森拓也・井上知昭・鈴木重俊. 2002. 宿根スイートピー実生苗の低温処理が長日下における開花に及ぼす影響. 園学雑. 71別1：167.

小池安比古・塚越順治・井上知昭・鈴木重俊. 2004. 宿根スイートピーの長日下における開花および切り花品質に及ぼす播種時期の影響. 園芸学研究. 3 (2)：161—164.

中村薫・郡司定雄・八反田憲生. 2005. 宿根スイートピーのさし穂苗利用時の挿し穂の節数がその後の生育・開花に及ぼす影響. 宮崎県総合農業試験場. 平成15年度花卉試験成績書：92—94.

宇田明. 1997. 宿根スイートピーの開花特性と長期栽培技術. 農耕と園芸. 52 (11)：168—170.

第9章

Allkin, R., T. D. Macfarlane, R. J. White, F. A. Bisby and M. E. Adey. 1985. The geographical distribution of Lathyrus. Vicieae Database Project. Experimental taxonomic information products 6:1—35. Biology Dept., Southampton University.

Duke, J. A. 1986. 星合和夫訳. Lathyrus hirusutus, L. sativus. 世界有用マメ科植物ハンドブック. 163—168. 幸書房. 東京.

北隆館. 1994. 原色薬草図鑑 Ⅰ：149—150. 北隆館. 東京.

井上知昭. 1997. スイートピーの仲間①②スイートピー，③咲かない花・閉鎖花，④食用・毒草になる1年草，TELLUS. 391：14—15. 392：14—15. 393：14—15. 394：14—15. 東京農業大学社会通信教育部.

井上知昭. 1998. スイートピーの仲間⑥つるなしとイモをつくる植物，⑦日本に自生している宿根草，⑧宿根草，切り花を飾る. TELLUS. 396：14—15. 397：14—15. 398：14—15. 東京農業大学社会通信教育部.

井上頼数・石井林寧. 1983. Lathyrus属. 最新園芸大辞典. 7：26—28. 誠文堂新光社. 東京.

Kupicha, F. K. 1983. The infrageneric structure of Lathyrus. Notes from the Royal Botanical garden Edinburgh. 41:209—244.

牧野忠夫. 1982. 牧草図鑑. 東京文庫出版. 東京.

Mattatia, J. 1976. The amphicarpic species Lathyrus ciliolatus. Bot. Notiser. 129:437—444.

Maxted, N. and D. J. Goyder. 1988. A new species of Lathyrus (Leguminosae-Papilionoideae) from Turkey. Kew Bull. 43(4):711—715.

内藤裕史. 1991. ラチリズム. 中毒百科：276—277. 南江堂. 東京.

Norton, N. 1996. Lathyrus-Cousins of the Sweet Pea. Nation council for the conservation of plants and gardens. 1—30.

Phillips R. and M. Rix. 1991. Lathyrus. Perennials. 1:60—61. Macmillan. London.

Pignatti, S. 1982. Lathyrus L. In Anzalone B. et.al.(ed.). Flora D'Italia. 1:686—697. Edagricole. Bologna.

Sarker, A. L. D. Robertson and C. G. Campbell. 2000. Lathyrus spp : Conserved resources, priorities for collection and future prospects. Linking research and marketing opportunities for pulses in the 21st century. 645—654. Kluwer Academic Publishers. Netherla.

Schifino-Wittmann, M. T. 2001. Germplsm characterization of some Lathyrus species native to Rio Grande du Sul (Southern Brazil). Lathyrus Lathyrism Newsletter. 2:89―90.

Smartt, J. 1990. Lathyrus sativus. Grain Legumes, Evolution and genetic resources. 190―196. Cambridge Univ. Press.

Tutin, T. G., V. H. Heywood, N. A. Burges, D. M. Moore, D. H. Valentine, S. M. Walters and D. A. Webb. Edition. 1992. Lathyrus. Flora Europaea. 2:136―143. Cambridge Univ.

湯浅浩史・前川文夫編. 1989. マメ科資源植物便覧 231―236. 内田老鶴圃. 東京.

※注 すべて最初に引用した章に参考文献名を記載

あ と が き

　本書は実用的な観点からとりまとめることにしたため，私一人ではとうてい力が及ばないのは明らかであり，そのため当初の目的を達成するために多くの方々のご協力をいただいた．図表ならびに写真の掲載にあたって，スイートピーでは研究機関の宮崎県総合農業試験場の中村薫氏，日野宏俊氏（現南那珂農業改良普及センター），神奈川県農業技術センターの柳下良美氏，山元恭介氏，渡部尚久博士，木村覚氏，元神奈川県園芸試験場の並河治氏，和歌山県農林水産総合技術センターの花田裕美博士，兵庫県農林水産技術総合センターの山中正仁氏，宇田明博士，岡山県農業総合センターの土居典秀氏，元同センターの粕山新二氏，独立行政法人花き研究所の市村一雄博士，元静岡大学の大川清博士，京都大学の札埜高志氏，元東京農業大学の三浦泰昌博士，曽田香料株式会社基盤研究部の方々，ヒロハノレンリソウでは東京農業大学の小池安比古博士に提供していただいた．

　宮崎，大分，佐賀，神奈川，岡山および兵庫県の農業改良普及員の方々には，調査，研究情報の提供ならびに産地の取り組みについてご助言をいただいた．元東京農業大学マイスターセミナー講師の佐賀県の木下重信氏，神奈川県の吉田光晴氏，小菅昭義氏をはじめ，宮崎県日南，尾鈴，大分県宇目，国東，神奈川県湘南地方のスイートピー部会諸氏，北海道の早川英幸氏に現地での調査ならびに栽培の助言を，岡山県船穂町，和歌山，淡路島，静岡の生産者には貴重なご意見をいただいた．

　Lathyrus 属植物については，ニュージーランドの Keith Hammett 博士，カルフォルニアの David G. Lemon 氏，イギリスの Sylvia Norton 氏，大船植物園の長谷川智子氏に情報，種子の提供ならびにご助言を，東京農業大学厚木農場の半谷繁氏，永岡総一郎氏に栽培のご助言をいただいた．また，本書をとりまとめるにあたり，東京農業大学の鈴木邦彦博士，五十嵐大造博士に終始ご支援いただいた．これら多くの方々に深く感謝いたします．

井上知昭

◆著者略歴◆

井上 知昭
いのうえ ともあき

1948年，神奈川県海老名市生まれ。1971年，東京農業大学農学科卒。山梨県農業試験場花き特作科，平塚農業改良普及所，東京農大厚木中央農場を経て，同短期大学部生物生産技術学科園芸学研究室勤務。「スイートピーの成長・分化に対する春化と光周期依存性の系統間差違に関する研究」で農学博士。

『湘南のスイートピー』（湘南温室組合），『農業技術大系花卉編』（農文協，分担執筆）の著書のほか，雑誌などにスイートピーに関する記事多数。

現在，スイートピーのほか，インテリア環境における鉢もの，切り花の品質保持，植物の色や形と人の嗜好性との関係などを研究。

スイートピーをつくりこなす
―連続採花による安定生産技術の実際―

2007年1月31日　第1刷発行

著者　井　上　知　昭

発 行 所　社団法人　農山漁村文化協会
郵便番号　107-8668　東京都港区赤坂7丁目6－1
電話　03(3585)1141(代表)　03(3585)1147(編集)
FAX　03(3589)1387　　振替　00120-3-144478
URL http://www.ruralnet.or.jp/

ISBN978-4-540-05108-1　　製作／(株)新制作社
〈検印廃止〉　　　　　　　　印刷／(株)新協
©井上知昭 2007　　　　　　製本／根本製本(株)
Printed in Japan　　　　　　定価はカバーに表示
乱丁・落丁本はお取り替えいたします。

──── 農文協・図書案内 ────

新版 花卉の栄養生理と施肥

細谷　毅・三浦泰昌著
9,100円

施肥の課題をめぐり第一線の研究者が全力執筆。50種以上の花卉の養分吸収特性，品種や作型で変わる吸収パターンに応じた肥料選択，養分の吸収特性と重ね合わせた効率的な施肥法など施肥・土つくりの大百科。

花壇苗・鉢物 宿根草の開花調節
―希望する草丈で，希望する日に咲かせる―

GREENHOUSE GROWER編
金　賢恵他訳
3,000円

世界的に関心が高まっている宿根草の開花・生育調節の基礎から実際を，ハインズ（ミシガン州立大学教授）らの研究成果をもとにまとめた。花壇苗や鉢物生産農家をはじめ研究者，指導者必携の書。

花壇苗生産の技術と経営

池田幸弘著
2,500円

適切な品目選択，経営計画の組み立て，用土づくり，プラグ苗づくり，用水の水質診断，施肥とかん水，pH・EC診断による肥培管理，養分過剰・欠乏対策，生育調節・仕上げ，防除，選別・出荷で良品・安定生産を実現。

球根類の開花調節
―56種の基本と実際―

今西英雄編
3,500円

球根類56種についてそれぞれの生育・開花特性と，温度や日長などの環境要因に対する反応，実際栽培における開花調節のポイントを詳しく解説。現在の作型だけでなく可能性のある作型についても紹介。

農学基礎セミナー
新版 草花栽培の基礎

樋口春三編著
1,950円

成長・開花と環境，繁殖や施肥，品質保持など栽培・観賞の基礎から，44種の草花・花木と苗物の生育・開花特性，品種と作型の選び方，栽培方法を初心者にもわかりやすく解説。農業高校テキストを一般向けに再編。

（価格は税込み。改定の場合もございます。）